121 Illustrations d'après nature.

EXPOSITION UNIVERSELLE DE 1900

COLONIES

ET

Pays de Protectorats

J. CHARLES-ROUX
Ancien député, délégué des Ministères des Affaires étrangères et des Colonies

Marcel SAINT-GERMAIN
Sénateur, Directeur adjoint au délégué.

Yvan Broussais	Victor Morel
Sous-Directenr	*Secrétaire Général*

Frédéric Basset
Chef de Cabinet du Délégué

Emile LOUBET, président de la République française

Alfred PICARD, commissaire général de l'Exposition universelle de 1900

NOTICES

SUR

L'INDO-CHINE

Cochinchine, Cambodge, Annam, Tonkin

Laos, Kouang-Tchéou-Ouan

PUBLIÉES

à l'occasion de l'Exposition Universelle de 1900

SOUS LA DIRECTION

de M. PIERRE NICOLAS

Commissaire de l'Indo-Chine

Paul DOUMER, ancien ministre des finances, gouverneur général de l'Indo-Chine

INTRODUCTION

Les notices de l'Indo-Chine se proposent de montrer aux visiteurs de l'Exposition universelle de 1900 ce qu'est notre grande colonie d'Asie.

Les représentants du gouvernement de la République qui se sont succédé en Extrême-Orient ont été unanimes à dire que nos possessions ne pouvaient y atteindre leur complet développement, commercial et industriel, qu'en formant, au triple point de vue administratif, économique et financier, un empire puissant, unifié et quasi-autonome : « l'Indo-Chine française. »

Il semble qu'il ait appartenu au gouverneur général actuel d'atteindre ce but et de couronner l'édifice préparé par ses prédécesseurs.

M. Paul Doumer, ancien ministre des finances, homme d'État à conceptions élevées, doué d'un rare esprit de méthode, vit que ce vaste territoire, divisé en provinces tranchées, mais peuplé par des races d'origine commune, pouvait demander à une impulsion unique un essor définitif, et apporter ainsi à la métropole un champ riche et préparé pour toutes les initiatives.

Le début de ces notes comporte une description rapide

de l'Exposition de l'Indo-Chine, édifiée et organisée dans le parc du Trocadéro, sous la haute direction de M. Jules Charles-Roux, délégué des ministères des Affaires étrangères et des Colonies, ancien député, dont on sait la compétence indiscutée et la foi coloniale. Cette exposition permet, tout d'abord, de se rendre compte, par l'aspect, des richesses du pays ouvert aux activités et aux capitaux longtemps timides.

En second lieu, une étude générale de la Colonie dégage les trois termes du plan poursuivi en Indo-Chine : organisation d'un gouvernement, avec une administration unifiée à tous les degrés ; réalisation d'un programme économique et d'un plan de défense militaire, assurant l'avenir commercial et industriel de notre empire et création du crédit de l'Indo-Chine, par l'établissement d'un budget général de la colonie, alimenté par ses ressources propres.

Les renseignements de détails sur les différents pays de l'Union, Cochinchine, Cambodge, Annam, Tonkin, Laos, territoire de Kouang-Tchéou-Ouan, que nous venons d'acquérir, font, à la suite, l'objet de courtes monographies.

En annexes, ont été jointes quelques notes sommaires sur le Yunnan et le Siam qui, grâce au rayonnement de l'influence française en Extrême-Orient, nouent chaque jour avec notre colonie des relations commerciales et amicales plus étroites.

Ces notices se terminent par une description spéciale de l'Exposition de la mission Pavie, qui a si longtemps sillonné la presqu'île indo-chinoise tout entière, pour trouver les liens communs ayant enfin permis de réunir, sous l'égide de notre gouvernement, tant de frères ennemis ou de peuples épars.

La mission Pavie apporte dans ce volume une note curieuse et parfois émue. Elle soulève les voiles du passé sur cette antique Indo-Chine, encore mystérieuse, berceau de tant de peuples qui furent prospères, jusqu'à l'apothéose d'Ang-kor, tombeau de tant de rois oubliés dans le sommeil de la décadence.

Tel est le cadre très simple dans lequel est exposé ce grand pays qu'ont aimé tous ceux qui l'ont bien connu, depuis les amiraux Bonard, La Grandière, jusqu'à Paul Bert, de Lanessan et Paul Doumer, dont la part glorieuse et pacifique restera grande et profondément gravée dans l'esprit de ses collaborateurs.

Pierre Nicolas.

14 avril 1900.

Jules CHARLES-ROUX, ancien député
Délégué des ministères des Affaires étrangères et des Colonies

Organisation de la Section

DE

L'INDO-CHINE

A L'EXPOSITION UNIVERSELLE DE 1900

à Paris et dans la Colonie

Commissariat à Paris

COMMISSAIRE :

M. Pierre Nicolas.

ADJOINTS AU COMMISSAIRE :

MM. Jean Suricaud, Commissaire adjoint de la Côte française des Somalis.
Blanchet, Directeur des Messageries fluviales de Cochinchine.

SECRÉTAIRES :

MM. Denis Guinant, attaché à la Caisse des Dépôts et Consignations.
Henri Armand, attaché au Cabinet du ministre des Colonies.

SERVICE D'ARCHITECTURE

A PARIS :

MM. du Houx de Brossard, chargé du Service technique d'Architecture du Commissariat de l'Indo-Chine, Architecte du Palais des Arts et du Pavillon des forêts.
Marcel, Architecte du Pnom et de la pagode des Bouddhas.
Decron, Architecte du Palais des Produits.
Maréchal, Architecte de 1ʳᵉ classe de l'Indo-chine, en mission pour la surveillance des travaux
Genet, Inspecteur principal des Bâtiments Civils de l'Indo-Chine, Architecte adjoint.
A. Sambet, Commis des Travaux Publics de l'Indo-Chine.
Khoun, Interprète indigène.
Sing,   —   —

EN INDO-CHINE :

Vildieu, chef du service des Bâtiments civils, à Hanoï.
Fabre,   —   —   —   — à Pnom-Penh.
J. Sambet, —   —   —   — à Saigon.

Entreprise des Travaux :

MM. Despagnat, Entrepreneur général de l'Exposition Coloniale.
Viterbo, Entrepreneur à Hanoi.
Associations Ouvrières de Production de Paris.
Equipes d'ouvriers indigènes (Annamites, Cambodgiens, Laotiens, Chinois).

Comités locaux

COMITÉ PERMANENT DE CENTRALISATION

PRÉSIDENT

M. Rolland, Président de la chambre de commerce de Saigon.

MEMBRES :

M. Capus, Directeur de l'agriculture et du commerce de l'Indo-Chine.
M. Escoubet, Administrateur-conseil des affaires indigènes.
M. Vandelet, Président de la chambre consultative mixte de commerce et d'agriculture du Cambodge, membre.
M. Denis, Ingénieur civil, conseiller municipal de Saigon.

SECRÉTAIRE :

M. Moine, Commis principal de 1re classe du secrétariat du gouvernement de Cochinchine.

COMITÉ LOCAL DE LA COCHINCHINE

PRÉSIDENT D'HONNEUR :

M. le Lieutenant-gouverneur.

MEMBRES :

Un Administrateur-conseil.
Deux Membres du Conseil colonial, membres.
Le Président de la chambre de commerce de Saigon.
Un Membre de cette assemblée.
Le Maire de Saigon.
Le Maire de Cholon.
L'Administrateur de Gia-dinh.
L'Administrateur de Cholon.
Le Directeur des Travaux publics.
Un Magistrat.
Le Chef du 2e bureau du secrétariat du gouvernement.
Le Chef du service du cadastre.
Un Fonctionnaire des postes et télégraphes.
Le Directeur du jardin botanique.
Le Sous-chef du 4e bureau du secrétariat du gouvernement.
Un Fonctionnaire des douanes et régies.
Un Médecin des colonies.
Un Pharmacien des colonies.
Le Médecin du service local.
Le Directeur du collège Chasseloup-Laubat.
Le Directeur de l'institut Taberd.
Quatre Négociants ou Industriels.
Le Président de la Société des études Indo-Chinoises.
Un Membre de cette Société.
Le Doc-Phu-su-Pnong de Cholon.

SECRÉTAIRE :

M. **Pétrus-ky**, Professeur de langues orientales.
Un Fonctionnaire.

COMITÉ LOCAL DU CAMBODGE

PRÉSIDENT D'HONNEUR :

M. le Résident supérieur.

MEMBRES :

Le Résident de Phnom-Penh.
Le Délégué au conseil supérieur des colonies.
Le Chef du cabinet supérieur des colonies.
Le Chef du service des ponts et chaussées.
Le Chef du service des bâtiments civils.

Le Médecin-chef de l'hôpital mixte de Phnom-Penh.
Le Chef du bureau des rôles.
M. **Le Blanc**, Sous-directeur de l'usine des Ksacs-Kandai.
M. **Faraut**, Négociant.
M. **Carlinot**, Chancelier de résidence.
M. le Contrôleur des douanes et régies, attaché au cabinet.
Dupuy, Représentant de la maison Borrelly.
L'Agent des messageries fluviales à Phnom-Penh.
Le Comptable des magasins et ateliers du protectorat.
M. **Okuba-Présor-Aksar**, Trésorier royal.

SECRÉTAIRE :

Un Fonctionnaire.

COMITÉ LOCAL DE L'ANNAM

PRÉSIDENT D'HONNEUR :

M. le Résident supérieur.

MEMBRES :

S. E. le Van-Minh.
S. E. le Vo-Hièn, membre.
S. E. le Ministre des finances.
Le Commandant des troupes (Annam).
Le Président de la chambre consultative mixte de commerce et d'agriculture.
Le Résident de la province de Thua-Thien.
Le Résident-maire de Tourane.
Le Chef du service des douanes et régies.
Le Capitaine sous-directeur de l'artillerie à Hué.
Le Médecin principal des colonies en service à Hué.
Le Directeur de la banque de l'Indo-Chine à Tourane.
L'Agent des messageries maritimes à Tourane.
Le Délégué aux ministères de l'intérieur et de la guerre.
Le Délégué aux ministères des finances et de la justice.
Le Chef du premier bureau de la résidence supérieure.

SECRÉTAIRE :

Un Fonctionnaire.

COMITÉ LOCAL DU TONKIN

PRÉSIDENT D'HONNEUR :

M. le Résident supérieur.

MEMBRES :

Le Directeur des affaires civiles.
S. E. le King-luoc.
L'évêque du Tonkin Occidental.
Le Délégué du conseil supérieur des colonies.
Le Directeur des travaux publics.
Le Chef du service de santé.
Le Commandant de la marine.
Un membre du conseil de protectorat.
Le Résident-maire de Hanoi.
Le Résident-maire de Haiphong.
Le Commandant du 2e territoire militaire
Le Directeur des douanes et régies.
Le Trésorier-payeur.
Le Résident de la province de Hanoi.
Le Résident de la province de Nam-Pinh.
Le Résident de la province de Sontay.
Un Officier supérieur.
Le Directeur de l'enseignement.
Un Pharmacien principal.
Le Directeur des établissements zootechniques.
Le Directeur du jardin botanique.
Un Vétérinaire militaire.
Deux Membres du conseil municipal de Hanoi.
Deux Membres du conseil municipal d'Haiphong.
Deux Membres de la chambre de commerce de Hanoi.
Deux Membres de la chambre de commerce de Haiphong.
Deux Membres du syndicat des planteurs.

SECRÉTAIRE :

Un Fonctionnaire.

SOUS-COMMISSION DU COMITÉ LOCAL

PRÉSIDENT D'HONNEUR

M. **Dardenne**, Ingénieur en chef, directeur des travaux publics.

MEMBRES

MM. **Vildieu**, Chef du service des bâtiments civils.
    Viterbo, Conseiller municipal.
    Kaerper, Chef du service vétérinaire.
    Lemarié, Directeur du Jardin Botanique.
    Dumoutier, Directeur de l'enseignement,

COMITÉ LOCAL DU HAUT-LAOS

PRÉSIDENTS D'HONNEUR :

M. le Commandant supérieur.
S. A. R. **Chao-Maho-Apparat**, second roi de Luang-Prabang.
Le Commissaire du gouvernement, adjoint au commandant supérieur.

MEMBRES :

S. E. le Siao-Krom-Ma-Koun.
Le Payeur, membre.
Le Chef de la régie de l'opium.
Le Médecin de Luang-Prabang.
Le Chargé de l'école laotienne.
Le Chargé des travaux publics.

SECRÉTAIRE :

Un Commis du commissariat.

COMITÉ LOCAL DU BAS-LAOS

PRÉSIDENT D'HONNEUR :

M. le Commandant supérieur.

MEMBRES :

Le Commissaire du gouvernement de Khong.
Le Payeur.
Le Commissaire du gouvernement, adjoint à Ban-Mouang.
Le Chef du service médical.
Le Receveur des postes et télégraphes de Khong.
Le Chef de la mission catholique de Bassac.
L'Inspecteur de la gare indigène de Khong.
Un Commis de commissariat de Khong.
L'Oupahat de Khong.

SECRÉTAIRE

Un Commis du commissariat.

Commission de classement et d'installation des produits et objets de l'Exposition de la colonie de l'Indo-Chine.

PRÉSIDENT

M. **Pierre Nicolas**, Commissaire.

MEMBRES

MM. **Lemire**, Résident honoraire.

Suricaud, Adjoint au commissaire.

MM. **Blanchet**, Directeur des Messageries fluviales de Cochinchine.

Maréchal, Architecte de 1`re` classe de l'Indo-Chine.

Viterbo, Délégué du Comité local du Tonkin.

Boulland de l'Escale, Secrétaire du Congrès international de Sociologie coloniale.

George Schwob, lauréat de l'École des hautes études commerciales.

Decron, Architecte.

Genet, id.

du Houx de Brossard, id.

Marcel, id.

Dumoulin, Peintre du Ministère de la Marine.

SECRÉTAIRES

MM. **Henri Armand** et **Fernand Gervais**.

Marcel SAINT-GERMAIN, sénateur
Directeur de l'Exposition coloniale

REPRÉSENTATION DE L'INDO-CHINE
AU PARLEMENT ET AU CONSEIL SUPÉRIEUR DES COLONIES

M. LE MYRE DE VILERS
*Ambassadeur honoraire
Député de la Cochinchine*

M. DE LANESSAN
*Ancien Gouverneur général de l'Indo-Chine
Ministre de la Marine
Délégué du Tonkin et de l'Annam
au Conseil Supérieur des Colonies.*

M. JOURDAN
Délégué du Cambodge au Conseil Supérieur des Colonies

Il n'y a donc pas, à proprement parler, d'exposition ou de bâtiments spéciaux de la Cochinchine, du Cambodge, du Tonkin, etc., il n'y a qu'une exposition *Indo-Chinoise*, répartie par nature de produits ou d'objets, dans des palais ou pavillons qui sont la représentation fidèle des plus curieux spécimens de l'architecture d'Extrême-Orient, relevés dans les différentes provinces dont la réunion forme aujourd'hui la colonie d'Indo-Chine.

Cette exposition comporte cinq constructions principales ou groupes de constructions, des maisons tonkinoises, cambodgiennes et laotiennes, plus un bâtiment annexe destiné à loger les indigènes en dehors de l'enceinte de l'Exposition, comme l'exige le commissariat général. Ces constructions sont les suivantes :

1° **Le Palais des Produits**, reproduction de la grande pagode de Cholon (Cochinchine), destiné à recevoir les produits agricoles et industriels de toute l'Indo-Chine, c'est-à-dire du Tonkin et de l'Annam, de la Cochinchine aussi bien que du Laos, du Cambodge et du territoire chinois de Kouang-Tchéou-Ouan, récemment acquis à la France, et placé depuis le mois de janvier dernier dans les attributions du gouvernement général de l'Indo-Chine.

Voici l'énumération des principaux produits et des objets qui y figurent :

Variétés de riz, paddy (riz décortiqué), alcool de riz, thés, cafés, cannelle, poivre, badiane, gommes, benjoin, cacao, cire, miel, cannes à sucre, indigo, bois de teinture, objets en rotins et bambous, soie, crépons, coton,

LE PHNOM ET LA PAGODE DU BOUDDHA

huiles d'arachides, de coco, de poisson, de ricin, noix d'arec, ivoire, os, ramie et diverses plantes textiles, matériaux de construction, laques, terres cuites, poteries, opium brut, opium manufacturé, tabac, allumettes, poissons salés, nuocmam (saumure de poisson), nacre, écaille brute, coquillages, nattes, armes, or, argent,

Annexe de l'Exposition de l'Indo-Chine. Logements des indigènes.

cuivre, étain, charbon, instruments de musique, voitures, palanquins, jonques et barques, instruments aratoires, plumes brutes, etc., etc.

C'est également dans cette pagode que trouvent place les modèles des grands ponts en fer et ouvrages d'art de l'Indo-Chine, commandés en France par le gouverneur général.

Sur les surfaces murales laissées libres figurent les

plans des monuments en cours d'achèvement. Des plans à grande échelle montrent en perspective les quatre plus grandes villes d'Indo-Chine : Saigon, Hanoi, Hué et Pnôm-Penh, ainsi que deux grandes cartes murales originales représentant, l'une, les progrès faits depuis la conquête dans les connaissances de notre empire indo-chinois (itinéraire des explorateurs), l'autre, la distribution, sur toute l'étendue du territoire, des produits économiques, les voies de communication, etc.

2° **Le Palais des Arts** est la représentation du Palais de Co-loa (Tonkin). Les salles de ce bâtiment renferment les produits des arts industriels de l'Indo-Chine. Des vitrines y sont également réservées aux objets d'art de tous les pays indo-chinois.

Sont classés dans les galeries, des dessins, gravures, livres illustrés, tableaux, peintures, parasols, éventails, écrans, écaille ouvrée, soie ouvrée, broderie, meubles, tabletteries, objets laqués, sculptés et incrustés, plumes ouvrées, faïences et porcelaines décorées, ouvrages en or, argent, étain, bronze, vannerie, costumes, harnachements, ivoires, émaux, armes, etc.

C'est dans les cours intérieures de ce palais que se tiendra, au cours de l'Exposition, le congrès de la Ramie.

3° **Le pavillon des forêts**, copie d'une riche maison annamite de Thudaumot (Haute-Cochinchine), avec ses cloisons sculptées. Il renferme les produits des forêts de toutes les provinces indo-chinoises : bambous, rotins, gô, joncs, dau, sao, cam-laï, cam-xé, trac, teck, boloï, instruments de pêche, chasse; pièges divers, cornes, peaux.

4º **Le Pnôm** (qui veut dire colline) et **la Pagode des Bouddhas**, reconstitution cambodgienne qui s'étend sur une surface de deux mille mètres carrés.

On a reproduit sur une colline artificielle la pagode

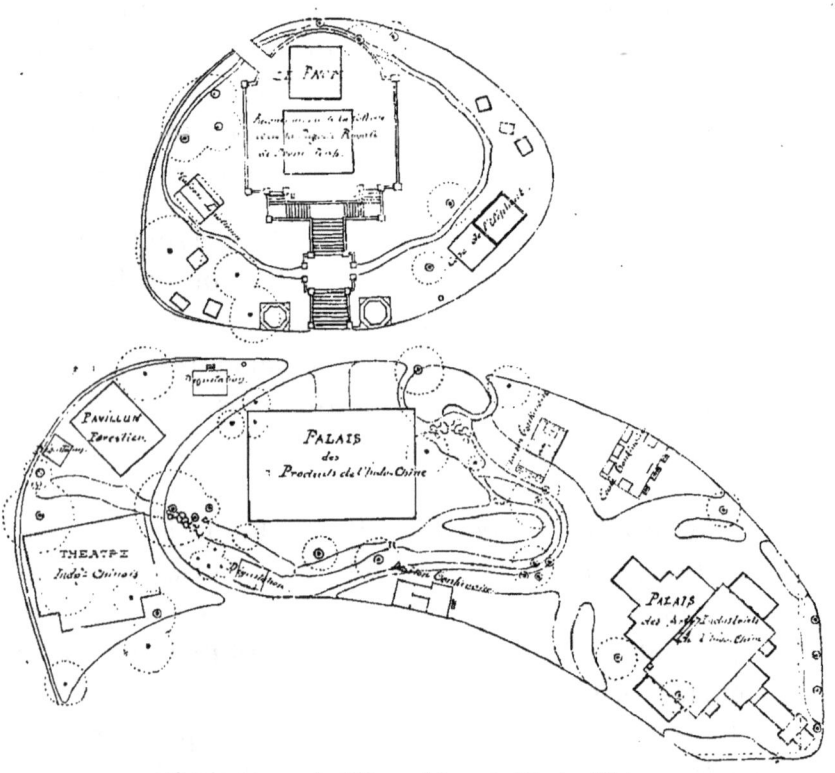

Groupement de l'Exposition de l'Indo-Chine

et les Pnôms (dômes coniques en forme de cloches) qui décorent la colline de Pnôm-Penh (Cambodge)

Le sous-sol de ce tertre est une vaste grotte en béton armé qui constitue un des travaux les plus remarquables et les plus audacieux de l'Exposition universelle.

Plan de l'Exposition coloniale. l'Indo-Chine (parties pointillées)

Les voûtes de cette grotte semblent s'appuyer sur de hauts piliers dont la décoration empruntée aux anciens temples brahmaniques et bouddhiques des Khmers rappelle les fameux temples souterrains d'Ellora dans l'Inde. De l'intérieur on voit toute une série de dioramas, représentant des vues curieuses prises dans toute l'étendue de l'Indo-Chine : la rue Catinat, à Saigon ; les bords du Mékong, à Mytho ; le tombeau de Tu-Duc, à Hué ; la baie d'Along et enfin la vue dioramique d'un chantier du Pont-Doumer, à Hanoi, un des plus importants ouvrages d'art entrepris dans la colonie.

Dans cette même salle, un cinématographe perfectionné donne l'illusion de la vie indo-chinoise, avec son animation et son caractère particulier.

Le gouverneur général a voulu que ces attractions fussent absolument accessibles à tous, à titre gracieux, et à ce que, d'ailleurs, aucune rétribution n'eut à être demandée aux visiteurs de l'Exposition indo-chinoise.

Les vastes galeries qui conduisent à cette salle souterraine sont occupées par l'exposition de la mission Pavie qui a parcouru et étudié l'Indo-Chine pendant plus de quinze années : l'ensemble se compose de photographies, portraits, dessins, groupes d'indigènes en cire revêtus des costumes de leur pays ; des collections d'animaux naturalisés, réprésentant la faune indo-chinoise ; d'étoffes, bijoux, produits du sol et des mines, ustensiles divers, ouvrages, manuscrits, cartes, plans, etc.

Une immense terrasse, d'où la vue s'étend sur tout le panorama de l'Exposition, domine cette colline artificielle ; c'est sur cette terrasse, à laquelle on accède par un escalier monumental, que s'élèvent la grande pyramide conique dont la flèche dorée s'élance à 47 mètres et la délicieuse pagode royale de Pnôm-Penh qui sert d'exposition spéciale d'objets relatifs à l'art religieux : personnages bouddhiques et brahmaniques, statues, vases à encens, brûle-parfums, tables d'autel, modèles de pagode, bougies décorées et parfumées, pankas, sentences, croix incrustées et tous les objets des différents cultes de l'Indo-Chine.

Sur le tertre même de la colline, les visiteurs peuvent voir, dans une gracieuse case laotienne, le petit éléphant blanc « Chéri », envoyé par la colonie au Muséum. Le directeur de cet établissement a bien voulu consentir à confier au commissariat de l'Indo-Chine, sur la demande du gouverneur général, ce pachyderme considéré comme sacré par les peuples de race thaï.

Autour de cette reconstitution, seront groupées des maisons annamites laotiennes et cambodgiennes.

5° **Le théâtre Indo-Chinois**, concédé à un colon d'Indo-Chine, monté avec un grand luxe. L'entrepreneur donne sur cette scène des représentations de troupes indigènes de la Cour de Hué et surtout des ballets qui sont exécutés par des danseuses cambodgiennes de la cour du roi Norodom.

Il faut rappeler, enfin, que l'Exposition de l'Indo-Chine a un prolongement hors de l'enceinte de l'Exposition universelle. En effet, une élégante construction a été édifiée au milieu des arbres, rue du Docteur Blanche, à Passy. Cette installation a déjà été occupée par les Annamites, Cambodgiens, Laotiens et Chinois, ouvriers d'art, venus au nombre d'une centaine travailler à l'édification et à la décoration des différentes constructions, en attendant qu'ils aient fait place aux indigènes qui sont venus pour figurer à l'Exposition d'Indo-Chine. Cette vaste agrégation indo-chinoise peut contenir deux à trois cents indigènes, répartis en grandes salles spacieuses et aérées. Les logements séparés sont réservés pour les indigènes accompagnés de leurs femmes et de leurs enfants.

On a, dans cette enceinte, véritable village indo-chinois, la représention animée de la vie de ces peuples prise sur le vif. On y voit s'entremêler toutes les races de l'Indo-Chine. Elles y agissent en commun et se fondent ensemble sans se confondre : c'est une image vivante de l'unité de notre domaine dans sa diversité locale si pittoresque.

En résumé, l'Exposition Indo-Chinoise comprend dans ses palais et pavillons : 1° les produits du sol et du sous-sol ; 2° les productions des arts industriels ; 3° les produits des forêts ; 4° les plus beaux spécimens de l'architecture cambodgienne et annamite, la reproduction des monuments, des grands travaux publics, des villes, temples, habitations, sites et types de la colonie, donnant une synthèse animée de la vie et du progrès dans toutes les parties de l'Union indo-chinoise.

Par une gracieuse libéralité du gouverneur général, cet ensemble si attrayant et si instructif est ouvert à tous, sans bourse délier.

L'art religieux qui tient une si grande place en

Extrême-Orient, puisque ses manifestations sont intimement liées par les lois et les traditions à la vie officielle et publique, a sa représention spéciale.

Les travaux des explorateurs sont mis en relief, et les résultats de la grande mission Pavie, si laborieuse et si féconde, font l'objet d'une exposition complète.

Enfin, la vie des indigènes des diverses races se trouve naturellement et réellement reproduite dans le centre où ils sont groupés et réunis à Passy.

Les asiatiques sont, comme les parisiens, passionnés pour le théâtre. On a donc édifié une fort belle salle. Des troupes d'acteurs et d'actrices, de chanteuses et de danseuses, sont venues, les unes du Tonkin, les autres du Cambodge, nous faire connaître, dans ses variétés, l'art dramatique de leur pays.

On peut donc se convaincre que l'Exposition Indo-Chinoise est complète et variée. Elle forme un ensemble unique, comme la colonie elle-même. On apprend sur place à connaître celle-ci sous toutes ses faces. Ses dômes, dominant la colline, s'élançant vers le ciel, illuminés par le soleil, attirent tous les regards, il suffit d'ouvrir les yeux. Au Trocadéro, l'on peut dire de notre belle Colonie, selon un mot fameux : « L'Indo-Chine est comme le soleil, aveugle qui ne la voit pas ! » Et il est permis d'ajouter : « Bien sceptique celui qui ne l'admire pas ! »

DEUXIÈME PARTIE

NOTICE GÉNÉRALE DE LA COLONIE DE L'INDO-CHINE

I

HISTORIQUE SOMMAIRE. — PIGNEAU DE BÉHAINE. — TRAITÉ DE 1787. — TU-DUC. — FRANCIS GARNIER. — TRAITÉ DE 1874. — LE RÉGIME CIVIL. — JULES FERRY. — M. PAUL DOUMER.

L'Empire créé dans la péninsule indo-chinoise est composé de parties distinctes : la Cochinchine — la plus ancienne des possessions françaises — fut constituée par voie de conquête à la suite de vexations innombrables infligées par Tu-Duc, empereur d'Annam, à nos nationaux et à nos missionnaires ; le protectorat sur le royaume du Cambodge fut ensuite établi ; l'Annam et le Tonkin, ouverts à nos armes par Francis Garnier, sont acquis à la France grâce aux efforts de Jules Ferry ; enfin, le Laos s'est trouvé tout naturellement annexé à ce domaine durant ces dernières années, et nous venons d'acquérir en Chine la baie de Kouang-Tchéou-Ouan. Nous sommes donc les voisins du Siam et de la Chine.

La Basse-Cochinchine faisait, autrefois, partie du royaume Khmer ou Cambodge ; annexée en 1658 par l'Annam, son histoire se confond avec celle de ces deux pays et ce n'est guère qu'à partir de 1859, époque de notre prise de possession, qu'elle a, pour ainsi dire, une histoire particulière.

Nos relations avec la Cochinchine sont anciennes ; le premier missionnaire français qui visita le delta du Mékong fut le Père Georges de la Mothe, en 1585. Enfin, Pigneau de Béhaine, évêque d'Adran, à la suite de nombreux services rendus à Gia-Long, empereur d'Annam, établit la prépondérance de l'influence française en Indo-Chine, au point que, le 28 novembre 1787, le roi Louis XVI signait à Versailles avec Canh-Dzué, fils du roi d'Annam, un traité d'alliance offensive et défensive. Aux termes de cet acte « une escadre de vingt bâtiments de guerre français, cinq régiments européens et deux régiments de troupes coloniales » étaient mis sous les ordres de Gia-Long. En outre, Louis XVI s'engageait « à fournir la somme d'un million de dollars dont 500,000 en espèces, le reste en salpêtre, canons, mousquets et autres armements militaires. »

Le roi de Cochinchine nous cédait, par contre : le port et le territoire de Han-Lan (baie de Tourane et la péninsule), l'île de Poulo-Condor.

Mais Pigneau de Béhaine amena des officiers, des ingénieurs et des médecins. Grâce à ce concours, Gia-Long put se rendre maître de l'Annam, du Tonkin et de la Cochinchine qui se trouvèrent réunis et unifiés sous son sceptre en 1802. Il conserva, durant tout son règne, une vive amitié pour Pigneau de Béhaine et lorsqu'il mourut, le roi lui fit faire de magnifiques funérailles, présida lui-même à la cérémonie des obsèques et élever fit un magnifique mausolée.

Gia-Long mourut à son tour en 1820. Maître incontesté de la Cochinchine et de l'Annam, il avait complètement réorganisé ses Etats, mais la prépondérance qu'y prenaient peu à peu les Européens, l'extension de la puissance anglaise dans l'Inde l'effrayaient. Ses successeurs n'avaient pas, vis-à-vis de nous, les mêmes raisons de reconnaissance; en 1824, les Français furent expulsés; en 1847, sous le règne de Thieû-Tri, les commandants Lapierre et Rigault de Genouilly durent détruire cinq bâtiments annamites dans la baie de Tourane.

Tu-Duc laissa massacrer, en 1851, les deux missionnaires Schaeffer et Bernard. En 1852, la corvette *Catinat* détruisit l'un des forts de Tourane et, en 1858, la France et l'Espagne, victimes d'exactions continuelles, organisèrent une expédition commandée par l'amiral Rigault de Genouilly et le colonel espagnol Langerote. On reprit d'abord notre ancienne position à Tourane, puis, le 17 février 1859, l'amiral Rigault de Genouilly à la tête d'un corps franco-espagnol, s'empara de Saigon.

C'était là un résultat considérable : 200 bouches à feu, une corvette, 8 jonques de guerre, 20.000 sabres, lances, fusils, pistolets, 85,000 kilogrammes de poudre, d'énormes quantités de cartouches, de fusées, de projectiles, de plomb, des équipements, du riz, des sommes d'argent considérables tombaient en notre pouvoir. La prise de Saigon nous donnait la clef de la Basse-Cochinchine.

Malheureusement, la France ne put pas profiter de cette situation. La guerre d'Italie et l'expédition de Chine sollicitant tour à tour notre attention, nous nous laissâmes reprendre Tourane, puis bloquer dans Saigon. Enfin, le 6 février 1861, l'amiral Charner arriva avec une division navale et un corps expéditionnaire de 3,500 à 4,000 hommes dont 230 Espagnols et une compagnie indigène. La campagne fut longue et pénible, mais elle marque l'établissement définitif de la prépondérance française, non seulement en Cochinchine, mais encore au Cambodge où, dès 1863, l'amiral de la Grandière, gouverneur de la Cochinchine, entre en pourparlers définitifs avec Norodom, le jeune roi du Cambodge, qui règne encore aujourd'hui et est devenu un ami aussi bien qu'un protégé de la France.

Gia-Long avait pu, grâce au concours des officiers français, réunir sous son sceptre toutes les parties de l'Indo-Chine. L'unité réalisée par lui il y a un siècle a été de nouveau reconstituée par le gouverneur général actuel au nom de la France.

En 1867, l'amiral de la Grandière enlève, sans coup férir, Vinh-Long, Sadec, Chaudoc et Hatien.

A la même époque, la France passe avec le Siam un traité par lequel le roi de ce pays renonce à sa suzeraineté prétendue sur le Cambodge, mais il continue à occuper les provinces de Battambang et d'Ang-kor.

En 1873, les mandarins tonkinois ayant molesté un de nos compatriotes, Jean Dupuis, qui avait remonté avec une flottille de Hanoi jusqu'au Yunnan, le gouverneur de la Cochinchine envoie à Hanoi Francis Garnier, qui, avec quelques officiers et une poignée d'hommes, s'empare de la citadelle de cette ville et des places voisines du Delta.

Ce brillant fait d'armes inaugure la mainmise de la France sur le Tonkin et l'Annam.

En 1874, le traité du 5 janvier nous assure la navigation du Fleuve Rouge, l'ouverture au commerce français des ports de Qui-Nhon en Annam, de Haiphong et d'Hanoi au Tonkin.

En 1876, Saigon est de nouveau menacée par Si-Votha, frère du roi Norodom, qui, battu par nos troupes, voit son influence anéantie.

En 1879, le régime civil est inauguré en Cochinchine par M. Le Myre de Vilers; M. Blancsubé est élu, le premier, député de la Cochinchine.

Depuis cette époque, la cour de Hué encourage secrètement les révoltes des Pavillons-Noirs au Tonkin; le commandant

Tirailleur annamite

Rivière est envoyé pour châtier Tu-Duc ; il tombe le 19 mai 1883, comme était tombé Francis Garnier, victime de son courage.

Le 17 juillet, Tu-Duc meurt. M. Harmand, commissaire général civil au Tonkin, profite de cette occasion pour frapper un grand coup. L'amiral Courbet bombarbe Thuan-An et, le 25 août, Hiep-Hoa, qui a remplacé son frère Tu-Duc, signe un traité qui nous concède l'occupation de Thuan-An et ouvre à notre commerce les ports de Tourane et de Xuan-Day ; la douane — et c'est là un point capital — est remise entre nos mains.

L'année 1884 est fertile au point de vue des intérêts français en Indo-Chine. M. Thomson, qui a succédé à M. Le Myre de Vilers comme gouverneur de la Cochinchine, passe avec Norodom la convention de Phnôm-Penh qui place d'une manière plus effective le Cambodge sous notre protectorat. Le 6 juin, le traité du 25 août 1883 avec Hiep-Hoa, roi d'Annam, est avantageusement ratifié ; il établit définitivement notre protectorat en Annam et au Tonkin, condition formellement stipulée par Jules Ferry.

Ce traité semblait mettre fin aux hostilités. On le crut; on se trompa. L'incident de Bac-Lé en 1884 fut suivi des opérations de l'amiral Courbet à Fou-Tchéou, à Formose, la rébellion en Annam de Thuong et de Thon-That-Thuyet vigoureusement réprimée en 1885, par le général de Courcy ; la capture du jeune roi Ham-Nghi et son internement à Alger, la signature de la paix avec la Chine (9 juin 1885) sont des faits encore présents à toutes les mémoires, glorieux pour les armes françaises, mais la pacification de l'Indo-Chine était loin d'être un fait accompli.

Paul Bert, qui avait brillamment inauguré le gouvernement civil au Tonkin en 1886, était mort le 11 novembre de la même année. Son œuvre si bien ébauchée se trouvait interrompue.

Tirailleurs tonkinois

Elle avati été momentanément reprise par M. Bihourd. Les décrets d'octobre 1887 réunirent la colonie de la Cochinchine et lesprotectorats du Cambodge, du Tonkinet de l'Annam, sous l'autorité d'un seul fonctionnaire, M. Constans, gouverneur général de l'Indo-Chine.

En 1889, M. Piquet avait remplacé M. Constans au gouvernement général; le jeune roi d'Annam, Buu-Lan, proclamé le 11 janvier en remplacement de Ham-Nghi, sous le nom de Than-Thaï, paraissait vouloir donner à la France des gages d'amitié sincère; la situation semblait propice à une constitution définitive et inébranlable de la puissance coloniale française en Extrême-Orient, en même temps qu'à une tentative sérieuse de mise en valeur de nos nouvelles possessions.

Cependant, pour réaliser ces vastes projets, il fallait placer à la tête de l'Indo-Chine un Gouverneur général armé de pouvoirs forts enfin régularisés. C'est pourquoi M. Piquet ayant résigné ses fonctions, le Président Carnot, signa, sur la proposition des ministres: MM. de Freycinet, Ribot, Jules Roche et Barbey, le décret du 21 avril 1891 qui fixa définitivement les pouvoirs et les attributions du gouverneur général. M. de Lanessan, ancien député, qui, depuis longtemps, s'était fait une spécialité des questions indo-chinoises, fut désigné pour remplir ces hautes fonctions.

Son premier soin fut de mettre fin aux intrigues qui avaient pour but de détrôner le jeune roi Than-Thaï, de rétablir l'ordre au Tonkin, où l'on se battait encore dans le Bay-Say, en face d'Hanoi, dans les provinces de Haiduong, de Hong-Yen, de Bac-Ninh, de Quang-Yen, de Haiphong, de Sontay, de Hong-Hoa, et de réduire à l'impuissance les pirates qui occupaient presque entièrement cette dernière province, ainsi que le Yen-Thé,

M. de Lanessan s'efforça d'arriver à ce résultat par des voies

Miliciens indigènes

pacifiques, appuyées, au besoin seulement, sur une grande vigueur répressive.

Enfin, grâce aux efforts de tous, résidents et mandarins, miliciens et linh-co, chacun rivalisant de zèle, les populations rentrèrent d'elles-mêmes dans les villages et aidèrent à maintenir l'ordre, de telle sorte qu'avant la fin de 1891, la majeure partie du delta était assez tranquille pour que le gouverneur général pût la déclarer pacifiée.

Pour arriver à la pacification des régions montagneuses qui entourent le delta, le gouverneur général s'appliqua d'abord à détruire les rivalités existant entre l'armée et la milice ; il y parvint par la création des territoires militaires. Les pouvoirs et les responsabilités devenaient ainsi partagés. L'autorité militaire était seule responsable de ce qui se passait dans les territoires militaires où elle réunissait, en ses mains, tous les pouvoirs ; l'autorité civile n'avait plus qu'à administrer les provinces du delta et à y faire la police.

Le massif du Dong-Trieu était alors le domaine incontesté de nombreuses bandes chinoises, obéissant au chef Luuky ; l'audace de ces malfaiteurs ne connaissait pas de bornes ; ils sortaient quotidiennement des montagnes pour piller les villages de l'île des Deux-Songs, de Quang-Yen, de Haiduong, d'Haiphong et la région des mines. Le colonel Terrillon, commandant le premier territoire militaire, en vint à bout. En juillet 1892, le massif du Dong-Trieu était soustrait définitivement aux bandes qui l'infestaient.

De son côté, le général Voyron organisa une colonne contre les chefs rebelles annamites Ba-Phuc, De-Tham, etc..., dans le Yen-Thé, et, malgré quelques pertes sensibles, réussit à rendre la paix à cette région.

Au mois de mai 1892, grâce aux efforts combinés du contre-amiral Fournier, du capitaine de vaisseau Ferran et de

Une halte de la légion étrangère au Tonkin

quelques hardis marins dont les noms mériteraient de passer à l'histoire, la piraterie maritime du Tonkin avait vécu.

Enfin, par le traité du 3 octobre 1893 la rive gauche du Mékong fut évacuée par les Siamois. Par suite de la reprise de ces vastes territoires du Laos, nos possessions indo-chinoises se sont étendues, jusqu'au Mékong et par la Convention du 15 janvier 1896 tout le bassin du grand fleuve est entré dans notre sphère d'influence.

Dans l'ordre administratif et financier, M. de Lanessan a préparé les voies à M. Paul Doumer par d'importantes réformes budgétaires en Annam-Tonkin, en Cochinchine et au Cambodge. Il a développé le commerce et l'agriculture dans toute l'Indo-Chine ; commencé des travaux publics importants pour doter le pays de l'outillage économique nécessaire à sa prospérité et à l'utilisation de ses richesses naturelles; prévu enfin l'exécution des grands travaux de chemins de fer qui sont l'œuvre active du gouverneur général actuel.

II

GÉOGRAPHIE GÉNÉRALE DE L'INDO-CHINE. — LIMITES. — SUPERFICIE. — ASPECT PHYSIQUE. — FLEUVES ET RIVIÈRES. — LE MÉKONG. — LE FLEUVE ROUGE. — DIVISIONS. — COCHINCHINE. — CAMBODGE. — ANNAM. — TONKIN. — LAOS. — KOUANG-TCHÉOU-OUAN.

L'Indo-Chine française comprend les deux vallées du Fleuve-Rouge et du Mékong, et s'étend sur toute la partie orientale de la péninsule indo-chinoise,

Elle est borné au nord par la Chine, sur le territoire de laquelle nous venons d'acquérir la baie de Kouang-Tchéou-Ouan, à l'Est et au Sud-Est par le golfe du Tonkin et la mer de Chine, au Sud-Ouest par le golfe du Siam, à l'Ouest par une ligne conventionnelle entre le Cambodge et le Siam, puis par la rive droite du Mékong qui la sépare de ce dernier royaume et de la Birmanie.

Notre colonie a une superficie d'environ 680.000 kilomètres carrés, soit à peu près 150.000 kilomètres carrés de plus que la France. Il y a lieu de mentionner au surplus : 1º les provinces neutralisées de Siem-Reap et de Battambang; 2º la zone neutre de 25 kilomètres de largeur située sur la rive droite du Mékong spécialement placée sous le contrôle de la France; 3º la nouvelle région concédée à l'influence française : pays qui s'étendent sur plus de 200.000 kilomètres carrés entre le bassin du Mènam et le Mékong; 4° la baie de Kouang-Tchéou-Ouan.

L'Indo-Chine française est traversée en écharpe, du Nord-Ouest au Sud-Est, par une grande chaîne de montagnes qui se détache du plateau thibétain et qui sépare le bassin du Mékong de celui des fleuves et rivières se jetant dans le golfe du Tonkin et la mer de Chine. Cette chaîne, couverte le plus souvent de forêts épaisses, se ramifie au Nord-Ouest en de nombreux contreforts très élevés et très accidentés; au centre et au Sud, elle se rapproche beaucoup de la mer de Chine d'où semblent quelquefois surgir ses flancs abrupts et souvent inaccessibles.

Dans cette dernière partie elle ne laisse à l'Est qu'une bande très étroite de terres cultivables entre la mer et ses pentes escarpées; à l'Ouest au contraire, elle s'incline beaucoup moins rapidement et donne naissance à des rivières importantes qui se déversent dans le Mékong.

A peu près en son milieu, elle est coupée par la passe d'Ai-Lao dont le seuil ne dépasse guère 400 mètres d'altitude.

Au Nord-Est et au Sud-Ouest de cette chaîne, se trouvent d'immenses plaines d'alluvion qui ont été formées, au Nord par le Thaï-Binh et le Song-Coi, au Sud par le Mékong,

Les côtes de l'Indo-Chine ont la forme d'un S dont la courbe inférieure serait plus accusée que la courbe supérieure.

Le golfe du Tonkin, de Mon-cay au cap Vung-chua, baigne environ 600 kilomètres de côtes. La partie septentrionale, sur 150 kilomètres, est formée par des falaises plus ou moins élevées. On y trouve des îles nombreuses qui ont servi longtemps de refuge aux pirates; les principales sont les îles de Ké-Bao, de la Table et de la Cac-Ba. Elles forment les baies très sûres de Fitz-Long, d'Along et de Honc-Gay ou Port-

Le maréchal Sou

Courbet, qui communiquent facilement avec le delta tonkinois.

A la hauteur de l'île de la Cac-ba commence la côte basse et marécageuse ; on y remarque la pointe de Do-Son et les nombreuses embouchures du Thai-Binh, du Song-Coï, du Song-Ma et du Song-Ca, dont les alluvions ont empiété sur la mer et constitué le delta, ainsi que les plaines du Thanh-Hoa et du Nghê-An.

Au sud du cap Vung-chua jusqu'au cap Saint-Jacques, sur une longueur d'environ 1,000 kilomètres, la côte présente alternativement des promontoires escarpés, terminant différents contreforts détachés de la chaîne annamite, et des plaines basses et sablonneuses formées par les apports des rivières qui se précipitent vers la mer.

On y rencontre le port de la rivière de Hué (à Thuan-An), la baie de Tourane, les ports de Qui-Nhon, de Xuan-Day, de Hon-Coï, le cap Vert, l'île Tré, les baies de Nha-Trang et de Cam-Ranh, le cap Padaran, les baies de Phan-Ri, de Phan-Thit, et le cap St-Jacques qui termine la chaine des montagnes. Au Sud se trouve l'archipel de Poulo-Condor.

Du cap St-Jacques à Ha-tien, le pays créé par les alluvions du Mékong ne présente que des rivages bas et indécis coupés par les nombreuses embouchures du grand fleuve, terminés au Sud par la pointe de Ca-Mau et creusés à l'Ouest par la baie de Rach-gia.

Au Nord-Ouest, de Hatien, jusqu'à la frontière siamoise, à la baie de Muong-Krat, les falaises alternent avec les plaines sablonneuses.

A signaler sur cette côte, l'île de Phu-Quôc, les baies de Kampot et de Kompong-Som, la pointe Samit.

Dans ces limites, sur ces espaces immenses, entre ces côtes d'aspect si variables coulent deux grands fleuves et de nombreuses rivières. Le Mékong est le plus important de tous. Il prend sa source au plateau central de l'Asie et traverse d'abord le Thibet, le Sé-Tchouen et le Yunnan, dans la Chine méridionale, en restant le plus souvent encaissé entre des chaînes de montagnes élevées.

A son entrée en Indo-Chine, c'est un fleuve puissant; mais son cours, est embarrassé par de nombreux rapides qui en rendent la navigation impossible jusque vers Xieng-Sen.

Entre cette ville et Sam-panna existent également de nombreux tourbillons mais ils ne paraissent pas insurmontables.

Au-dessous de Sam-panna le fleuve est libre de tout obstacle pendant plusieurs centaines de kilomètres. Aux environs de Kemmarat, les rapides recommencent sur une longueur de 150 kilomètres; mais ils ont été déjà franchis heureusement par des navires à vapeur.

En aval, le fleuve redevient libre sur plus de cent kilomètres, puis on trouve les passes difficiles de Khon, avec les chutes de 15 mètres de hauteur environ de Papheng et de Sampanit.

Quant aux rapides de Préa-Patang, ils ont été étudiés à différentes reprises et beaucoup améliorés : ils ne constituent plus un obstacle infranchissable pour les navires qui ont une vitesse suffisante.

A partir de ce point le fleuve est d'une navigation facile. A Pnôm-Penh, au lieu dit les Quatre-Bras, il se divise en branches appelées Fleuve Antérieur et Fleuve Postérieur. Celles-ci se subdivisent à leur tour, et c'est par de nombreuses embouchures que cet immense cours d'eau pénètre dans la mer de Chine. Le delta formé par ces différentes branches constitue un réseau fluvial d'une grande importance.

Tel qu'il est, le Mékong, avec ses grands et nombreux affluents, offre une voie d'accès précieuse, sinon toujours facile, vers les provinces laotiennes qui occupent toute la partie occidentale de l'Indo-Chine.

Les principaux cours d'eau qui se jettent dans le golfe

du Tonkin et la mer de Chine sont, en partant du Nord, le Thai-Binh formé par le Loch-Nam, le Song-Thuong et le Song-Cau; puis le Fleuve Rouge ou Song-Coi qui prend sa source en Chine, ainsi que ses deux principaux affluents, la Rivière Claire au Nord et la Rivière Noire au Sud. Les navires à vapeur le remontent jusqu'à Lao-Kay.

Les bassins du Thaï-Binh et du Fleuve Rouge, réunis par le canal des Rapides et le canal des Bambous, constituent un réseau navigable très important qui donne un accès facile aux différents points du Bas-Tonkin.

Le Song-Ma, grossi du Song-Chu et le Song-Ca formé du Song-Non et du Song-Mo, ont une assez grande valeur comme voies de pénétration vers l'intérieur; le Song-Mo a sa source dans le plateau de Tran-Ninh.

Ensuite on trouve le Song-Giang, la rivière de Quang-tri, la rivière de Hué, le Song-Cai et le Song-Ba.

Au Sud coule le Donai qui confond ses embouchures avec celles de la rivière de Saigon et des Vaico.

Il forme un delta qui est joint à celui du Mékong par le canal de Cho-Gao et l'Arroyo de la Poste.

Ainsi géographiquement constituée l'Indo-Chine a été à la suite de nombreux remaniements administratifs et politiques divisée en cinq parties distinctes : le Tonkin, l'Annam, la Cochinchine, le Cambodge et le Laos, auxquelles sont venues s'adjoindre les territoires de la baie de Kouang-Tchéou-Ouan.

Il est utile de remarquer cependant qu'en tant qu'expression géographique, le mot Indo-Chine désigne la partie méridionale de l'Asie qui, limitée au nord par le 23° de latitude et entourée sur tout le reste de son pourtour par la mer des Indes et la mer de Chine, comprend la Birmanie, le Laos, le Siam, le Cambodge, l'empire d'Annam et la presqu'île malaise de Malacca. Par ses vallées et ses rivages occidentaux, elle appartient à la Chine et dans l'extrémité de la péninsule allongée qui va presque toucher aux îles de la Sonde, elle participe de la Malaisie.

L'intervention de l'Angleterre d'abord, de la France ensuite, change la situation politique du pays et, par voie de conséquence, le sens du mot. La partie occidentale de la péninsule tomba sous la domination de l'Angleterre ; la partie orientale sous la main de la France ; au milieu, le Siam a conservé son autonomie comme royaume.

La partie orientale s'appela « l'Indo-Chine française ».

C'est au Nord-Est de la presqu'île Indo-Chinoise, entre la Chine et la première boucle du Mékong, qu'est le Tonkin, couvrant une superficie de 9.000 kilomètres carrés environ, avec une population de 10 millions d'habitants.

Le Tonkin est organisé en protectorat ; l'administration directe française tend à s'établir dans toute l'étendue du territoire.

Au Sud du Tonkin et jusqu'à la Cochinchine entre la côte et une longue chaîne de montagnes parallèle à cette côte, formant sur une largeur de 1.200 kilomètres et une largeur moyenne de 100 kilomètres, un arc de cercle sur la mer, s'étend l'Annam. La superficie est de 120.000 kilomètres carrés et la population peu dense de cette région est de 5 millions. L'Annam est organisé en protectorat très large depuis 1874 ; la capitale Hué est la résidence de l'empereur, de la cour, des services publics et du Résident supérieur, représentant de la France.

A l'ouest de l'Annam, de l'autre côté de la chaîne annamite bornées par le Siam et le Cambodge, se trouvent les provinces du Laos.

Le Laos est placé sous l'autorité d'un Résident supérieur ; c'est un pays de domination directe.

Le Delta formé par le Mékong, au sud de l'Annam, forme

la Cochinchine. C'est une Colonie et non plus un protectorat Sa superficie est de 60,000 kilomètres carrés environ, avec une population de 2,262,000 habitants.

Entre le Siam, la Cochinchine, le Bas-Laos et l'Annam, est compris le royaume du Cambodge, qui s'étend sur une superficie de 100,000 kilomètres carrés, avec une population de 1,500,000 habitants environ. Ce royaume est placé sous notre protectorat.

Enfin, il faut noter, pour mémoire, Kouang-Tchéou-Ouan, quoique ce territoire ne fasse pas, à proprement parler, partie de la presqu'île indo-chinoise, le port nouvellement acquis à la France, sur la côte de Chine.

Telles sont les grandes divisions du domaine colonial français en Extrême-Orient.

III

CLIMATOLOGIE. — MÉTÉOROLOGIE. — HYGIÈNE. — POPULATION. — LANGUES. — CULTES. — PRODUCTIONS. — FAUNE. — FLORE. — MINES.

Une si grande étendue de territoires ne saurait avoir l'uniformité de climat qu'on est habitué à rencontrer dans nos pays tempérés d'Europe.

Couvrant plus de 15 degrés de longitude, comprenant des plaines basses, des plateaux, des montagnes élevées et des forêts, l'Indo-Chine offre, selon les altitudes et la nature du sol, les variations les plus marquées de température. Si l'on voulait cependant donner une indication, on pourrait dire qu'il y fait surtout très chaud et très humide, dans le Sud spécialement.

Faut-il en conclure que le climat est malsain dans son ensemble? Evidemment non. Une bonne hygiène permet aux Européens d'y vivre à l'abri des maladies locales. Il existe même des districts élevés du Tonkin, des plateaux formés par la chaîne annamite et même, plus au Sud, des plateaux (ceux de Ding-nai par exemple), qui sont des endroits parfaitement sains.

L'année se divise en deux parties : la saison sèche et la saison pluvieuse. Dans le Nord il y a deux saisons intermédiaires qui n'existent pas dans le Sud.

La saison sèche dure de décembre à mai et persiste aussi longtemps que souffle la mousson du Nord-Est; la saison pluvieuse commence en juin pour finir en novembre et coïncide avec la mousson du Sud-Ouest. C'est en décembre, janvier et février qu'il fait le moins chaud.

Le climat particulièrement chaud et humide de la Cochinchine nécessite une hygiène toute spéciale, aussi bien pour les habitations que pour les vêtements. Du 15 octobre au 15 avril, il ne tombe, pour ainsi dire, pas une goutte d'eau. C'est la saison sèche. Au contraire, pendant le reste de l'année, des pluies tombent à peu près tous les jours et parfois avec une violence inouïe. La plus mauvaise saison est la période qui s'écoule entre le 15 avril et le 15 juin. Alors le thermomètre ne descend jamais au dessous de 30°, même la nuit, et monte souvent jusqu'à 34, 36 et 38°.

Le climat du Tonkin est généralement plus salubre, mais la chaleur y est excessive pendant la saison des pluies et nécessite l'observation de règles d'hygiène rigoureuses. Mais le Tonkin a l'avantage, sur la plupart des pays tropicaux, d'avoir une saison fraîche qui dure plusieurs mois. Le climat a alors beaucoup d'analogie avec celui de Nice et des côtes méditerranéennes de l'Espagne.

Les hautes régions et les parties basses de l'Annam sont peut-être moins saines pour l'Européen; mais la zone intermédiaire, qui est la plus riche et la plus peuplée, est très habitable. La saison chaude comprend les mois de juin, juillet et août. La température monte souvent à 38° à l'ombre, les nuits sont pénibles. La saison des pluies correspond à celle de la mousson du Nord-Ouest, c'est-à-dire aux mois de septembre, octobre, novembre et décembre.

Le climat de Cambodge, dont la température moyenne à l'ombre, à midi, est de 30 à 32°, est réputé moins difficile à supporter que celui de la Cochinchine.

— 37 —

Au Laos, enfin, le climat passe pour très sain; la température varie entre 5 et 20° au dessus de zéro.

Pour prévoir les phénomènes atmosphériques parfois violents, on a organisé un service météorologique important.

L'Indo-Chine s'étendant sur plus de 2,500 kilomètres de

Famille annamite

côtes, se trouve, sur la moitié au moins de cette étendue, exposée aux effets, tantôt directs, tantôt lointains, des typhons.

Pays de colonisation et d'exploitation agricoles, elle doit l'abondance et la richesse des produits de son sol à ses conditions météorologiques.

Jusqu'en 1897 l'étude de la climatologie était restée localisée dans trois ou quatre postes imparfaitement outillés.

Le gouverneur général actuel de l'Indo-Chine, décida, en 1897, l'établissement d'un certain nombre de stations météorologiques, premières mailles d'un réseau qui devait être complété plus tard. Conformément aux règles établies par le Bureau central de Paris, ces stations devaient être, les unes principales, armées d'instruments enregistreurs] et d'instruments pour la lecture directe ; les autres, secondaires, outillées plus sommairement en vue des seules observations à faire sur les conditions climatologiques de la région. C'est ainsi que des stations principales furent créées à Saigon et au cap Saint-Jacques, pour la Cochinchine ; à Phnôm-Penh, pour le Cambodge ; à Nhatrang, Langsa (Lang-Biang) et Tourane, pour l'Annam ; à Hanoi, pour le Tonkin.

Au mois de juin de l'année 1898, des observations régulières et complètes parvenaient, mensuellement, des stations principales, ainsi que des stations secondaires de Hong-Yen, Quinhon, Hué, Quang-Yen, Moncay, Caobang et Laokay.

Les autres stations ne tardèrent pas à organiser le service régulier de leurs bulletins d'observations mensuelles, de sorte que, avant la fin de l'année 1898, le *Bulletin économique* de l'Indo-Chine fut à même de publier les chiffres d'observations météorologiques recueillis dans les dix-huit stations désormais établies.

On a pensé, avec juste raison, que l'enquête [sur le régime météorologique de l'Indo-Chine serait utilement complétée par l'établissement de stations au delà des limites du territoire de la colonie. Et, avec le concours de nos consuls, on a pu outiller, comme stations secondaires : Mongtzé et Sémao, au Yunnan ; Longtchéou, au Kouang-Si ; Pakhoï, au Kouang-Toung ; Hoihow, sur la côte d'Hainan ; Singapour et Bangkok, dans le golfe de Siam.

— 39 —

De plus, Kouang-Tchéou-Ouan a reçu un outillage approprié Chantaboun et Yunnan-Sen ont été dotés de l'ensemble des instruments nécessaires.

Ces stations sont en relations constantes avec l'observatoire de Si-Kawei, près Shanghai, qui leur signale l'approche des typhons et leur direction probable.

Pour un climat si variable, on ne peut donner que des

Cortège de mandarin annamite

notions d'hygiène tout à fait générales. Mais puisqu'il est démontré que le climat de l'Indo-Chine, pris dans son ensemble, est très chaud et très humide, l'Européen désireux de s'y fixer doit éviter les régions basses, formées d'alluvions, sillonnées de fleuves, de ruisseaux dormants, parsemées de marais, riches d'humus superficiel, mais très insalubres. Toutefois, la culture des terres, la canalisation, le drainage, l'assèchement, le défrichement peuvent remédier, au bout de quelques années, à d'aussi mauvaises conditions.

Il importe surtout d'être logé selon certaines règles de confort et d'hygiène.

Une case ou une maison aérée, construite sur un terrain bien assaini, garnie d'une véranda large, suffisante pour donner de l'ombre, pourvue de vastes fenêtres à persiennes et permettant une bonne circulation de l'air, telle doit être la maison coloniale, refuge contre les ardeurs du climat et protection contre l'humidité ambiante.

Meubles légers en bambou, en rotin de préférence, pour éviter les poussières et moisissures, aussi incommodes que malsaines.

Le coucher doit être plutôt ferme, ou plus exactement, uni sur un sommier élastique; condition que réalisent les matelas minces de coton pressé en usage dans l'Inde anglaise. La natte cambodgienne a ses avantages, pour ceux que ne rebutent pas sa dureté. De toutes manières, il convient de renoncer aux matelas ordinaires, qui entretiennent la chaleur et sont souvent cause d'insomnie. Une moustiquaire est indispensable.

Enfin, l'hygiène personnelle de l'habitant européen en Indo-Chine doit être constante. Comme vêtement de nuit, celui qui comporte un large pantalon de forme chinoise a le grand avantage d'empêcher les refroidissements. Dans le jour on peut porter le costume blanc avec le gilet en filet de laine; avant le lever du soleil ou après son coucher, il faut porter de la laine. Dans les premiers temps surtout, une ceinture de flanelle est nécessaire de jour et de nuit.

Les insolations étant toujours à craindre, l'Européen les évite facilement, grâce au casque, au salaco ou à l'ombrelle. Les chaussures en cuir, sauf les grandes bottes pendant la saison des pluies, doivent être remplacées par des chaussures en coutil gris ou blanc.

L'alimentation a une importance capitale; elle doit être

Indigènes préparant l'Exposition, à Cao-bang

suffisamment réconfortante ; on doit s'abstenir de boire même des boissons non alcooliques en dehors des repas, afin de ne pas augmenter la transpiration.

Le régime lacté, même le lait concentré, est un puissant curatif de la dysenterie.

Naturellement, on doit éviter tout excès de quelque nature qu'il soit.

A Saigon, comme dans la plupart des grandes villes de l'Indo-Chine, des restaurateurs tiennent des tables d'hôte et des pensions confortables, mais la plupart des européens sans famille ont organisé des *mess* civils auxquels on a donné le donné le nom militaire de « popotes ».

Cette rapide étude ne serait pas complète si elle ne donnait ici à l'européen désireux de s'établir en Indo-Chine quelques notions sommaires sur les populations qu'il y rencontrera les produits et les moyens d'action qui se présenteront à son activité agricole, commerciale ou industrielle.

La population de l'Indo-Chine est, maintenant, de plus de vingt millions d'habitants, en grande partie de race annamite. Les Cambodgiens et les Laotiens, quoique nombreux, viennent dans l'échelle numérique bien après les Annamites. Les Chinois, depuis l'occupation de Kouang-Tchéou-Ouan, figurent dans ce total pour près d'un million, les Thos pour autant et les Européens pour près de dix mille.

Le Tonkinois est plus grand et plus robuste que le Cochinchinois, il a plus d'initiative et une plus grande activité ; aussi faut-il remarquer que les Chinois qui émigrent en si grand nombre en Basse-Cochinchine, où ils accaparent presque exclusivement l'industrie et le commerce, ne se rendent guère au Tonkin, où l'élément indigène lutte énergiquement contre leur infiltration.

Les Cambodgiens, naturellement apathiques, laissent peu à

peu les Chinois et les Annamites prendre leur place dans le commerce et la pêche des Grands-Lacs.

Les Laotiens et les Moïs, traqués par leurs voisins qui cherchaient, il y a peu de temps encore, à les réduire en esclavage, opprimés par leurs mandarins et incertains de retirer quelque profit de leur travail, ont la réputation d'être peu actifs, craintifs et défiants. Ils cultivent seulement pour ne pas mourir de faim; mais quoique mal abrités, mal nourris, peu ou point vêtus, ils supportent assez bien les intempéries de leur climat.

Les Pou-Thaï et Pou-Euns, qui habitent surtout les bassins de la rivière Noire et du Sông-Ma, paraissent être les représentants de la race autochtone; ils sont plus robustes et plus beaux que les Annamites.

Les Nongs et les Thos occupent les parties les plus septentrionales du Tonkin; les premiers se rapprochent du type chinois, tandis que les seconds semblent appartenir à la race kmer.

Les Annamites ne se considèrent pas comme la race autochtone du pays; d'après les annales chinoises, ils habitaient le Tonkin vers l'an 1874 avant l'ère chrétienne et formaient la tribu des Giao-Chi. Ces deux mots signifient que l'orteil est séparé des autres doigts du pied; cette conformation est encore aujourd'hui le signe caractéristique de la race pure.

Si Giao-Chi est le nom incontestable de la race, le nom du peuple, au contraire, a souvent varié et a changé avec les différents territoires qu'il conquérait : Nam-Viet (midi à passer), Viet-nam (au delà du midi), Nhat-nam (soleil du midi), Giao-nam (midi de Giao), Nam-Chien (midi incliné), et enfin Annam (midi pacifié), nom qui a été consacré par les historiens et les géographes modernes.

Les Annamites appartiennent à la race mongole. Ils en ont d'ailleurs tous les caractères physiques : taille moyenne, membres inférieurs bien constitués, buste long et maigre, tête bien proportionnée, mains étroites et longues.

Le teint des Annamites est cuivré, mais très différemment nuancé selon leur rang et le genre de leurs travaux. Le front est rond, les pommettes saillantes, les yeux noirs légèrement bridés. L'expression de la physionomie est douce et chagrine; leur abord est méfiant et respectueux, puis poli et affable.

Malgré les défauts que développe toujours chez un peuple l'autocratie d'un gouvernement, on peut dire que chez l'Annamite, la somme des bonnes qualités l'emporte sur celle des mauvaises. Leur sobriété est très grande.

L'hospitalité est largement pratiquée, et la charité est tellement naturelle chez eux que le mendiant y est presque inconnu.

En ce qui concerne les religions indo-chinoises, le bouddhisme, d'une part, le culte des ancêtres, d'autre part, forment le fond des principes religieux de ces populations, très fortement imprégnées, pour la plupart, des idées chinoises et dont la langue se rapproche de celle qu'on parle au Céleste-Empire.

Parmi ces langues, l'une des plus curieuses est assurément le cambodgien : l'alphabet est syllabique; il se compose de 24 caractères, comprenant des consonnes, des voyelles et des diphtongues; puis de 35 consonnes, et d'une série de voyelles dont 2 seulement, les *a* et les *o*, sont simples. La structure grammaticale est rudimentaire; il n'y a jamais d'inversion dans la phrase qui commence invariablement par le substantif ou le pronom, puis vient l'adjectif et ensuite le verbe et l'attribut.

Cette langue est riche en mots usuels, mais on constate son excessive pauvreté si l'on veut sortir de la construction ordinaire. Le même mot a souvent plusieurs significations.

Les mots sont écrits à la suite les uns des autres, sans séparation, même pour les phrases, qui sont confondues les unes avec les autres.

On assure qu'il suffit d'un mois ou deux d'étude pour écrire convenablement le cambodgien, alors que l'annamite et surtout le chinois sont des langues d'une difficulté inouïe pour les peuples occidentaux. Les Cambodgiens écrivent sur un papier grossier ou bien sur des feuilles de latanier.

Femmes Thos (haut Tonkin)

Le fond de la littérature se compose d'ouvrages philosophiques, religieux, poétiques.

Il circule dans le pays une foule de chansons, pièces de théâtre, romans, légendes, toutes plus ou moins empreintes des légendes religieuses des Kmers, où les géants et les dieux trouvent une place importante. Ces compositions sont généralement très dramatiques.

Brahma, Bouddha, tels sont les deux grands maîtres de la

religion et de l'art en Indo-Chine. C'est à eux, à leurs prophètes à leurs bonzes, à leurs prêtres, à leurs sacrificateurs, que se rapportent toutes les légendes, toutes les croyances, toutes les lois qui font l'originalité, peut-être la force et, dans tous les cas, la vie nationale, de ces populations.

Au Cambodge, le culte national général est le bouddhisme, qui succéda au brahmanisme et se mélangea avec lui. Il faut y ajouter le culte des génies locaux et une foule de superstitions.

Le bouddhisme, qui compte en Asie plus de 300 millions d'adeptes et qui est une des plus anciennes religions du monde, a été introduit au Cambodge, il y a environ quinze cents ans.

C'est du Cambodge que le bouddhisme s'étendit au Siam et au Laos. Cette religion, qui avait gagné le Thibet et la Mongolie s'était, par là, propagée en Chine. Elle trouva partout chez les nations étrangères de nombreux partisans, sans que ses fondateurs et ses propagateurs eussent à éprouver les sanglantes persécutions dont les prédicateurs de la religion chrétienne, venus d'Europe, furent l'objet en Chine, au Japon et en Cochinchine. On sait que la politique de ces empires, au Japon et en Cochinchine, les portait à ne donner aucun accès chez eux aux Barbares d'Occident, dont ils appréhendaient non sans raison les empiétements. Malgré les défenses, les édits dont ils avaient connaissance, les missionnaires soutenaient avec intrépidité et persévérance, au péril de leur vie, la lutte de l'Évangile et de la politique. Aussi a-t-il fallu, chez ces peuples opiniâtres, que la force se mit de la partie.

Le bouddhisme s'écarte essentiellement du brahmanisme en ce que, dans cette dernière religion, la dignité de Brahmine est héréditaire dans une caste. Les brahmines peuvent se marier. La perfection mène à l'absorption en un Être suprême. Dans le bouddhisme, au contraire, tout homme peut embrasser l'état religieux. Il doit, en cet état, garder le célibat. La perfection consiste dans l'absorption en soi-même, le repos absolu de l'esprit et des sens.

Les bouddhistes, poussant de semblables idées jusqu'à

Jeunes femmes Thaï (Haut Tonkin)

l'exagération, croient être parvenus à la perfection, lorsque l'âme n'exerce plus ses facultés, c'est-à-dire est plongée dans une parfaite insensibilité. La fatalité pendant la vie, le néant après, telles seraient les funestes conséquences de cette doctrine si la théorie des mérites et des démérites avec ses conséquences effectives ne conduisait à la perfectibilité et si la base des préceptes n'était pas la charité humaine, la fraternité universelle et l'égalité devant le futur Nirvana.

Les Cambodgiens admettent une série de cieux inférieurs, habités par les anges (tiwadas). Au-dessus de ces cieux, il y a neuf autres séjours de félicité (borom) dont les bienheureux habitants ont des corps. Enfin, il y a quatre cieux supérieurs, peuplés d'esprits ayant des formes immatérielles, lumineuses, resplendissantes. Dans les cieux inférieurs, on goûte des plaisirs sensuels; mais à mesure que l'on s'élève, les jouissances deviennent de moins en moins matérielles et l'on arrive enfin au parfait repos.

L'influence des anges (tiwadas), semblable à celle des vaçous de l'Inde, s'exerce sur les mondes, et leur intervention est plus ou moins puissante. Ils président à la pluie, à la foudre, aux astres, aux montagnes, aux forêts, etc. Les Cambodgiens leur élèvent de petites niches dans l'enclos de leur maison et sous les grands arbres des routes. Il y a encore d'autres êtres surnaturels, tels que les géants (yaks), les serpents (néac, najas de l'Inde), vivant sous terre et dans la mer, des chœurs d'anges musiciens, les saints (arahan), etc.

A 150,000 kilomètres sous terre, se succèdent une série de huit enfers principaux. Le huitième, le noroc avichey, est le plus terrible. Là, sont punis l'adultère et l'ivrognerie. Il y a un juge à chacune des quatre portes de ces enfers, qui ne sont pas éternels. Les peines peuvent y être rachetées ou adoucies par les aumônes que les vivants font aux religieux. Les fautes commises contre les religieux ou la personne de Bouddha sont seules passives d'un châtiment indéfiniment long, et lorsque le huitième enfer sera détruit, les coupables seront transférés dans un enfer avichey, dépendant d'un autre système de mondes, pour continuer à y être torturés.

Tivéatot, frère de Somana-Cûdôm, jaloux de ses mérites voulut le faire périr. Il expie ce crime dans les enfers, où il est empalé au moyen de deux broches en fer qui lui traversent le corps dans la direction des quatre points cardinaux; mais, un jour, il renaîtra pour parvenir à la suprême dignité de Bouddha.

Outre ces enfers, il y a encore de nombreux purgatoires et des lieux obscurs et froids, où l'on achève d'expier les fautes légères. Les bruits étranges et les ombres bizarres de la nuit font croire aux Cambodgiens que les esprits qui sont en purgatoire reviennent errer autour des cases isolées, dans les broussailles, sur les bords des chemins.

Les êtres qui peuplent les cieux, les enfers, les purgatoires et le monde terrestre sont soumis à d'innombrables renaissances futures, les mérites croissant et décroissant alternativement, excepté lorsqu'on est parvenu à l'état de nirpéan, repos absolu.

D'après les Cambodgiens, le monde a été créé en raison des mérites d'être animés qui ont existé de toute éternité, l'influence de ces mérites étant assez puissante pour donner à la matière sa force de cohésion et d'organisation.

La base et la force de durée du bouddhisme reposent sur un ordre de religieux que les Européens appellent *bonzes* en Cochinchine et en Chine, *talapoins* au Siam (de talapat, éventail ou écran en feuilles de palmier des religieux), *phongie* en Birmanie. Les indigènes de ce dernier pays leur donnent encore, par vénération, le nom de *rahan* ou *saints* (arahan des Cambodgiens, arahts des Hindous). Au Cambodge, on les nomme Luc-Sang ou Luc-Sang-Kréach, seigneurs prêtres.

Cependant, ils n'ont pas pour mission de mener leurs semblables à la perfection autrement que par leurs exemples et par leurs exhortations. Ils font la lecture publique des livres sacrés, mais ne remplissent pas de fonctions sacerdotales. Ils ne sont pas liés par des vœux irrévocables. Le principal but, en prenant l'état religieux, est, par ce moyen, d'acquérir pour soi plus de mérite. Chacun peut embrasser cette profession. Il suffit d'avoir le consentement de ses parents, les vêtements jaunes nécessaires, d'être sain de corps, de savoir lire et écrire et réciter les prières.

Cette admission facile, qui ne rencontre d'empêchements que dans le cas de vices notoires extérieurs, nuit à l'institution. Aussi voit-on parfois des religieux couvrir sous une fausse modestie et à la faveur du respect dont on les entoure *à priori* leur orgueil déguisé, leur ignorance et leur paresse.

Les bonzes se font raser la tête et épiler la barbe deux fois par mois.

Leur vêtement consiste en une pièce d'étoffe jaune autour des reins, une robe jaune et une sorte de manteau qu'ils portent plié sur l'épaule gauche.

Les préceptes établis par Somana Cûdôm sont très nombreux et se rapportent aux plus petits détails et à tous les instants de la vie. Les bonzes se lèvent dès qu'il fait assez jour pour distinguer les veines des mains, afin de ne tuer aucun être animé. Ils se rincent la bouche, se lavent le visage, revêtent leur robe et récitent une prière commune. Ils prennent ensuite leur marmite, couverte d'une étoffe rouge, dans laquelle ils reçoivent la nourriture quotidienne, et s'en vont marchant un par un dans les rues, s'arrêtant devant la porte des cases et attendant en silence que le maître ou la maîtresse du logis vienne les saluer et leur distribuer du riz tout préparé. Leur crâne pénudé reste exposé aux rayons d'un brûlant soleil. Chacun rentre au monastère quand sa marmite est pleine et prend seul son repas. Depuis midi jusqu'au lendemain au lever du soleil, le bonze doit s'abstenir d'aliments et ne se permettre que du thé et autres rafraîchissements. Il ne doit ni regarder, ni toucher aucune femme, pas même sa mère, quand ce serait pour la sauver d'un danger.

Aux jours de nouvelle et pleine lune et aux quadratures, les bonzes convoquent le peuple au temple. L'un d'eux s'assied les jambes croisées dans un fauteuil doré, lit un texte des livres sacrés et rappelle à l'auditoire les vertus, les préceptes de Somana-Cûdôm et le mérite des aumônes. On offre en exemple, la charité de Bouddha, qui donna sa chair à manger à des animaux affamés et qui, bien qu'il fût défendu de rien tuer, immola sa femme et ses enfants pour nourrir des religieux !

. . . .

Les femmes, comme chez les peuples d'Asie, sont laissées dans un état complet d'ignorance.

Quant aux garçons, ce sont les bonzes qui se chargent de leur instruction. Elle se borne à la lecture et à l'écriture des caractères cambodgiens. Les bonzeries jouent à peu près le rôle de nos monastères au moyen âge, mais avec un enseignement des plus bornés et tout à fait insuffisant.

De quoi vivent ces races parmi lesquelles nous nous infiltrons, de quels êtres vivants sont-elles entourées, quelles richesses inconnues contient le sol qui les a vues naître, quel parti pouvons-nous pacifiquement tirer de la faune, de la flore, des productions, des gisements et des mines de toutes sortes de l'Indo-Chine ?

Le riz est la base de l'alimentation des indigènes ; il peut être cultivé à peu près partout, mais, selon l'endroit où il est cultivé, il produit une espèce particulière ; aussi en compte-t-on plus de trois cents espèces.

Le bambou est un arbuste très précieux pour les habitants, qui en utilisent toutes les parties pour les usages les plus divers.

Les plantations de thé et de tabac sont fréquentes.

Le cocotier et la canne à sucre occupent une assez grande place dans les cultures indigènes.

Le manioc réussit bien et le caoutchouc est appelé à un bel avenir.

Par suite de l'habitude qu'ont les Annamites de mâcher le bétel et la noix d'arec, les maisons sont généralement entourées d'un jardin planté d'aréquiers et de pieds de bétel.

Du Nord au Sud, les arbres fruitiers sont à peu près les mêmes; ce sont le bananier, l'oranger, le goyavier, le citronnier, le caroubier, le grenadier, le manguier, etc.

Pour les légumes, les espèces diffèrent très peu également; on trouve presque partout les navets, les haricots, les carottes, les citrouilles, les oignons, les pastèques, les ignames, les patates, etc...

Les légumes d'Europe viennent bien pendant la saison sèche, mais ils dégénèrent rapidement.

Le mûrier est cultivé dans toutes les régions où l'on s'occupe de l'industrie de la soie. Parmi les productions les plus communes, il faut encore citer le cotonnier et l'ouatier, dont on exporte les produits, le ricin et l'arachide, qui donnent une huile employée surtout dans le pays.

Le maïs, l'indigo, le poivre et le café sont aussi cultivés et récoltés.

Enfin, le pin et d'autres conifères croissent dans les parties les plus élevées de la région montagneuse qui commence au bassin supérieur du Dong-Naï et finit aux frontières de Chine.

Les forêts produisent un grand nombre d'essences propres à la charpente, à la menuiserie, à l'ameublement et à la construction des bateaux, et l'exploitation des forêts est d'une grande ressource pour les besoins du pays.

Les différentes parties de l'Indo-Chine ont beaucoup de végétaux communs; néanmoins, chacune d'elles a des plantes qui lui sont propres et lui conviennent plus particulièrement. Ainsi, le poivrier vient principalement en Cochinchine, au Cambodge et dans les plaines basses situées au sud de

Hué; la cannelle pousse dans la région élevée du nord-ouest de l'Annam; celle du Thanh-Hoa surtout est renommée.

Le Tonkin produit plus spécialement la badiane ou anis étoilé, l'arbre à laque, l'arbre à vernis, le cousso et le camphrier.

Les forêts y abondent en bois de fer, d'ébène, de rose, de santal...

Il serait superflu d'insister sur la richesse forestière du Cambodge et du Laos. D'immenses forêts — et parmi elles des forêts de pin et des boisements de teck — y couvrent d'immenses superficies, et les exploitants européens de Cochinchine vont de plus en plus dans les régions limitrophes du Cambodge pour s'approvisionner des essences de prix.

En Annam, au Tonkin, dans le Haut-Laos, les produits des forêts sont encore peu transportables.

La faune de l'Indo-Chine est très variée : parmi les animaux domestiques, il faut compter les buffles et les bœufs qui servent aux travaux de l'agriculture, les éléphants employés comme bêtes de somme au Cambodge et au Laos principalement, les chevaux de petite race, mais très robustes, les porcs, les chiens et une très grande quantité de volailles.

A côté, on trouve beaucoup d'animaux sauvages : des tigres et des panthères, des éléphants pourchassés pour leur dépouille, une espèce d'ours noir, des chats sauvages et beaucoup de gibier. Les lièvres, les agoutis, les cerfs de toute taille, les sangliers sont très communs, ainsi que les perdrix, les cailles, les faisans, les poules sauvages, les bécassines et les sarcelles.

Les aigrettes, les paons, les cigognes, les marabouts et beaucoup d'oiseaux au superbe plumage, sont chassés surtout pour la fabrication des éventails.

Une grande variété de singes peuplent les forêts.

On élève le ver à soie dans différentes localités du Tonkin, de l'Annam et de la Basse-Cochinchine.

Les abeilles donnent de la cire et du miel que les Moïs vont chercher dans les forêts.

Les serpents sont très nombreux; quelques-uns sont inoffensifs, mais les espèces dangereuses ne sont pas rares; le serpent bananier et le serpent à lunettes désolent certaines contrées.

Les tortues, les grenouilles et les crapauds se rencontrent presque partout. Les crocodiles abondent dans les fleuves et les rivières de l'Indo-Chine méridionale : les Annamites en mangent la chair.

Le poisson foisonne dans la mer et dans les rivières. C'est un des principaux éléments de l'alimentation des indigènes.

Les insectes pullulent : les moustiques contre lesquels on se défend difficilement, les poux de bois qui causent de rapides et irrémédiables dégâts, les fourmis dont la morsure est souvent douloureuse, les scorpions, les cancrelats, etc.

La richesse du sous-sol n'est pas moindre en Indo-Chine que celle du sol. Il y renferme une grande quantité de produits minéraux, surtout dans la partie septentrionale et le centre.

La houille se rencontre au Tonkin, en Annam et au Laos; les mines sont nombreuses au Tonkin, où l'on rencontre aussi, dans les régions montagneuses, de l'argent, du cuivre, du plomb, du zinc, de l'étain, du fer, de l'antimoine, du cinabre, etc... Il y a aussi des mines d'or en Annam et au Laos qui, ainsi qu'au Tonkin, furent jadis exploitées par des Chinois.

Les minerais sont, à vrai dire, actuellement assez rares; mais l'argent, le mercure, le cuivre, l'étain, le zinc, le plomb, le fer, le soufre, l'alun, le marbre, le jade et le sel ont été signalés en tant d'endroits, qu'il est permis à l'industrie minière d'entrevoir le plus riche avenir, le jour où l'exploitation de tous ces produits sera rendue possible par la création de nombreuses voies de communication et par l'arrivée dans la colonie des capitaux qui lui faisaient défaut jusqu'ici.

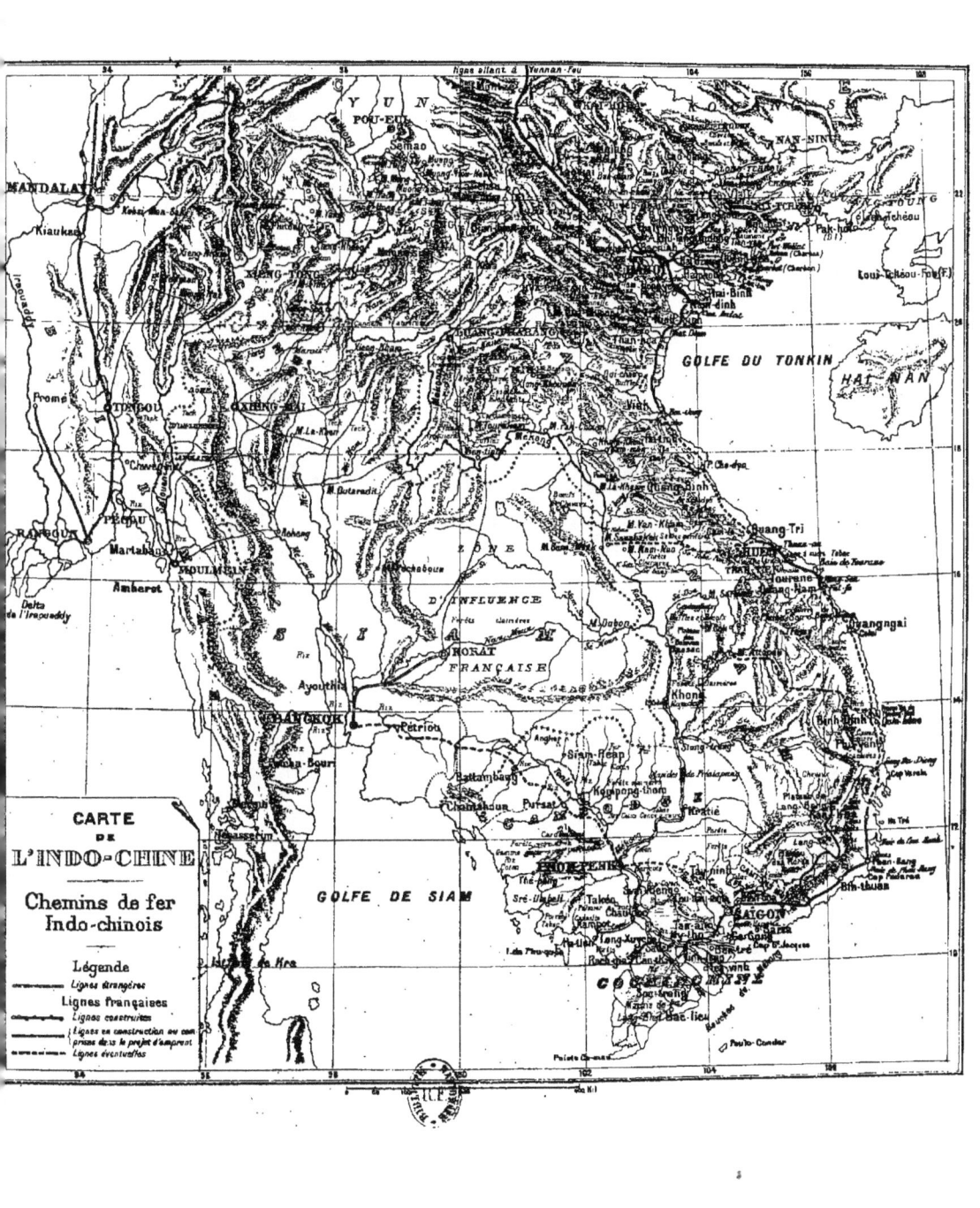

IV

OUTILLAGE ÉCONOMIQUE DE L'INDO-CHINE. — TRANSPORTS ET VOIES DE COMMUNICATION. — PORTS. — DIGUES. — ROUTES. — CHEMINS DE FER. — CABLES. — LIGNES MARITIMES.

Un grand programme de travaux publics a été conçu en Indo-Chine, son exécution va mettre définitivement en valeur ce pays. Le gouverneur général a présenté ce programme au Parlement vers la fin de l'année 1898.

Tous les peuples, qui sont devenus des peuples véritablement colonisateurs, a exposé en substance M. Paul Doumer se sont préoccupés avant tout de mettre en valeur les terres conquises. L'Indo-Chine est une vaste et belle colonie, où la nature a semé la richesse à profusion, et il s'agit de savoir aujourd'hui si cette richesse demeurera inutilisée, faute d'avoir des moyens de la transporter là où elle peut être consommée, là où elle peut trouver des marchés... Que vaut un produit, quand on ne peut pas le transporter aux points où il peut être livré à la consommation? Que valent les forêts pourvues d'essences de premier ordre, si leurs produits ne peuvent être xepédiés au port d'embarquement, faute de moyens de transport, à des prix assez bas pour être consommés? Que valent des terres fertiles? Que sert-il d'avoir aux portes du Tonkin, au Yunnan, des mines de toutes sortes? Des mines de charbon, d'étain, de cuivre et minerais de toute nature, s'il est impossible d'en assurer l'exploitation? N'est-ce pas un instrument de développement économique que les chemins de fer? C'est aussi un instrument de défense, car c'est doubler les forces que nous avons sous la main que de pouvoir les transporter rapidement sur les points où le péril peut naître...

La partie principale du projet de travaux publics à effectuer en Indo-Chine est le réseau de chemins de fer; l'ensemble de ce réseau comprend 2,107 kilomètres de voie ferrée, il est évalué à 266 millions de francs, soit environ 125,000 francs par kilomètre. Si l'on suit la direction générale des lignes projetées en allant du Sud au Nord, on voit qu'il ne s'agit rien moins que de traverser dans cette direction toute l'Indo-Chine par une ligne de chemin de fer partant de Cantho en Cochinchine, pour aller à Yunnan-Sen en Chine, en passant par Mytho, Saigon en Cochinchine; Phantiet, Lang-Biang, Tourane, Hué, Quang-Tri, Vinh, en Annam; Nam-Dinh, Hanoi, Haiphong, Laokay au Tonkin. Le projet ne prévoit pas la ligne complète; il n'y a encore que des sections qui sont séparées par des solutions de continuité, Lang-Biang à Tourane, Quang-Tri à Vinh, etc., mais c'est déjà beaucoup plus que l'amorce du Grand Indo-Chinois.

Le texte de la loi du 25 décembre 1898 autorise le gouvernement général de l'Indo-Chine à emprunter 200 millions de francs pour la construction des lignes de chemins de fer suivantes :

Haiphong à Hanoi et à Laokay ;

Hanoi à Nam-Dinh et à Vinh ;

Tourane à Hué et Quang-Tri ;

Saigon au Khanh-Hoa et au Lang-Biang ;

Mytho à Cantho.

A l'heure actuelle, les travaux sont, pour partie, en cours d'exécution.

Chemin de fer de Phu-lang-thuong, à Lang-Son (travail de la voie)

Les travaux de terrassement et des ouvrages d'art courants des lignes Haiphong-Vietri et Hanoi-Ninh-Binh ont été concédés.

La section entre Vietri et Laokay de la ligne Haiphong à Laokay, sera incessamment étudiée en même temps que le complément de la ligne de Hanoi à Vinh.

Port de Saigon

Il apparaît que l'on pourra faire passer la grande ligne de Saigon à Hanoi, à une cinquantaine de kilomètres du plateau de Lang-Biang et en traversant des régions situées à une altitude d'environ 800 mètres, qui jouissent d'un climat agréable et contiennent de nombreux habitants, des troupeaux de bœufs, de buffles et des bois exploitables.

Le projet définitif de la section Saigon à Tam-Linh (environ 140 kilomètres de longueur) est préparé.

Des pourparlers en vue de la concession, sans aucune

Viaduc du chemin de fer de Langson à la frontière de Chine

subvention, de la construction et de l'exploitation de la ligne de Mytho à Vinhlong et Cantho, ont été entamés avec la Compagnie qui exploite à la fois la ligne de Saigon à Mytho et le tramway de la route haute de Cholon.

Aussitôt que les travaux de ce premier réseau auront été adjugés, on pourra mettre à l'étude les avant-projets des deux tronçons de lignes complémentaires du Grand Indo-Chinois, entre Vinh et Quang-Tri, d'une part, et de Khanh-Hoa à Tourane de l'autre.

La ligne de Saigon à Phnôm-Penh sera aussi mise à l'étude.

La pénétration commerciale de l'Indo-Chine au Siam semble devoir se faire par deux voies : l'une, prolongeant la ligne de Saigon à Phnôm-Penh par Pursat, devra aller à Battambang et à Bangkok; l'autre, prolongement de la ligne projetée de la mer au bief moyen du Mékong, rejoindrait le chemin de fer actuellement construit par le gouvernement siamois de Bangkok à Korat. Pour le tracé adopté pour la ligne de Laokay à Yunnan-Sen (pénétration en Chine), les études définitives, effectuées par le service des travaux publics, sont actuellement en bonne voie.

Cette ligne n'aura toute sa valeur que si elle est prolongée jusqu'à Souifou, dans la riche et populeuse province du Sê-Tchouen.

En cherchant à gagner Souifou, il semble qu'on choisirait, en effet, la voie la plus commode et peut-être même la seule qui soit praticable. Cette ville est à l'embouchure de la rivière de Kiating qui conduit à Tchengtou, la capitale du Sê-Tchouen, une des villes les plus remarquables de la Chine. Les communications entre Souifou et Tchongking sont assurées en tout temps, et par grandes jonques, par le Yangtze.

Le tracé des tronçons Souifou-Tchengtou et Souifou-Tchongking ne présenterait aucune difficulté sérieuse.

On ne saurait terminer cet exposé sans parler des chemins

Gare de Mytho

de fer du Sud de la Chine, question d'un intérêt capital pour le développement des relations commerciales et pour l'avenir de notre nouvelle possession de Kouang-Théou-Ouan.

Un accord conclu tout récemment a concédé à la France le premier tronçon de Long-Tchéou à Nanning, qui aura près de 180 kilomètres de longueur et dont la construction peut aider à

Pont en construction (Tonkin)

placer sous notre influence économique des pays qui dépendirent d'ailleurs autrefois du Tonkin.

Un traité datant de l'année dernière nous a concédé un chemin de fer partant de Pakhoï pour aboutir à un point indéterminé sur le Si-Kiang.

Les études faites à Kouang-Tchéou ont montré que cette baie était admirablement disposée pour être la tête de ligne de la pénétration dans une partie des provinces du Kouangsi et du Kouangtong.

Établissement de tranchées sur la ligne du chemin de fer de la frontière de Chine

D'autre part, il semble indispensable de prévoir que Kouang-Tchéou sera relié au Tonkin par un chemin de fer.

Dans ces conditions, la ligne Long-Tchéou-Nanning pourrait être conduite en longeant le Si-Kiang jusqu'à Tai-Ling-Hou. En cet endroit, elle se dirigerait vers Yulin, qui est un centre commercial très important, puis de Yulin descendrait

Gare de Dong-Dang. Chemin de fer de Lang-Son

le cours du Nam-Lao-Ho pour gagner la baie de Kouang-Tchéou.

De Yulin, en suivant le Hoang-Hoa-Kiang, on peut gagner directement Ou-Tchéou, le grand port ouvert au commerce sur la rivière de l'Ouest, et, de là, la ville de Canton.

Dans les deux directions du Yunnan et du Kouangtong, l'action de l'Indo-Chine a donc pour objet d'ouvrir de vastes débouchés à l'industrie et au commerce français.

Cette question des chemins de fer, si importante au point

entrepris par l'administration centrale de la colonie sans préjudice de ceux dont les dépenses figurent aux budgets locaux : de vue de l'avenir de nos possessions d'Extrême-Orient, ne doit pas faire négliger les autres moyens de communication intérieure et extérieure.

La Cochinchine est actuellement desservie par 3.000 kilomètres de routes classées en cours d'achèvement. De nombreux travaux ont été effectués pour rendre navigables les cinq fleuves : le Donaï, les Deux-Vaïcos, de Soï-Rup, les bouches du Mékong, leurs nombreux affluents et les canaux qui les relient.

Au Cambodge une belle voie de communication (chaussée en à maçonnerie) a été restaurée de Oudong à Kampot qui se relie Phnôm-Penh ; une route passant par Pursat va à Battambang ; une autre suit les rives de Mékong.

En Annam, les fleuves, les canaux et lagunes ont toujours été et sont encore les meilleures voies de communication, en dehors des voies ferrées projetées.

Au Tonkin, de grands travaux d'amélioration des fleuves, rivières et canaux ont été entrepris et sont poursuivis sans désemparer. L'inondation annuelle a motivé la création de digues énormes qui, sur près de 2,000 kilomètres, forment la meilleure ligne de communications terrestres.

La route mandarine sert aussi aux courriers postaux. Dans l'Ouest, la route des montagnes est plus courte et moins fréquentée. De nombreux travaux de route sont en cours d'exécution.

Au Laos on peut aller de Lao-Kay à Luang-Prabang en 25 jours ; on est en train de transformer en routes praticables les six chemins qui relient le Laos avec l'Annam et le Tonkin ; un service de navigation a été établi sur le Mékong, de Khone à Luang-Prabang.

Une simple nomenclature empruntée au budget des travaux publics d'intérêt général pour 1900, donne idée des travaux

1° *Construction de grands ponts métalliques*

	Piastres	Piastres
Pont de Hué	150,000 00	
Pont de Hanoï	600,000 00	
Pont sur la rivière de Saigon à Binh-Loi (continuation)	90,000 00	
Pont sur l'Arroyo chinois à Saigon	20,000 00	
Ensemble		860,000 00

2° *Rivières et canaux*

	Piastres	[Piastres
Entreprise de dragages dans les rivières et canaux de la Cochinchine	900,000 00	
Somme à valoir pour dépenses ou régie	50,000 00	
Dragage du Mékong devant Phnmô-Penh et dans la passe de Chlong	25,000 00	
Navigabilité du Haut-Mékong : Achat d'un matériel de dérochage et de balisage	10,000 00	
Travaux de dérochement et de balisage dans le bief inférieur	5,000 00	
Travaux de dérochement et de balisage dans les biefs moyen et supérieur	25,000 00	
Continuation des études	10,000 00	
Ensemble		1,025,000 00

Chemin de fer de Hongay (Tonkin)

3° *Ports maritimes*

Construction de la jetée-abri du cap Saint-Jacques...............	30,000 00
Construction d'appontements dans le port de Saigon...............	30,000 00
Aménagement de bassins au bois à Cholon.......................	20,000 00
Etudes et travaux d'amélioration du port de Tourane...............	30,000 00
Amélioration de la barre du Cua-Hoi (Vinh)....................	10,000 00
Amélioration de la passe et construction d'un appontement à Qui Nhon..........................	15,000 00
Ensemble	135,000 00

4° *Eclairage et balisage des côtes*

Construction du phare de Poulo-Obi...........................	40,000 00
Construction d'un phare au cap Varella...........................	20,000 00
Études et travaux préparatoires de nouveaux phares...............	15,000 00
Éclairage de la passe de Kouang-Tchéou-Ouan..................	10,000 00
Travaux divers de balisage........	5,000 00
Ensemble........................	90,000 00

Au total et non compris les travaux de chemins de fer, la dépense prévue pour les travaux publics d'intérêt général (voies de communication, ports etc...) atteint 2,110,000 piastres.

En ce qui concerne les communications télégraphiques,

Dérivation de rivière pour l'établissement du chemin de fer de la frontière de Chine

les premiers bureaux télégraphiques furent ouverts en Cochinchine, entre Saigon et Bienhoa, le 27 mars 1862, trois mois après la prise de Bienhoa.

Aujourd'hui, on compte 62 bureaux en Cochinchine, 18 au Cambodge, une vingtaine au Laos, 22 en Annam et 106 au Tonkin au total, 228.

Le 16 juillet 1883, Saigon était relié télégraphiquement à Bangkok.

Gare de Lang-Son

La Cochinchine est reliée par terre avec le Tonkin par l'Annam, et par les câbles de l'Eastern extension avec Singapour, Hué, Haiphong, Hong-Kong et par là au réseau universel. En outre, le réseau tonkinois est relié au réseau chinois par Langson et Lang-Tchéou à l'est, et par Laokay-Yunnan-Fou au nord-ouest, et par ces deux voies terrestres, ainsi que par les deux câbles, l'un de l'Eastern extension (anglais), l'autre de la Great-Northern (Danois) à Nagasaki (Japon) et Vladiwostock (Russie d'Asie).

En 1898, on proposa de relier le dernier bureau tonkinois au premier bureau russe.

On avait le choix entre deux voies : l'une terrestre, en construisant une ligne spéciale en territoire chinois, l'autre en posant un câble de Haiphong à Amoy (Chine), nous reliant à la ligne sous-marine jusqu'à Vladiwostock.

En octobre 1899, le conseil supérieur de l'Indo-Chine adopte cette dernière voie et décide de faire poser le câble aux frais de le colonie, en desservant sur le parcours notre nouvel établissement de Kouang-Tchéou-Ouan.

D'autre part, l'Indo-Chine est reliée à la France par des services réguliers de bateaux de la Compagnie des Messageries maritimes et de la Compagnie nationale de navigation.

Les paquebots des Messageries maritimes (bureaux à Paris, 1, rue Vignon), partent de Marseille tous les quatorze jours, c'est-à-dire tous les deux dimanches de chaque mois.

La Compagnie nationale de navigation (bureaux à Paris, 53, rue du Faubourg-Poissonnière) fait partir annuellement douze paquebots, qui font des voyages libres et prennent des passagers de toutes classes.

Le moment le plus propice pour le départ de France est le mois d'octobre; on arrive au commencement de novembre, en bonne saison alors que la température est clémente. Le voyageur a ainsi cinq mois pour s'acclimater avant les chaleurs. En outre, la traversée est plus agréable pendant la mousson du nord-ouest.

Le colon doit emporter les vêtements d'été et d'hiver usités en France et quelques vêtements légers en toile de couleur pour la traversée. Il ne doit pas oublier le casque, qui est indispensable depuis Port-Saïd.

Il doit emporter également son linge de toilette, de coucher, de table, des couvertures.

Il est inutile de s'embarrasser d'objets encombrants ou

fragiles, tels que vaisselle, ustensiles de cuisine, etc.; tous ces objets se trouvent sur place, à de bonnes conditions de prix chez les négociants français ou chinois.

Le voyage de Marseille à Saigon dure environ 24 jours. A

Tranchée du chemin de fer de la frontière de Chine

Saigon, le voyageur pour les parties du Nord de l'Indo-Chine quitte le grand courrier et doit prendre l'annexe, qui part deux jours après. On trouve, à Saigon, des hôtels confortables au prix de 3 piastres par jour, chambre et nourriture.

Pont du chemin de fer de la frontière de Chine

Les voyageurs à destination de l'Annam quittent l'annexe des Messageries maritimes à Tourane ; ceux qui se rendent au Tonkin continuent jusqu'à Haiphong.

Le trajet de Saigon à Tourane se fait en trois jours, celui de Tourane à Haiphong se fait en trente heures.

Les bateaux des Correspondances fluviales en Cochinchine, au Cambodge, au Laos et au Tonkin font le service régulier sur tout le réseau navigable.

COLONISATION. — AGRICULTURE. — SURFACES A GAGNER. —
   CULTURE DU RIZ. — CONTRATS DE MÉTAYAGE. — CAPITAUX
   NÉCESSAIRES. — AUTRES CULTURES. — THÉ. — CAFÉ. —
   COTON. — JUTE. — TABAC. — CAOUTCHOUC.

La principale culture de ces immenses étendues de territoires est le riz.

Il y a pour cela plusieurs raisons : 1º le sol convient surtout à cette culture ; 2º il se consomme sur place ; 3º il est très demandé pour l'exportation. La Cochinchine et le Cambodge réunis, en produisent annuellement plus de 20 millions de piculs, soit 1.240 millions de kilogrammes. Bien qu'il s'en consomme près de 12 millions de piculs sur place, on en peut encore exporter de huit à dix millions. Pour donner une idée de l'importance de cette culture, il suffit de rappeler que la surface de la Cochinchine et du Cambodge cultivée en riz est évaluée à 650.000 hectares, l'hectare produisant en moyenne de 28 à 30 piculs en une seule récolte.

Au Tonkin, la surface cultivée étant évaluée à 1.500.000 hectares environ, le riz occupe plus d'un million soit les 2/3 de cette surface. La récolte est à peu près la même qu'en Cochinchine et au Cambodge ; à deux récoltes par an les rizières du Tonkin produisent environ 52 piculs par hectare ; la récolte de l'automne, qui est la meilleure, produit parfois jusqu'à 30 piculs.

On compte qu'en Annam la surface cultivée en rizières est de 200.000 hectares.

Avec ces 1.200.000 hectares de rizières, l'Annam et le Tonkin produisent environ 44 millions de piculs. Ils en exportent à peine 1 million et demi ; tout le reste de la récolte est consommé par la population très dense, comme on sait, et

Labourage de rizières (Cochinchine)

par les Asiatiques, voisins du Tonkin, le riz étant la base de leur nourriture.

La plus grande partie du riz produit par l'Indo-Chine est cultivée dans des champs entourés de petites digues qui permettent à l'eau des pluies de s'y accumuler. C'est surtout dans les terres basses des deltas du fleuve Rouge, du Mékong, des rivières de l'Annam, que les rizières s'étendent, mais on en trouve aussi dans les vallées plus ou moins larges dont les eaux se déversent dans les deltas ; elles sont alors disposées en gradins dans le fond et sur le pied des collines. On fait passer l'eau d'un champ dans l'autre, soit qu'on la recueille à la descente des collines, soit qu'on l'élève du fond des vallées. Le riz est d'abord semé dans des champs très fortement fumés, puis repiqué dans les rizières où il doit se développer. Le

Repiquage du riz (Cochinchine)

produit de ces rizières est connu sous le nom de riz de plaine ; il se subdivise lui-même en deux qualités : le riz gluant ou gao-nêp, employé surtout à la fabrication de l'alcool, de la farine et des gâteaux de riz, et le riz sec ou gao-lay qui sert à l'alimentation courante et à la fabrication de l'amidon.

On cultive aussi le riz sur le flanc et jusqu'au sommet des montagnes, dans des champs tout à fait semblables à nos champs de blé. Ce riz-là ou riz de montagne est semé sur place dans des espaces où l'on a d'abord brûlé les arbres et les broussailles ; son seul engrais est la cendre des végétaux brûlés.

Tout le monde est d'accord pour reconnaître que la surface cultivée en rizières en Indo-Chine peut être augmentée dans des proportions considérables et que cette culture peut offrir à notre grande colonisation un avenir avantageux.

Coupe du riz (Cochinchine)

En Cochinchine, la surface cultivée en rizières pourrait être considérablement accrue, par exemple, par le creusement de canaux de dérivation pour l'écoulement des pluies, comme on commence à le faire dans la plaine des joncs et la presqu'île de Camau. L'administration s'efforce de mettre en valeur ces terres jusqu'à présent improductives.

Le Tonkin réunit, à l'heure actuelle, pour un grand développement de la culture du riz, des conditions probablement uniques au monde.

En effet à la suite d'une longue période de troubles et de piraterie, la population, désertant la zone extérieure, s'est concentrée, entassée, pourrait-on dire, vers le milieu du delta ; il s'ensuit que, sur tout le pourtour et dans toutes les vallées qui remontent du delta vers la région montagneuse, on trouve de vastes étendues de rizières abandonnées qu'il est possible de remettre en culture, maintenant que nous avons rendu la sécurité au pays. Le delta étant surpeuplé dans des proportions

Moulin à huile (Cochinchine)

dont on ne saurait se faire une idée, une partie de la population, qui y est misérable, ne demande qu'à émigrer sur les terres vacantes, où les facilités d'existence sont bien plus grandes. Enfin la Chine, avec ses 400 millions de mangeurs de riz, offre dans le voisinage immédiat du Tonkin un marché immense où la colonie est assurée d'écouler toujours son riz, quelque quantité qu'elle en produise.

Au Laos nous trouverions également d'immenses espace inoccupés.

En partant de ces données, le premier soin des agriculteurs français semblerait donc être de prendre pour bases de toutes leurs opérations agricoles la production du riz. Ils y trouveront leur compte, en même temps qu'ils seront utiles à la métropole et à la navigation française.

L'expérience acquise durant ces dernières années n'a fait que confirmer cette opinion. On a bien essayé des cultures de thé, de café, dans lesquelles on a réussi à des degrés divers avec des capitaux importants; le manioc, le jute, les plantes oléagineuses, la patate donnent d'assez bons résultats; on a même préconisé énergiquement la culture du caoutchouc, mais, de tout cela, la conclusion est qu'il faut toujours en revenir, lorsqu'on parle de l'Indo-Chine, à la culture du riz, culture facile, nourricière, productive au même titre que le blé de la Beauce ou le maïs de Turquie.

Des centaines de milliers d'hectares de rizières à prendre, une main-d'œuvre abondante, façonnée au travail et remarquablement docile, un écoulement des produits assuré; que manque-t-il donc pour que tout cela soit mis en œuvre? Les capitaux indispensables à toute entreprise nouvelle. Mais le colon français disposant d'un capital, même relativement minime, est à peu près certain de réussir, s'il veut s'adonner à la culture du riz en Indo-Chine. Il s'agit simplement, pour lui, d'avancer son argent et d'essayer avec les indigènes d'un contrat de métayage, très en usage parmi eux et qui donne d'excellents résultats.

Les Français s'associent avec les Annamites dans les conditions suivantes : les Annamites viennent se fixer sur la propriété; autant que possible, on ne prend que des gens du même village ayant entre eux des liens de parenté ou au moins de sympathie, habitués à vivre ensemble. Le Français

PALAIS DES PRODUITS

paye les impôts de ses métayers, achète les bêtes de labour, fait aux Annamites les avances nécessaires pour l'achat des instruments aratoires et, si c'est indispensable, pour des achats de vivres en attendant la récolte. Ces avances sont remboursées sans intérêts après la récolte. Les Annamites, de leur côté, exécutent tous les travaux. Et le partage se fait sur ces bases : le Français propriétaire a la moitié de la principale récolte de riz, les Annamites métayers ont l'autre moitié, et, de plus, toutes les autres récoltes secondaires qu'ils peuvent faire.

Est-ce à dire, cependant, qu'en dehors du riz, rien ne puisse réussir en Indo-Chine? Pourtant, les Annamites cultivent partout les haricots et les pois avec lesquels ils font du vermicelle et des pâtes, le bétel et les noix d'arec, dont l'usage est bien connu, les patates douces, les ignames, le taro, le manioc, les arachides, le maïs, le millet, les salades, les choux, les bananiers et divers arbres fruitiers, parmi lesquels surtout le jacquier, l'arbre à pain, le letchi, le pamplemousse, l'oranger, le citronnier, etc. Au Tonkin, depuis que l'exportation du riz a été autorisée sans interruption, ces cultures alimentaires tendent à s'accroître. Mais elles ne font pas, dans tous les cas, l'objet d'un commerce important; elles suffisent parfois ou aident toujours à la consommation personnelle des habitants, mais ne sont pas des articles d'exportation.

Les graines oléagineuses (sésame, ricin, arachides) sont cultivées, mais les seules cultures — en dehors du riz — sujettes à exploitation en grand sont : le coton, le mûrier, le tabac, la canne à sucre, le thé, le poivre. Toutes ces plantes sont cultivées dans les terrains secs ou qui sont inondés seulement à l'époque des hautes eaux, comme les berges du fleuve Rouge et du Mékong.

Il semblerait que le voisinage de la Chine, pays du thé par par excellence, dût donner une importance capitale à cette culture en Indo-Chine. Elle n'y existe cependant qu'à l'état rudimentaire. Les Annamites le cultivaient dans diverses provinces de l'Annam et du Tonkin, notamment dans celle de Quang-Nam (200 hectares environ) et à Loch-Nam (900 hectares), mais ils ne réussissaient guère et ne savaient pas préparer le produit. Quelques Européens ont mieux réussi, en soignant la plante et en préparant les feuilles suivant les méthodes de l'Inde et de la Chine.

Pour ce qui regarde le café, d'intéressants essais ont été tentés par les missionnaires et, plus récemment, par des militaires. Quelques officiers poursuivent en territoire militaire des essais de plantations de café qui semblent réussir, c'est une œuvre de colonisation militaire intéressante. D'assez nombreux colons ont également essayé de cette culture, notamment, en face de Késo, sur les bords du Day.

La culture du coton, du jute, de la ramie, de l'abaca (chanvre) se recommandent également aux colons.

Pour le coton, l'Indo-Chine pourrait faire concurrence à l'Inde sur nos marchés, mais il faut qu'avant de se lancer dans cette culture nos colons fassent des expériences sérieuses sur les espèces qui conviennent le mieux aux diverses parties de notre domaine.

Le jute et la ramie ont donné des résultats remarquables au jardin d'essai d'Hanoï. Le jute surtout a une importance capitale en ce qu'il se consomme sur place pour la fabrication des sacs qui servent au transport du riz.

Les plantes à graines oléagineuses figurent aussi parmi celles qu'on peut recommander aux agriculteurs. Ainsi que nous l'avons dit le ricin, le sésame, les arachides, le lin, le colza, le pavot peuvent être cultivés dans presque toutes les parties de l'Indo-Chine. Le pavot à opium surtout mériterait une monographie spéciale en raison de l'énorme consommation qui s'en fait sur place. Le cocotier produit une huile très recherchée pour la savonnerie ; il réussit partout au bord de la mer et il ne faut pas oublier que les quantités de coprah (huile du cocotier) importées en France chaque année, sont considérables. Le cacaoyer réussit très bien au Cambodge et en Annam. Le poivre est un des produits alimentaires dont l'Indo-Chine tend à monopoliser la fourniture à notre pays.

Le tabac ne semble pas être un article dont la plantation

Pressage du papier (Tonkin)

doive être fortement encouragée. Cependant il se crée de nombreuses fabriques de cigares et de cigarettes.

Les plantes à caoutchouc ne paraissent être représentées en Indo-Chine, à part les ficus, que par des lianes.

Les forêts de la Cochinchine contiennent une liane dont l'exploitation et la culture doivent appeler tout particulièrement l'attention. Elle se trouve en abondance dans la région de Kampot, dans la chaîne de l'Eléphant, dans les forêts du littoral et dans les îles du golfe de Siam.

Cette liane contient un caoutchouc qui paraît se coagule

rapidement en laissant une matière blanche nacrée de parfaite qualité.

En Cochinchine se trouvent aussi différentes espèces de *ficus*.

Fabrication du papier au Tonkin

L'Annam, de son côté, est riche en lianes à caoutchouc surtout dans la partie septentrionale de la chaîne Annamitique qui touche au Trân-ninh et au Cam-mon.

C'est la province de Nghê-an, et principalement le phù de Tuang-Duong qui est actuellement réputé pour l'abondance de ses lianes à caoutchouc.

Scieurs de long au Tonkin

Au Laos, les lianes à caoutchouc sont connues sous le nom générique de *khua*.

Les exportations du caoutchouc de l'Indo-Chine ont été, pour le premier semestre de 1899, de 14.894 kilogrammes d'une valeur de 43.327 francs environ, tandis qu'en 1898, on avait exporté seulement 2.161 kilogrammes.

Tout en dirigeant ses efforts vers la mise en valeur la plus étendue et la plus rapide possible de notre vaste domaine agricole Indo-Chinois, on a le devoir de prémunir contre les difficultés qu'ils sont exposés à rencontrer ceux des émigrants de la mère-patrie qui viendraient s'établir en Indo-Chine avec des ressources insuffisantes.

Il s'agit donc de déterminer le montant des ressources indispensables pour entreprendre dans ce pays une exploitation agricole.

Peut-on, avec un capital de 5.000 à 6.000 francs, en effet, venir en Indo-Chine dans l'espoir de s'y créer des moyens d'existence indépendante par la culture du sol?

La réponse à cette question doit être franchement négative, dans l'état actuel des choses, elle doit être faite même à des aspirants-colons qui se prévaudraient contre l'exiguïté de leurs besoins, de leur habileté, de leurs connaissances techniques, du concours qu'ils apporteraient eux-mêmes au travail, etc..., facteurs qui, tous évidemment, peuvent concourir à la réussite ou à l'échec, mais qui ne sauraient suppléer à l'insuffisance du capital.

Si on considère la culture du riz dans l'arrondissement de Gocong, par exemple, qui est un des plus riches de la Cochinchine, l'expérience du colon planteur européen, apprend qu'il faut un capital de 15,000 à 20,000 francs au moins pour que le bénéfice cultural lui permette de vivre de ses rizières. Et ce qui est vrai pour la culture du riz l'est encore davantage pour les autres cultures dites riches.

Mais, sans entrer dans les détails variables, d'ailleurs, des bilans d'économie rurale, nous pouvons tirer un enseignement des conditions générales dans lesquelles se fait l'exploitation agricole en Indo-Chine, dont les bénéfices sont à longue échéance : caféier, poivrier, cocotier, aréquier, théier, badianier, chanvre de Manille, espèces à caoutchouc, etc., qui ne donnent un premier intérêt du capital engagé qu'au bout d'un nombre d'années, qui varie de 5 à 10. Comment, en effet, ne disposant que de quelques milliers de francs, le colon pourrait-il établir ses plantations, les entretenir pendant des années et suffire aux besoins de son existence jusqu'au moment où la plantation sera en mesure de lui rapporter.

Quant aux autres cultures : riz, légumes, textiles, ricin, manioc, plantes fourragères, etc., elles demandent, pour donner au colon des moyens d'existence suffisants un minimum de superficie difficilement accessible au petit capital.

A ces considérations, il faut ajouter l'aléa des mauvaises années de sécheresse ou d'inondation, des typhons, des invasions de parasites ou d'épizooties, des fluctuations de la valeur des récoltes, etc.

Il y aurait donc imprudence de la part d'un colon à ne pas tenir compte d'une calamité de ce genre possible et d'engager son capital dans une exploitation agricole sans garder une réserve pour parer aux dangers d'un premier échec et permettre une nouvelle tentative avec plus de chance de succès. Or, le capital étant déjà insuffisant, quelle réserve pourrait y être prélevée !

Ces considérations, qui s'appliquent à toute l'Indo-Chine, ont trait particulièrement au Tonkin qui, plus que les autres parties du territoire, est l'objet des projets d'entreprise agricole du petit pécule.

Ce n'est pas vers l'exploitation agricole que devra, dans l'état actuel des choses, se porter l'effort du petit colon, à moins que, par l'association, il n'arrive à augmenter ses ressources et ses moyens d'action.

Il n'en sera pas de même, certainement, le jour où les voies de pénétration dans l'intérieur seront plus nombreuses et plus aisées, la main-d'œuvre plus abondante et le crédit agricole plus facile. Alors également la petite colonisation pourra gagner les plateaux élevés, où les conditions de climat lui sont plus favorables, et où elle pourra joindre à l'exploitation agricole, l'élevage, comme la meilleure base de ses ressources.

VI

COMMERCE DE L'INDO-CHINE. — MOUVEMENT GÉNÉRAL DU COMMERCE. — IMPORTATIONS. — EXPORTATIONS. — INDUSTRIE

Le mouvement commercial indo-chinois suit une marche ascendante des plus effectives et une progression qui démontre à la fois la vitalité de notre grande Colonie et l'efficacité des institutions dont la France l'a dotée.

Malgré la difficulté de grouper les chiffres qui doivent permettre d'apporter des points de comparaison on peut avancer que, pendant ces dix dernières années, le mouvement commercial de l'Indo-Chine s'est élevé de 91 millions, dont 60 millions pour les exportations, ce qui démontre une prospérité que beaucoup d'États en Europe pourraient nous envier.

Rappelons que le premier acte d'unification commerciale de la colonie date du 1er juin 1887. C'est à cette date, en effet, que fut mise en vigueur la loi appliquant à toute l'Indo-Chine le tarif général des douanes françaises, qui souffrait auparavant de nombreuses exceptions, puisque les marchandises importées à Saigon, par exemple, étaient exemptes de tout droit de douane à l'entrée et que, seuls, les alcools, les armes, les munitions, les huiles de pétrole étaient frappés d'un octroi de mer.

Les prescriptions de cet acte législatif et des suivants ont eu pour résultat non seulement l'adoption de mesures fiscales fructueuses, mais encore le développement du commerce français sur un marché nous appartenant.

Le mouvement du commerce extérieur de l'Indo-Chine en 1898, déduction faite de l'importation et de l'exportation des espèces monétaires accuse une plus-value de 24.537.372 francs sur les chiffres de 1897. Et cette plus-value n'est pas passagère, mais continue un mouvement régulier, si l'on prend comme point de comparaison, non plus seulement une année isolée, mais démonstration beaucoup plus concluante, une moyenne d'années précédentes. C'est ce qui ressort des chiffres suivants :

Commerce extérieur de 1898, 229.955.325 francs ;
Commerce extérieur de 1897, 205.417.953 francs ;
Période 1893-1897, année moyenne 177.485.701 francs ;
Plus-value de 1898 par rapport à l'année moyenne 1893-97, 52.469.624 francs.

Si l'on ajoute au commerce intérieur le cabotage, 55 millions 959.380 francs, et le transit vers le Yunnan 12.604.132 francs, le commerce général en Indo-Chine, en 1898, ressort à 298.518.837 francs contre 257.123.310 francs en 1897, dont 40.467.000 pour le cabotage et 11.287.500 francs pour le transit.

La Cochinchine et le Cambodge participent pour un peu plus de 73 0/0 au commerce extérieur de l'Indo-Chine, avec une prédominance de plus de 30 0/0 des exportations sur les importations. Le Tonkin importe, au contraire, un peu plus de deux fois et demie de plus qu'il n'exporte et son mouvement commercial représente environ 24 0/0 du commerce extérieur de l'Indo-Chine. L'Annam ne contribue que pour 24 0/0 au mouvement d'ensemble de la Colonie et les importations équilibrent à peu près les exportations.

Les importations de l'Indo-Chine se classent de la façon suivante, (déduction faite du numéraire :

De France et des Colonies françaises, 44.415.786 francs.

De l'Etranger, 58.028.560 francs.

Ce qui laisse encore un écart, en faveur des importations étrangères, de 13.612.774 francs, mais, il s'agit là, soit de

Chambre de commerce, à Saigon

produits que la Métropole n'est pas à même de fournir comme le pétrole, l'opium, la noix d'arec, le thé, etc. et certains produits de manufactures asiatiques, comme les vêtements et les souliers en soie ; soit de marchandises qu'elle ne peut fournir qu'à d'énormes différences de prix, comme les poteries, les papiers, etc.

Quant au progrès des importations françaises en Indo-Chine, il ressort nettement des chiffres ci-après :

1886........................ 15.513.000 francs.
1894 (applicat. du tarif gén.).... 20.144.000 —
1895   —   —   .... 28.325.000 —
1896   —   —   .... 29.385.000 —
1897   —   —   .... 35.784.000 —
1898   —   —   .... 44.415.000 —

Soit un progrès de 300 0/0 en douze ans et de 200 0/0 pendant les quatre dernières années.

Les principaux articles d'importation sont : les *tissus* 18.923.824 francs dont 9.907.591 importés de France et le surplus de l'Etranger. Les tissus de coton *teint* occupent la première place, les cotons *écrus* la seconde ; les cotons *imprimés* viennent de l'étranger ; les autres articles de coton, bonneterie confections, etc., presque exclusivement de France.

L'importation de *tissus de lin* et surtout de jute doit être un encouragement à la culture du jute en Indo-Chine. Pas de *tissus de laine*. Les *tissus de soie*, comme les sacs de jute, sont tous de provenance asiatique.

Fils de coton écru : 6.241.000 francs, provenant presque exclusivement de l'Inde anglaise ; *fils à coudre, de lin, de chanvre*, etc., également.

Pierres, marbres, combustibles minéraux : 9.100.378 francs.
Ouvrages en métaux : 8.897.877 francs.
Métaux : 8.294.600 francs ; sauf l'or battu en feuilles, 3.283.500 francs qui vient de Hong-Kong, toutes les importations en métaux viennent de la métropole.

Boissons :
    Vin rouge ordinaire en fût 2.465.913 francs
      —   — en bout. 211.419 —
    Vin blanc ordinaire en fût 34.895 —
      —   — en bout. 18.895 —

Champagne, 239.540 francs ; vermouth, 45.073 francs ; Absinthe, 165,770 francs; Amer Picon, 33,990 francs ; autres liqueurs, 88.284 francs.

Denrées coloniales : le premier rang est occupé par les sucres métropolitains, 2,173.000 fr. Les sucres étrangers sont d'ailleurs prohibés.

Il a été importé en 1898 en Indo-Chine 184.000 kilos de café

Douanes et régies, à Saigon

estimé 42.000 francs Le thé figure pour une somme de 200.000 francs. Tabac, 1.330.000 francs.

Huiles et sucs végétaux 4.075.624 francs : l'opium contribue pour 3.085.000 francs à ce total. L'opium consommé en Cochinchine vient presque entièrement de l'Inde anglaise.

L'huile d'olive, pour la consommation européenne atteint 332.000 francs environ. Les autres huiles atteignent près de 400.000 francs.

Ouvrages en matières diverses: parapluies 613.000 francs. Bimbeloterie, 356.000 francs. Vélocipèdes, 40.000 francs. Instruments d'optique, 82.000 francs.

Armes, poudres et munitions : 2.585.614 francs.

Farineux alimentaires : 2.546.256 francs. Les farines constituent le facteur principal de cette rubrique, soit 1 million 390.914 francs.

Les semoules et pâtes d'Italie atteignent une valeur de 94.000 francs. Elles sont surtout consommées au Tonkin. *Le vermicelle chinois* (vermicelle de riz) et les légumes secs asiatiques dépassent comme valeur à l'importation un 1/2 million. Pommes de terres 192.000 francs. Elles viennent surtout du Nord et de la Chine par Hong-Kong. Le Yunnan les fournira lorsque le chemin de fer sera construit.

Espèces médicinales : 2.096.473 francs.

Poteries : 2.030.750 francs.

Compositions diverses : 1.814.477 francs. Les savons viennent en tête avec 407.000 francs, dont 275.000 francs de France. Les bougies suivent, 271.700 kilogrammes, 320.700 francs, dont 216.000 kilogrammes venus de France.

Produits et dépouilles d'animaux : 1.814.377 ; sous cette rubrique se rangent surtout les conserves en boîtes, destinées à l'alimentation européenne. Les conserves de viande dépassent 300.000 francs, dont plus de 200.000 francs de France. *Le lait concentré* atteint 348.000 francs dont 250.000 francs de France ; le beurre salé, 250.000 francs, presque exclusivement de France. Fromages, 197.000 francs.

Fruits et graines 1.393.599 francs, noix d'arec sèches, 418.500 francs.

Verres et cristaux: La gobeletterie, qui figure pour 493.000 francs dans le total, provient de France pour 290.400 francs. Glaces : 50.000 francs.

La Douane, à Pnom-Penh

Les exportations de l'Indo-Chine, déduction faite du numéraire, se sont élevées en 1898, à......... 125.533.314 francs
et en 1897, à........................... 115.762.296 —

soit un gain en 1898, de................ 9.790.718 francs

Voici d'ailleurs les chiffres des cinq dernières années :

1894.......................	103.417.489 francs
1895.......................	96.296.151 —
1896.......................	88.809.575 —
1897.......................	115.762.296 —
1898.......................	125.533.914 —

Ces chiffres ne comportent que les exportations de cru de la Colonie, déduction faite des réexportations.

Si l'on ajoute celles-ci, on arrive à un total de 127,510.979 francs.

C'est ce dernier chiffre qui a été pris pour arriver au total de 229.955.325 francs, pour le commerce extérieur de l'Indo-Chine.

Ces 127.510.979 francs se répartissent de la façon suivante entre les trois pays de l'Union indo-chinoise :

Cochinchine et Cambodge...................	108.010.322
Tonkin	16.425.293
Annam	3.075.364
Total égal......	127.510.979

En dehors du riz, qui forme naturellement le premier article d'exportation, 97.020.127 francs, soit 67 0/0 du total, nous trouvons comme autres articles méritant d'être mentionnés :

Produits de la pêche : 7.580.127 francs presqu'exclusivement des poissons salés qui sont très demandés et devraient constituer un élément plus important de l'exportation indigène.

Denrées coloniales : 6.338.384 francs. Le poivre de Cochin-

Marché aux légumes, à Hanoi

chine et du Cambodge est l'élément dominant ; la cannelle vient ensuite, elle provient de l'Annam ; le thé devrait fournir beaucoup plus. Quant au café, non-seulement l'Indo-Chine n'en exporte pas encore mais elle en importe annuellement près de 200.000 kilogrammes.

Produits et dépouilles d'animaux : 5.424.651 kilogrammes.

Combustibles minéraux. — 2.739.890 francs. Le charbon du Tonkin contribue pour 2.696.584 francs à cette rubrique (210.446 tonnes). Les mines de Hongay ont fourni le plus fort appoint ; celles de Kébao sont en inactivité depuis avril 1898. Le charbon a été signalé sur bien d'autres points du Tonkin et de l'Annam. Le débouché de briquettes s'élargit.

Filaments : 1.968.954 francs. L'exportation de coton du Cambodge a beaucoup baissé.

Fruits et graines : 1.079.004 francs. Le coprah, amande blanche du coco pour l'huile de savonnerie représente, à lui seul, 909.076 francs. Culture à encourager sérieusement.

Huiles et sucs végétaux : 778.468 francs. C'est le Tonkin qui est le gros exportateur avec son huile à laquer.

Parmi les produits qui sont à peine mentionnés, mais auxquels il y a lieu d'attribuer le plus grand avenir, prend place le *caoutchouc* du Tonkin, *2.164 kilogrammes* en *1898* et dans *le seul premier trimestre* 1899, *14.894 kilogrammes.*

En ce qui concerne l'industrie en Indo-Chine, il faut constater que l'élément chinois vient sur place concurrencer la main-d'œuvre de nos Annamites. Il ne faudrait pas cependant se figurer que nos sujets les plus nombreux sont absolument incapables d'aucune initiative industrielle. Il y a parmi eux des dessinateurs, des coloristes, des peintres même, des sculpteurs, des graveurs, des incrusteurs, des ciseleurs, des brodeurs, des architectes, des fondeurs, des ajusteurs, des bijoutiers, des tisseurs, des laqueurs, des maçons, des charpentiers, des couvreurs, des porcelainiers, des potiers, des briquetiers, etc.

Marché de Hué

Cependant ces arts et ces industries ne sont que peu développés, malgré l'habileté des ouvriers et le bon goût des populations. Le capital fait défaut aux Annamites, la consommation n'est pas assez élevée pour provoquer le développement de la production. Mais tout Européen qui désire perfectionner une industrie locale ou bien en créer une nouvelle est assuré de trouver autant d'ouvriers qu'il en aura besoin et ne doit avoir aucune inquiétude sur les résultats de l'enseignement technique qu'il faudra leur donner.

Actuellement, l'Annam et le Tonkin, par exemple, produisent eux-mêmes, avec la main-d'œuvre annamite, la majeure partie des objets employés ou utilisés pour le logement, l'ameublement, le vêtement, l'alimentation, etc., des indigènes de toutes les classes.

Les habitations des personnes aisées sont construites en briques et couvertes en tuiles fabriquées dans le pays. Les sculptures en plein bois sont faites avec une habileté rare ; de même, la pierre et le marbre sont taillés avec adresse. Ils fabriquent avec des coquillages une chaux excellente. L'ameublement est de fabrication locale et porte le cachet de son origine. Les cloches, les clochettes, les gongs, les tam-tams, les parasols, les palanquins, les éventails, les lances, les sabres, les nattes, les stores, les portières, les poteries, les faïences, les porcelaines, les poteries grossières sont presque toujours fabriqués dans le pays. En Cochinchine, il existe plusieurs fabriques de ces grands pots vernis, à couvercles, dans lesquels les indigènes conservent l'eau, l'huile, le nuoc-mam, etc. Le kaolin, les minerais du pays servent souvent aussi à la fabrication de ces ustensiles de ménage.

Bien que les vêtements de coton leur viennent presque tous d'importation française ou étrangère, ils tissent, dans certaines régions, leurs vêtements sur des métiers très simples et les teignent avec le cunao ou l'indigo. Ils filent et tissent la soie. Les bracelets, colliers, bagues, boucles d'oreilles sont fabriqués par les bijoutiers indigènes. Les sandales et souliers se font sur place. Des produits alimentaires, les pâtes, le sel en quantités considérables, les poissons salés et le nuoc-mam, les conserves, l'eau-de-vie de riz, les cassonades, les mélasses, les huiles de toutes provenances peuvent même donner lieu à exportation. Les industries de papier sont également familières aux Annamites dans la mesure de leurs moyens intellectuels et financiers.

Quant aux industries européennes, l'une des principales, au Tonkin notamment, est celle de la houille.

L'industrie de la soie est, après l'industrie minière, celle qu'il y aurait peut-être lieu de développer le plus, en raison du marché français. Il est certain que les soies du Tonkin, convenablement filées, donnent un produit à peu près égal à celles de Chine, et, par conséquent, peuvent être rémunératrices.

L'établissement de filatures et de tissages de jute est également à souhaiter, si nous voulons faire concurrence à l'Inde, sur place et en France.

Les fonderies de cuivre, les briqueteries et les tuileries ont pris une grande extension.

En Annam, le décorticage du riz, l'extraction de l'huile, l'égrenage du coton, la préparation du jute, du tabac sont des industries indigènes que pourraient entreprendre avec profit les Européens.

En Cochinchine, le même phénomène se produit. Il ne reste plus aux mains des Européens que deux usines de décorticage sur cinq, une brasserie de bière de riz, une usine à glace, une savonnerie, une déviderie de soie, une blanchisserie.

La ouate et l'abaca devraient donner lieu un peu partout à une industrie rémunératrice.

Hôpital militaire, à Saigon

VII

FINANCES. — LE BUDGET GÉNÉRAL. — LES BUDGETS LOCAUX. — L'EMPRUNT DE 200 MILLIONS. — LA PERSONNALITÉ CIVILE DE L'INDO-CHINE. — MONNAIES. — POIDS ET MESURES.

« Faites-nous de bonnes finances, nous vous ferons de bonne politique. » Nulle part cette vérité ne s'est appliquée mieux qu'en Indo-Chine. Depuis que les budgets se soldent en excédents, il semble qu'on y fasse de très bonne politique; le commerce et l'industrie sont prospères et l'Indo-Chine paie ses dépenses.

Un décret du 31 juillet 1898 a créé un budget général de l'Indo-Chine qui est chargé de pourvoir, notamment, aux dépenses : du gouvernement général et des services qui en dépendent directement; de l'inspection mobile des colonies; de la portion des services militaires mise à la charge de l'Indo-Chine; du service de la justice française; de l'administration des douanes et régies et des autres contributions indirectes; des travaux publics d'intérêt général dont la nomenclature sera arrêtée chaque année par le gouverneur général en Conseil supérieur de l'Indo-Chine et approuvée par le ministre des colonies; du service des postes et télégraphes, etc.

Le budget général est arrêté en Conseil supérieur de l'Indo-Chine par le gouverneur général et approuvé par décret rendu en Conseil des ministres sur la proposition du ministre des colonies.

Les dépenses du budget général de l'Indo-Chine sont ordonnancées par le gouverneur général qui peut déléguer les crédits au lieutenant-gouverneur de la Cochinchine et aux résidents supérieurs de l'Annam, du Tonkin, du Laos. Le compte de ces dépenses est arrêté par le gouverneur général en Conseil supérieur de l'Indo-Chine.

Le trésorier-payeur de la Cochinchine centralise, dans des conditions déterminées, les opérations en recettes et en dépenses du budget général de l'Indo-Chine. Il est justiciable de la Cour des comptes pour ces opérations.

Pour faire face à ces dépenses, le budget général dispose : des recettes des douanes et régies, des contributions indirectes et taxes diverses.

D'autre part, les budgets locaux de la Cochinchine, du Cambodge, du Laos, de l'Annam et du Tonkin doivent pourvoir : aux dépenses de trésorerie, aux frais de perception des impôts directs et assimilés, aux travaux publics d'intérêt local, aux dépenses de la colonisation, de l'instruction publique, des services médicaux, de la police, de la justice indigène, des services pénitentiaires et en général des services locaux.

Toutes les recettes qui n'ont pas été attribuées au budget général appartiennent aux budgets locaux.

Parmi les recettes des régies, il faut compter la ferme de l'opium, rachetée en janvier 1893 et convertie en régie au Tonkin, tandis qu'il était conservé comme fermage en Annam central.

Les taxes indirectes portent sur les alcools, le sel, les tabacs, les huiles minérales, les légumes secs, les noix d'arec, les allumettes, enfin la taxe à la sortie du riz. Le produit de ces taxes est évalué, pour l'exercice 1900, à 13.500.000 piastres, la piastre étant comptée à 2 fr. 40. Sur cette somme, les alcools européens doivent donner 350.000 piastres, les alcools indigènes 2.500.000 piastres, la régie de l'opium 6 millions de piastres

L'emprunt de 200 millions voté le 25 décembre 1898 est un emprunt *amortissable* à propos duquel une question spéciale se pose : *le crédit colonial indo-chinois est fondé grâce à lui*, innovation considérable dans la politique financière de la France qui mérite d'appeler l'attention.

Les dispositions de l'article premier de la loi de 1898 ne prévoient pas la garantie de l'Etat pour l'emprunt des 200 millions. C'est qu'à l'heure actuelle la situation de l'Indo-Chine est assez prospère pour qu'on puisse établir un crédit colonial indo-chinois distinct du crédit de la métropole.

L'emprunt de 1896 a couvert les derniers arriérés ; en 1897, le budget de l'Indo-Chine s'est soldé par un excédent de 3 millions, et au mois de novembre 1898 le budget accuse un excédent de 5 à 6 millions de recettes sur les prévisions budgétaires. Les contributions indirectes qui alimentent le budget général sont prévues en 1898 pour une somme de 40.000.000, supérieure de 3 millions et demi au rendement de 1897. En outre, des dépenses de travaux publics inscrites au budget de l'Indo-Chine pour une somme de 7.700.000 francs doivent se terminer à des échéances successives de 1899 à 1903, et cette somme doit accroître le gage des créanciers de l'emprunt. La colonie a non-seulement la certitude de gager son emprunt, mais son budget conserve encore des ressources extraordinaires, et, de plus, elle a l'espoir de prendre d'ici peu de temps à sa charge la totalité des dépenses militaires qui incombent à la métropole.

Dans ces conditions, la question de la garantie de la métropole ne se posait même pas ; bien au contraire, il importait au plus haut point de constituer le crédit de l'Indo-Chine.

On suivait utilement en cela l'exemple donné par les autres grandes puissances coloniales.

La question de *la personnalité civile du gouvernement général de l'Indo-Chine* fut donc résolue.

Un décret du 29 décembre 1898 a autorisé le gouvernement général à réaliser une somme de 50 millions de francs à valoir sur les 200 millions de l'emprunt; un autre décret du 30 du même mois a prescrit de verser à la Caisse des Dépôts et Consignations les fonds empruntés et a décidé que les retraits seraient effectués en vertu d'autorisations du gouverneur général.

Enfin, par un arrêté du gouverneur général en date du 30 décembre 1898, pris en exécution de la loi et des décrets précités, approuvé par le ministre des colonies et par le ministre des finances, il a été créé 110.000 obligations de 500 fr. 3 1/2 0/0 au porteur, remboursables au pair en 75 ans.

Un article spécial au chapitre XVI (dettes remboursables par annuités) du budget général de l'Indo-Chine prévoit la première annuité de l'emprunt de 200.000.000 de francs autorisée par la loi du 25 décembre 1898.

L'exercice 1898 s'est clôturé, dans tous les pays de l'Union indo-chinoise, dans les meilleures conditions. La Cochinchine a réalisé des excédents qui ont permis d'atténuer dans une large mesure, ses déficits des exercices antérieurs. L'Annam-Tonkin a un excédent de recettes sur les dépenses de 1,764,922 piastres, soit 4 millions 1/2 de francs environ. Le Cambodge réalise 623,359 piastres d'excédent. Si l'on totalise la plus-value donnée par les recettes réalisées dans l'exercice 1898 sur les prévisions budgétaires, on arrive au chiffre de 3,700,000 piastres ou plus de 9 millions de francs se décomposant ainsi :

	Piastres
Cochinchine	1.152.585
Annam-Tonkin	1.755.522
Cambodge	623.359
Laos	182.317
Total des excédents	3.713.783

Pour l'Annam-Tonkin, voici quel est le résultat obtenu en deux années, avant le fonctionnement du budget général : L'exercice 1897 a donné un excédent des recettes sur les dépenses tel, que le déficit de 700.000 piastres de l'exercice 1896, qui n'avait pas été, comme les précédents, liquidé par l'emprunt de 80 millions, a été tout entier couvert et qu'une caisse de réserve pour le Tonkin et une pour l'Annam ont été créées avec une mise de fonds de plus de 200.000 piastres. L'excédent de l'exercice 1899 va porter à 2 millions de piastres, soit 5 millions de francs, l'avoir des deux caisses de réserve du Tonkin et de l'Annam.

La caisse de réserve du Cambodge, par suite des résultats de l'exercice 1898, possèdera près de un million de piastres.

C'est donc une réserve totale de 3 millions de piastres ou 7.500.000 francs que possèdent les protectorats de l'Indo-Chine à la clôture de l'exercice de 1898, et au début du régime financier nouveau, que crée l'institution d'un budget général.

La question monétaire est infiniment complexe en Indo-Chine. C'est la piastre d'argent qui sert d'unité unique dans les transactions avec tout l'Extrême-Orient et nous la voyons subir des variations de 6 fr. 10, en 1862, à 2 fr. 38, en 1898. Cette monnaie étant obligatoire pour les exportations, on lutte en vain depuis trente ans sans trouver le remède. Le cours officiel est toujours supérieur au cours commercial.

On a créé en France des piastres, dites du commerce, pour l'usage de l'Indo-Chine. Cette monnaie est, comme la piastre mexicaine, divisée en cent parties ou cents, monnaie de billon analogue à nos sous.

La monnaie la plus répandue est la sapèque, rond de cuivre, de zinc, ou d'alliage, variant aussi de valeur. Ces ronds percés d'un trou carré au milieu sont enfilés, par 600, de façon à former une ligature ou chapelet de sapèques divisé en dix tiens de sapèques. La ligature de cuivre vaut six fois celle de zinc, celle d'alliage trois fois. La piastre vaut de 7 à 9 ligatures.

En *Annam*, la sapèque de zinc est la base de transaction des marchés. Les anciennes monnaies indigènes tendent à disparaître : ce sont le nèn ou barre d'argent, de 80 francs, le dinh ou 1/10 du nèn soit 8 francs.

En Cochinchine et même *en Annam*, la monnaie est restée la piastre mexicaine, On n'admet pas la piastre choppée, ni coupée. Ses divisions sont les pièces argent de 50 cents, 20 cents, 10 cents, les pièces de cuivre de 1 centième de piastre, et de 2 millièmes ou sapèque française percée d'un trou carré, comme la sapèque annamite de zinc, ou alliage de zinc et étain.

Au *Cambodge*, le nèn ou barre d'argent est la monnaie la plus estimée du Cambodgien, dont elle est la véritable unité monétaire, c'est un lingot d'argent allongé, arrondi sur l'une des faces, creusé sur l'autre et d'un poids de 10 damlog 2 chi ; la barre d'argent pèse conséquemment 385 gr. 86, dont 377 gr. 90 en argent fin. Le cours du nèn est très variable : son évaluation moyenne la plus générale et qui a la plus de fixité consiste à la considérer comme l'équivalent de 100 ligatures. Le nèn est accepté actuellement au trésor du Cambodge pour une valeur de 15 50 (39 fr. 90). La monnaie d'échange la plus connue des Cambodgiens est la piastre mexicaine ou indo-chinoise française qui pèse 27 grammes. Son cours varie, le taux officiel auquel les transactions se font avec l'administration est fixé tous les mois. Il existe des pièces divisionnaires frappées en France de 50 cents, 20 cents, 10 cents. L'ancienne piastre cambodgienne « prasat », dont la valeur est de quatre ligatures, n'existe plus que comme pièce de collection. *Monnaies de billon.* — Pièces de 10 centimes et de 5 centimes de francs, à l'effigie de Norodom, de valeur fixe. Pièces de 1 cents (100e partie de la piastre), de fabrication française. *Monnaies de zinc.* — La sapèque kas, rondelle percée d'un trou carré. Il en faut 60 pour un tien et 10 tien pour une ligature.

Les sapèques servent aux petites transactions entre indigènes.

Au Laos, on se sert de morceaux de lingots d'argent de mauvais alliage, de petits lingots de cuivre et de gros lingots de fer en forme de fer de lance. La roupie indienne est très répandue et vaut 1 fr. 60. Le tical siamois aussi. La monnaie de l'Indo-Chine française se répand dans tout le Laos; des chapelets de 20 coquillages (cauries) font la 24ᵉ partie d'une roupie.

Monnaie fiduciaire. — Dans tous les pays de l'Union les billets de banque de l'Indo-Chine de 100 piastres, 20, 5 et 1 piastres ont cours.

Poids et mesures. — L'unité de poids est le picul ou ta, qui est adopté dans le commerce européen et chinois pour 60 kil. 400.

1 phan = 0 gr. 3775 ; — 1 dong = 3 gr. 775 ; — 1 luong (once ou taël) = 37 gr. 750 ; — le can (livre de 16 onces) = 0 k. 604 gr. ; — le ta (picul de 100 livres) = 60 k. 400.

Capacité. — Thuoc = 0 litre 029.32 ; — hap = 10 thuoc = 0 l. 293,2 ; — bat = 1 l. 270,4 ; — thang (boisseau) = 2,932 ; — phuong ou vuong ou gia = 13 thang = 38 l. 113 ; hoc (2 vuong) = 76,226.

Le vuong sert à mesurer le riz et le hoc le paddy. Un vuong de riz et un hoc de paddy ont même valeur.

Unités de longueur :

1º le *thuoc móc* ou *quan móc xich*............ 0ᵐ425
2º le *thuoc do ruóng* ou *quan diên xich*...... 0ᵐ470
3º le *thuoc vai* ou *quan phong xich*.......... 0ᵐ644

Multiples du thuoc-móc (*quan móc xich*)		*Sous-multiples du thuoc móc* (*quan móc xich*)	
Le *Ngu* ou *tâm* (5 thuoc móc)...............	2ᵐ125	Le *Ly*..........	0ᵐ000.425
		Le *phan* (10 ly)..	0ᵐ004.25
Le *Truong* (10 th. móc)	4ᵐ259	Le *tât* (10 phân).	0ᵐ042.5

Mesures agraires :

Le *Mâu* ou un carré de 150 thuoc do ruông (quandièn xich) de côté..................	49 a. 70 c. 25
Le *Sao* ou une surface de 9 Ngu ou tàin sur 10 de côté............................	4 a. 97 c. 025
Le *thuoc* ou une surface de 2 ngu sur 3 de côté.	0 a. 33 c. 185
Le *tàt* (1/10 du thuoc).......................	0 a. 03 c. 3135
Le *phân* (1/10 du tàt).......................	0 a. 00 c. 33135

Multiples du thuoc do ruông (quan diên xich)		*Sous-mult. du thuoc do ruông* (quan diên xich)	
Le *Ngu* ou *tàm* (5 thuoc do ruông)..........	2ᵐ350	Le *ly*............	0ᵐ000.470
Le *truong* (10 thuoc do ruông)............	4ᵐ700	Le *phân*........	0ᵐ004.70
		Le *tàt*..........	0ᵐ047.0

Multiples du thuoc vai (quan phong xich)		*Sous-multiples du thuoc vai* (quan phong xich)	
Le *Châu* (10 thuoc vai)	3ᵐ220	Le *phân*.........	0ᵐ006.44
Le *duoc* (20 thuoc vai)	6ᵐ440	Le *tàt*..........	0ᵐ064.4

VIII

GOUVERNEMENT GÉNÉRAL DE L'INDO-CHINE. — CONSEIL SUPÉ-
RIEUR. — CONSEIL DE DÉFENSE. — GRANDS SERVICES. —
UNIFICATION. — DIRECTION DES DOUANES ET RÉGIES. —
CONTRÔLE FINANCIER. — DIRECTION DES AFFAIRES CIVILES. —
— DIRECTION DE L'AGRICULTURE ET DU COMMERCE. — ARMÉE.
— MARINE. — JUSTICE. — TRAVAUX PUBLICS. — POSTES ET
TÉLÉGRAPHES. — INSTRUCTION PUBLIQUE. — ASSISTANCE.

Le gouverneur général est le dépositaire des pouvoirs de la République dans l'Indo-Chine française. Il a seul le droit de de correspondre avec le gouvernement.

Il correspond aussi directement avec les ministres de France, consuls généraux, consuls et vice-consuls de France en Extrême-Orient.

Il organise les services de l'Indo-Chine et règle leurs attributions.

Il peut déléguer tout ou partie de ses pouvoirs au lieutenant-gouverneur de la Cochinchine et aux résidents supérieurs.

Le gouverneur général est responsable de la défense intérieure et extérieure de l'Indo-Chine. Il dispose, à cet effet, des forces de terre et de mer qui y sont stationnées.

Aucune opération militaire, sauf le cas d'urgence où il s'agirait de repousser une agression, ne peut être entreprise sans son autorisation.

Il est chargé de l'organisation et de la réglementation du service des milices affectées à la police et à la protection des populations à l'intérieur de nos possessions de l'Indo-Chine.

Le gouverneur général dresse, chaque année, conformément à la législation en vigueur, les budgets locaux.

Telle est la base de l'organisation actuelle du gouvernement général en dehors de laquelle subsistent, sous son contrôle effectif, les anciens pouvoirs locaux, tels que ceux de l'empereur Than-Thaï en Annam-Tonkin, du roi Norodom au Cambodge, et des deux rois de Laos, ainsi que quelques rouages administratifs essentiellement indigènes.

Un *Conseil supérieur* de l'Indo-Chine est ainsi composé :

Le gouverneur général, président ;

Le général commandant en chef des troupes ;

Le contre-amiral commandant en chef de la division navale d'Extrême-Orient ;

Le lieutenant-gouverneur de la Cochinchine ;

Les résidents supérieurs du Tonkin, de l'Annam et du Cambodge ;

Un représentant de l'administration du Laos, désigné par le gouverneur général ;

Le directeur du contrôle financier ;

Le chef du service judiciaire en Indo-Chine ;

Le directeur des douanes et régies de l'Indo-Chine ;

Le directeur du commerce et de l'agriculture de l'Indo-Chine ;

Le président du Conseil colonial de Cochinchine ;

Les présidents des Chambres de commerce de Saigon, Hanoi et Haiphong ;

Les présidents des Chambres d'agriculture de la Cochinchine et du Tonkin ;

Les présidents des Chambres mixtes de commerce et d'agriculture de l'Annam et du Cambodge ;

Deux notables indigènes;

Le chef de cabinet du gouverneur général, secrétaire, avec voix délibérative.

Les membres indigènes sont désignés, chaque année, par le gouverneur général, qui désigne en même temps deux membres indigènes suppléants.

Il est créé une commission permanente du Conseil supérieur, présidée par le gouverneur général et convoquée par lui.

Cette commission se réunit soit à Saigon, soit dans toute autre ville de l'Indo-Chine, désignée par le gouverneur général.

La commission permanente du Conseil supérieur comprend :

Le gouverneur général, président;

Le général commandant en chef ou, en cas d'absence ou d'empêchement, l'officier commandant les troupes du pays où la commission permanente se réunit; cet officier prend alors rang d'après son grade;

Le lieutenant-gouverneur de la Cochinchine ou le résiden supérieur du pays où la commission permanente se réunit;

Le directeur du contrôle financier;

Le chef du service judiciaire de l'Indo-Chine;

Le directeur des douanes et régies de l'Indo-Chine;

Le directeur de l'agriculture et du commerce de l'Indo-Chine.

Les présidents des Chambres de commerce de Saigon et d'Hanoi et les présidents des Chambres mixtes de commerce et d'agriculture de l'Annam et du Cambodge font éventuellement partie de la commission permanente, suivant que celle-ci se réunit en Cochinchine, au Tonkin, en Annam ou au Cambodge.

Le chef du cabinet du gouverneur général fait fonctions de secrétaire de la commission permanente, avec voix délibérative.

Le Conseil supérieur est réuni, chaque année, en assemblée plénière et est appelé à donner son avis : sur le budget général de l'Indo-Chine ainsi que sur les budgets locaux de la Cochinchine, de l'Annam, du Tonkin, du Cambodge et du Laos ; sur l'importance et le projet de répartition des crédits nécessaires aux services militaires et maritimes de l'Indo-Chine ; sur la répartition des travaux publics d'intérêt général ou d'intérêt local à imputer au budget général ou aux budgets locaux.

Bien que Saigon soit officiellement la capitale de l'Indo-Chine, la session du Conseil supérieur ne se tient pas, nous l'avons dit, obligatoirement à Saigon. Sa tenue est accompagnée de grandes solennités et fêtes officielles. En décembre 1897, il a siégé à Saigon, où se rendit plus tard S. M. Than-Thaï empereur d'Annam qui se montre fort disposé à adopter les mœurs européennes. En septembre 1898, ce fut Hanoi qui reçut le conseil, et en octobre 1899, la session se tint à Phnom-Penh où se rendirent, à cette occasion, les deux rois du Laos.

Le gouverneur général est également assisté d'un *conseil de défense* de l'Indo-Chine, où siègent, sous sa présidence, le commandant en chef des forces navales, l'officier supérieur commandant les troupes sur le territoire où se réunit le conseil, le chef du service administratif, le chef des services de l'artillerie, un chef de bataillon ou d'escadron, secrétaire, et le chef du service administratif de la province où siège le conseil.

Dans cette organisation, « les cinq pays » autrefois distincts et autonomes, deviennent des grandes provinces, administrées par des préfets qui portent le titre de Lieutenant-gouverneur, en Cochinchine, de Résident supérieur dans les autres pays. Ces fonctionnaires, outre les relations politiques ou diplomatiques avec les souverains des pays de protectorat, ont la charge des budgets locaux et de l'administration régionale, depuis le décret du 31 juillet 1898.

Les services généraux du gouvernement de l'Indo-Chine, placés sous l'autorité directe du gouverneur général, comprennent les directions et services suivants :

Cabinet du gouverneur général ;
Services militaires ;
Services maritimes ;
Service judiciaire ;
Direction des affaires civiles ;
Direction du contrôle financier ;
Direction de l'agriculture et du commerce ;
Direction des travaux publics ;
Administration des douanes et régies ;
Administration des postes et télégraphes.

Les services locaux de l'Indo-Chine relèvent directement en Cochinchine, du lieutenant gouverneur ; au Tonkin, en Annam, au Cambodge et au Laos, des résidents supérieurs.

Ils comprennent :

L'administration générale ;
Les services de l'assiette et du recouvrement des impôts directs ;
La trésorerie ;
Les directions locales de l'agriculture ;
L'enseignement ;
La justice indigène ;
La police ;
Les services médicaux et services d'assistance ;
Le service pénitentiaire ;
Le cadastre et les autres services dont la dépense est à la charge des budgets locaux.

Les attributions du cabinet même du gouverneur général sont énumérées ci-après :

BUREAUX	ATTRIBUTIONS
Bureau politique.	Traités et conventions intéressant l'Indo-Chine. Rapports avec les ministres et consuls de France en Extrême-Orient. Relations de frontières. Dépêches et rapports sur la situation politique extérieure. Missions à l'étranger. Service des traductions. — Analyse de la presse étrangère. Communications à la presse locale.
Bureau militaire.	Portefeuille des affaires soumises au Gouverneur général par le Général commandant en chef. Portefeuille des affaires traitées avec l'Amiral commandant l'escadre d'Extrême-Orient ou soumises au gouverneur par les commandants de la marine en Indo-Chine. Portefeuille des affaires administratives, militaires ou maritimes soumises au gouverneur par le commissaire général. Service de santé des colonies. Administration des territoires militaires du Tonkin. Contrôle militaire de la garde indigène de l'Indo-Chine. Renseignements sur les armées et les marines étrangères. Missions militaires. Documents cartographiques. Service intérieur du Gouvernement.
Bureau administratif.	Ouverture des dépêches ; répartition dans les directions ; expédition ; enregistrement. Portefeuille des affaires soumises au gouverneur général par les directeurs des services généraux, le lieutenant-gouverneur et les résidents supérieurs. Centralisation et tenue des archives. Réception et expédition des télégrammes et câblogrammes. Chiffre.
Bureau du personnel et du secrétariat.	Affaires réservées. Dossiers du personnel. Nominations et avancements. Distinctions honorifiques. Missions à l'intérieur. Secrétariat particulier. Audiences.

Le tableau ci-dessous expose d'une façon synoptique les attributions du directeur des affaires civiles.

BUREAUX	ATTRIBUTIONS
1ᵉʳ Bureau (affaires administratives.......	Administration générale ; affaires indigènes ; police générale. Préparation des arrêtés. Préparation de la correspondance avec le Département des colonies, le Lieutenant-Gouverneur et les résidents supérieurs. Rapports d'ensemble sur la situation politique de l'Indo-Chine. Promulgation et publications des lois, décrets et arrêtés. *Journal officiel; Bulletin; Annuaire.* Personnel : soldes et accessoires ; indemnités de route et de séjour ; concessions de passages ; congés ; délégation de soldes, états du personnel de l'Indo-Chine. Transports de personnel et de matériel ; affrètements. Etablissements scientifiques. Services de l'enregistrement, des domaines et du timbre. Contentieux.
2ᵉ Bureau (comptabilité.......	Exécution du budget général ; ordonnancement des dépenses ; régularisation des titres de paiement. Pensions de retraite ; secours ; subventions. Emprunts.
Secrétariat.......	Affaires réservées. Correspondance.

La direction des douanes et régies étend ses pouvoirs sur tout le territoire de l'Indo-Chine qui est divisé en une sous-direction pour le Tonkin et une inspection pour l'Annam.

Le directeur du contrôle est chargé de la surveillance des services financiers : il suit la comptabilité des dépenses engagées et celle des ordonnateurs. Il reçoit mensuellement de tous les ordonnateurs un double des bordereaux d'émission de mandats et de tous les comptables de l'Indo-Chine la situation détaillée des recettes et des dépenses effectuées.

Tous les projets d'arrêtés ou décisions émanant des divers services de l'Indo-Chine et intéressant en recettes ou en dépenses les finances de la Cochinchine, du Cambodge ou de l'Annam-Tonkin sont, avant d'être soumis à la signature du gouverneur général, présentés à l'examen du directeur du contrôle et visés par lui.

Le directeur des affaires civiles est associé plus intimement que tout autre des hauts fonctionnaires de la colonie à l'ensemble des actes du gouvernement de l'Indo-Chine; il remplace le gouverneur général en cas d'absence.

Attributions des services : commerce, agriculture, statistique.

BUREAUX	ATTRIBUTIONS
1er Bureau (agriculture........	Colonisation agricole. Concessions domaniales. Amélioration et extension des cultures. Introduction de cultures nouvelles. Essais et expériences. Exploitation des produits naturels. Bois et forêts. Elevage. Maladies du bétail. Concours agricoles. Enseignement agricole. Rapports sur la situation économique de l'Indo-Chine. Service météorologique.
2e Bureau (commerce.........	Commerce local de l'Indo-Chine. Commerce d'importation et d'exportation. Débouchés du commerce français en Extrême-Orient. Exploitations industrielles en Indo-Chine. Navigation maritime et fluviale. Services maritimes postaux. Enseignement technique. Renseignements commerciaux. Office de l'Indo-Chine à Paris.
3e Bureau (statistique)	Réunion et coordination des renseignements statistiques fournis par les services généraux et les services locaux de l'Indo-Chine. Publications statistiques. Publication du *Bulletin économique de l'Indo-Chine*. Expositions locales. Expositions universelles.

Le directeur de l'agriculture et du commerce de l'Indo-Chine est chargé de l'étude de toutes les questions se rapportant à l'agriculture, au commerce, à la colonisation, sur lesquelles le gouverneur général doit statuer.

Les services militaires de l'Indo-Chine sont sous la direction d'un général de division, commandant en chef. Il y a une direction d'artillerie du Tonkin et une de Cochinchine. Le Tonkin possède quatre batteries de montagne et deux batteries à pied. La Cochinchine a une batterie à pied et une montée. L'armée de terre se compose de trois brigades, dont chacune comprend un régiment d'infanterie de marine, un ou plusieurs bataillons des régiments étrangers et un ou plusieurs régiments de tirailleurs annamites ou tonkinois. Les dispositions budgétaires prises au budget de 1899 et continués à celui de 1900, permettront d'avoir une réserve qui, lorsqu'elle sera au complet, se composera de 7.500 hommes.

La création des réserves s'impose pour les raisons suivantes : pour avoir des troupes instruites, destinées à remplacer, dans les places ou territoires militaires, les troupes appelées à constituer les corps mobiles, et en assurer la garde ; pour remplacer, le cas échéant, celles de nos troupes indigènes de première ligne, qui seraient appelées à opérer en dehors de l'Indo-Chine ; pour assurer la tranquillité de l'intérieur pendant que l'armée de première ligne opérerait contre l'ennemi extérieur ; pour assurer la sécurité des convois et, d'une manière générale, les services de l'arrière ; pour augmenter l'effectif des troupes de l'armée active contre un ennemi extérieur, en cas d'insuffisance des troupes de l'armée active.

Bien que les effectifs des troupes de l'Indo-Chine deviennent chaque année supérieurs, il a été possible de réduire la charge de la métropole pour l'exercice 1900, en imputant au budget général une nouvelle part des dépenses militaires jusqu'alors payées sur le budget métropolitain.

Ce sont les dépenses inscrites à ce budget avec les affectations suivantes, qui ont été transférées au budget de l'Indo-Chine : gendarmerie ; dépenses communes aux différents corps et services militaires ; service topographique ; télégraphie militaire ; service vétérinaire ; remonte ; justice militaire ; loyers et dépenses diverses ; immeubles affectés au logement des autorités militaires.

Ainsi le budget général de l'Indo-Chine a déchargé le budget métropolitain des dépenses énumérées plus haut et, en outre, de certaines dépenses des cadres européens des corps indigènes du Tonkin et de la Cochinchine, tous les frais occasionnés par l'entretien de ces corps étant désormais gagés par les ressources locales.

De plus, le budget général comprend les crédits nécessaires à l'entretien : d'une première compagnie de tirailleurs cambodgiens, dont l'organisation a été décidée l'année dernière et doit être faite avant la fin de l'année en cours ; d'un escadron de cavalerie indigène désigné sous le nom de *Chasseurs annamites*.

L'augmentation totale des dépenses pour les services militaires, que supportera l'Indo-Chine en 1900, par rapport à 1899, est de 779,000 piastres, et le montant des crédits inscrits au budget de 4,050,000 piastres, soit environ 10 millions de francs.

En y ajoutant la somme de 20,122,000 francs demandée au budget de la métropole, cela fait un total de crédits militaires de 30 millions de francs.

Il y a lieu de remarquer que le changement apporté à la situation financière de l'Indo-Chine, aujourd'hui des plus prospères, a permis, tout en diminuant progressivement les sacrifices que la France fait encore pour ses possessions d'Extrême-Orient, d'accroître d'une façon sensible les crédits affectés à leur dépense militaire.

Port de la Compagnie des Messageries maritimes, à Saigon

Le crédit de 4.050.000 francs, inscrit au budget général pour 1900 est ainsi réparti :

		Piastres
Article 1er. —	Tirailleurs annamites (1 régiment)...	581,500 00
— 2. —	Tirailleurs tonkinois (4 régiments)....	2,859,000 00
— 3. —	Tirailleurs cambodgiens (1 compagnie).	52,000 00
— 4. —	Chasseurs annamites (1 escadron)....	49,218 00
— 5. —	Gendarmerie............................	178,272 00
— 6. —	Service géographique de l'Indo-Chine.	36,000 00
— 7. —	Service de la télégraphie militaire....	13,330 00
— 8. —	Service de la remonte et service vétérinaire............................	12,100 00
— 9. —	Entretien des immeubles et frais de location............................	94,400 00
— 10. —	Dépenses diverses...................	174,180 00
	Total...................	4,050,000 00

Telle qu'elle est constituée la force armée en Indo-Chine est suffisante pour faire face à toutes les éventualités qui peuvent se produire. Depuis l'adoption d'une politique de protectorat loyale et point conquérante, il n'y a plus lieu de prévoir une insurrection. Et les attaques qui peuvent venir du dehors rencontreraient une résistance qui ne serait pas facile à surmonter. En l'état, le corps d'occupation se compose de 8.000 hommes de troupes européennes et de 14.000 de troupes indigènes. La police du pays est faite par la garde civile, au nombre de 4.800 hommes, dont les cadres sont européens. Les autorités annamites ont à leur disposition pour la partie locale environ 5.000 hommes de milice indigènes *link-co* et *link-lé*. La création d'un commencement de force armée au Cambodge n'a point été superflue.

L'Indo-Chine est sous la protection de la division navale d'Extrême-Orient. Cette division se compose d'un cuirassé de croisière, d'un croiseur cuirassé, d'un croiseur de première classe, de deux croiseurs de seconde classe, de deux canonnières et d'un transport. La division navale de la Cochinchine et la défense mobile de Saigon comprennent outre le ponton, la *Triomphante*, cinq canonnières, dont une cuirassée. Rappelons que pour obliger le Siam à demander la paix, il a suffi, en 1893, de trois canonnières qui forcèrent la passe de

Palais de justice, à Saigon

Bangkok. La « station locale du Tonkin et de l'Annam », à Haiphong, se compose, outre l'*Adour*, ponton où se trouve le centre administratif, d'un croiseur de troisième classe, d'un aviso de deuxième classe et de deux chaloupes canonnières.

L'arsenal de Saigon qui possède un bassin de radoub important, est déjà considérable et va recevoir un développement sérieux. Les crédits demandés pour faire de Saigon un « point d'appui de la flotte », dépassent trois millions.

Il existe à Haiphong des ateliers maritimes très importants. Il y a lieu de penser que, prochainement, le développement du port de Phnom-Penh et la navigation sur le Mékong nécessiteront la création d'une force navale au Cambogde.

Le service judiciaire est placé sous la direction d'un procureur général près la cour de Saigon. Jusqu'en 1898, il y avait deux cours d'appel en Indo-Chine : l'une à Saigon, l'autre à Hanoi. Aujourd'hui l'unité se trouve faite, dans la justice comme dans le gouvernement.

Il n'y a plus qu'une seule cour d'appel qui a trois chambres; deux à Saigon, une à Hanoi.

Il existe en Indo-Chine trois tribunaux de commerce mixte à Saigon, Hanoi, Haiphong ; un tribunal de première instance (hors classe) à Saigon; quatre tribunaux de première instance (1re classe) à Mytho, Vinh-Long, Hanoi et Haiphong et sept tribunaux de deuxième classe à Bentré, Chaudoc, Travinh, Soc-Trang, Long-Xuyen, Cantho et Phnom-Penh. Plus une justice de paix à compétence étendue à Tay-Ninh, Bien-hoa, Bac-Lieu et Tourane.

Au criminel, c'est la chambre des mises en accusation de Saigon qui connait des instructions relatives aux crimes commis en Annam et au Tonkin par des européens et assimilés, lesquels crimes étaient autrefois sous la juridiction des cours criminelles de Hanoi et Haiphong.

La Chambre criminelle d'Haiphong est supprimée. Celle d'Hanoi se compose de la troisième Chambre de la Cour de Saigon siégeant à Hanoi et de quatre assesseurs tirés au sort sur une liste de cinquante notables d'Hanoi et d'Haiphong.

En Cochinchine, les tribunaux français sont compétents, même à l'égard des indigènes. Il ne reste plus aucun vestige de la justice annamite. En Annam et au Tonkin, les tribunaux français sont compétents en toute matière dès qu'il y a en cause un Européen ou assimilé. Les litiges indigènes, aussi bien que les poursuites criminelles sont examinés et jugés dans chaque province par l'*Ansat* ou lieutenant criminel.

Sans entrer dans le détail des comptes-rendus judiciaires, il convient de dire que le nombre des procès civils ou commerciaux, mais des procès commerciaux surtout, est considérable. L'Annamite est volontiers processif, mais le Chinois l'est encore

Hôtel des postes et des télégraphes, à Saigon

bien plus. Et l'importance des litiges étant généralement très grande, les tribunaux sont occupés.

Le service des travaux publics est sous la direction d'un ingénieur en chef des ponts et chaussées.

Cette direction n'a point, à proprement parler de siège fixe bien que le bureau du secrétariat soit à Saigon. C'est une direction « mobile » qui se déplace avec son chef et dont dépendent toutes les autres directions. Il y a, en effet, trois directions provinciales : une en Cochinchine, sous l'autorité d'un ingénieur de première classe; une au Tonkin, sous l'autorité d'un ingénieur en chef, un « service » en Annam confié à un ingénieur « chef de service » et à un sous-ingénieur. De plus, au Tonkin, il avait été institué en dehors du cadre normal un « cadre extraordinaire » payé sur les fonds de l'emprunt et généralement destiné à l'étude et à la construction des chemins de fer. Le développement donné aux grands travaux publics a nécessité le maintien et même l'augmentation de ce cadre.

Les agents des directions provinciales sont employés non seulement aux travaux ordonnés par le gouvernement local, mais à la surveillance et à la conduite des travaux entrepris par les autorités et municipalités indigènes.

Le service des travaux publics de l'Indo-Chine est chargé des études et travaux concernant :

La construction, l'amélioration et l'entretien des voies de terre et d'eau ;

L'éclairage et le balisage des côtes et des rivières ;

Les irrigations, dessèchements, digues, assainissement des terres ;

La construction des voies ferrées ;

La construction et l'entretien des bâtiments civils.

Il est chargé :

Du contrôle et de la surveillance des mines, minières et carrières ;

De l'exploitation ou du contrôle des chemins de fer.

L'administration des postes et télégraphes comporte deux divisions : l'une est chargée des services de la Cochinchine, du Cambodge et du Bas-Laos. Elle a un cadre métropolitain et, pour le Cambodge et le Laos principalement, un cadre local composé d'indigènes.

Une autre direction gère les services du Tonkin, de l'Annam

et du Haut-Laos. Son cadre local est exclusivement européen.

L'instruction publique n'a pas encore été centralisée en Indo-Chine. Chacun des cinq pays a gardé, à ce point de vue, son organisation particulière.

L'enseignement est donné dans les écoles et les collèges de la colonie, les écoles cantonales, les écoles religieuses libres

Hôtel des postes et des télégraphes de Phnom-Penh

et les écoles de caractères chinois. Il est gratuit, sauf dans ces dernières.

Le service de l'Instruction Publique en Cochinchine est dirigé par un Directeur qui remplit à Saigon les fonctions d'un recteur d'Académie et en a les attributions. Il est sous les ordres immédiats du lieutenant-gouverneur. Des professeurs, bacheliers ou ayant le brevet supérieur de l'Enseignement primaire, assistés d'instituteurs indigènes, sont répartis dans les Ecoles d'arrondissements, l'Ecole normale, le Collège de Mytho et le Collège Chasseloup-Laubat, Ils remplissent également les fonctions de directeurs dans ces divers établissements et celles d'inspecteur de l'Enseignement. Ils composent également les jurys des divers examens qu'on passe à Saigon.

Tout village un peu important possède une école cantonale, école du premier degré où les enfants annamites âgés d'au moins six ans apprennent à lire, à écrire, en français et en quocgnu, à compter et à exercer leur mémoire par la récitation de courts morceaux choisis.

Les Ecoles d'arrondissement sont des écoles du second degré dirigées par un professeur européen, secondé de quatre ou cinq instituteurs indigènes.

L'Ecole professionnelle de Saigon a pour but de fournir à la colonie des ouvriers d'art : fondeurs, ajusteurs, modeleurs, mécaniciens, etc., et des artisans : relieurs, bourreliers, carrossiers, etc., experts en leur profession. L'enseignement technique est donné aux élèves de cette école par des professeurs spéciaux, et l'enseignement scientifique par ceux du Collège Chasseloup-Laubat.

Seuls, les élèves indigènes des Collèges et de l'Ecole professionnelle suivent le régime de l'internat.

Les enfants européens et les métis forment une section à part au Collège Chasseloup-Laubat, où ils peuvent suivre les cours de l'Enseignement secondaire, ou de l'Enseignement secondaire spécial, jusqu'à la classe de quatrième.

Les classes de huitième, neuvième et dixième, sont faites par des institutrices.

Les écoles religieuses libres de la colonie comprennent les séminaires indigènes dirigés par les Pères des Missions étrangères, celui de Cuato-Gien (Mission du Cambodge), celui de Cai-Mun et celui de Saigon, puis les écoles mixtes de chaque chrétienté.

Les frères des Écoles chrétiennes possèdent deux établissements : l'un à Saigon, l'Ecole Fabert, l'autre au cap Saint-Jacques, où ils reçoivent des Annamites, des métis et des Européens. L'instruction y est donnée selon les programmes suivis au collège Chasseloup-Laubat.

Les Ecoles de caractères chinois sont la propriété de quelques vieux lettrés qui, dans presque toutes les communes,

Lettré annamite (cliché du D^r Le Lan)

enseignent à la jeunesse, l'art compliqué de former et de traduire les caractères idéologiques des langues annamite et chinoise.

L'Administration française ne s'occupe pas de l'instruction de la femme indigène. Les jeunes filles européennes et les métisses pensionnaires ou externes de l'Institution municipale des jeunes filles de Saigon, sont instruites par des institutrices laïques, nommées par le Maire de la Ville. On les prépare aux examens du certificat d'études et du brevet élémentaire.

Saigon possède une école maternelle pour les enfants européens. La directrice et son adjointe sont nommées par le Maire.

Les religieuses de Saint-Paul de Chartres et celles de la Providence sont à la tête des orphelinats de la Sainte-Enfance dans les deux vicariats apostoliques qui se partagent la Cochinchine. A Saigon et au cap Saint-Jacques, les religieuses de Saint-Paul de Chartres ont un pensionnat de jeunes filles européennes.

Les programmes suivis sont les mêmes que ceux de l'Institution municipale de Saigon.

Le budget local du Tonkin entretient une vingtaine d'écoles. C'est peu pour quatorze provinces peuplées de 10 millions d'habitants et où chaque commune a au moins une école de caractères chinois.

Des écoles franco-annamites sont ouvertes dans le chef-lieu de chaque province. En outre, Hanoi, Nam-Dinh et Haiphong ont des écoles mixtes de garçons et de filles et des écoles pour les filles annamites.

Un collège d'interprètes fonctionne à Hanoi, ainsi qu'un cours d'annamite et de chinois pour les fonctionnaires.

Les missionnaires et les sœurs ont ouvert quelques écoles. Il en est de même des missionnaires espagnols dont l'école principale est l'établissement de Phuc-nhac.

On enseigne dans nos écoles d'abord le Quocngu, transcription de la langue écrite annamite (chu nom) en caractères français, puis les éléments du français. Des maîtres libres ont ouvert des écoles très suivies par les Annamites et les Chinois. Les programmes d'enseignement ont été dressés par la commission supérieure de l'Enseignement instituée au Ministère des colonies.

Sous ce rapport multiple, on voit que toute une réorganisation est à faire :

1° Pour fixer et uniformiser les programmes des écoles franco-annamites ;

2° Pour assurer l'instruction aux enfants européens, de plus en plus nombreux ;

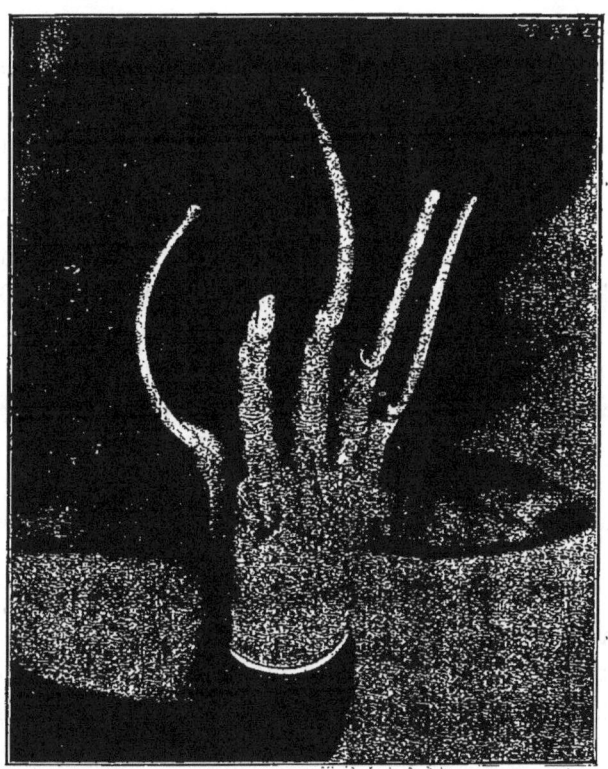

Main de lettré annamite

3° Pour donner à la Direction de l'Enseignement une action plus directe et plus rapide ;

4° Pour propager dans les arrondissements des vingt-six provinces les écoles élémentaires.

L'unité des cinq pays indo-chinois impose cette réorganisation. Après vingt ans d'administration localisée et restreinte, il y a lieu de donner l'expansion et la cohésion nécessaires à ce grand service public qui est, à tous égards, de première importance.

Ce sera l'honneur du Gouverneur général de procéder à cette création délicate et de franciser ainsi notre vaste domaine asiatique.

L'Annam n'est doté que d'une école pour les lettrés et les fonctionnaires indigènes, et d'un cours d'agriculture.

Une école est établie à Phnom penh (Cambodge) et une autre au Laos.

Ces écoles se multiplieront au fur et à mesure.

Enfin, à la suite des vœux exprimés par l'ancienne commission d'exploration du Mékong et par le Congrès des Orientalistes, une « Mission archéologique et scientifique permanente » a été créée par l'initiative de M. Paul Doumer.

Elle est entretenue aux frais de la colonie et placée sous la haute direction de l'Académie des Inscriptions et Belles-Lettres.

Déjà son œuvre est féconde et ses travaux sont suivis avec le plus vif intérêt, non seulement en Indo-Chine et en France, mais à l'étranger.

Il faut noter enfin que l'Alliance française suit avec le plus vif intérêt l'œuvre qu'elle a entreprise de faire connaître notre langue nationale aux indigènes des pays indo-chinois.

C'est en 1887 qu'elle eut, à Saigon, son premier comité qui, lorsqu'il eut passé la période d'organisation, créa des cours d'adultes.

Ces cours, fondés à Giadinh, dans la banlieue de Saigon, furent rapidement prospères; on y enseignait aux indigènes, la lecture, l'écriture et la conversation française. En raison des ressources importantes dont disposait le comité de Saigon, le siège central de l'Alliance française n'eût à l'aider dans cette tâche qu'en lui envoyant des récompenses, livres de prix et médailles, destinés aux élèves; des médailles de l'Alliance française étaient également décernées aux professeurs qui s'étaient le plus signalés par leur zèle et leur dévouement.

Le succès obtenu encouragea le comité de Saigon à créer de nouveaux cours à Cholon.

Au Tonkin et en Annam, les comités d'Hanoi, d'Hai-Dzuong, d'Haiphong et de Tourane instituèrent, dès leur

Musicien annamite (cliché du D^r Le Lan)

fondation, des cours qui reçurent de la population le meilleur accueil. Les ressources dont ces comités disposaient n'étant pas suffisantes pour assurer leur succès, le siège central de l'Alliance française leur vint en aide en leur accordant des subventions en espèces et en livres classiques.

En 1896, les comités d'Hai-Dzuong et de Tourane recevaient des prix pour leurs écoles. En 1897, le même appui était donné aux comités d'Hanoi et de Tourane; celui d'Hanoi reçut de plus une subvention en espèces du comité de Dijon. En 1898, l'Alliance française voulut donner une marque de son bienveillant intérêt à une œuvre particulière fondée à Hanoi : « La Société d'enseignement mutuel des Tonkinois », dont le but était non seulement de fournir aux indigènes une instruction française, mais encore de leur donner une éducation commerciale et de leur apprendre des métiers manuels; elle mit à leur disposition les livres nécessaires ainsi que des récompenses destinées à stimuler les élèves.

Le collège du Quoc-Noc recevait, de son côté, une allocation.

Dans le courant de l'année dernière, une subvention du siège central, augmentée des libéralités particulières, était envoyée à la Société d'enseignement mutuel d'Hanoi.

Le comité d'Hanoi, qui avait étendu son action en établissant dans la région à Bang-Yen-Nan, et dans quelques autres centres, de nouvelles écoles, a reçu des subventions tant du siège central que des comités de Roubaix et de Dijon.

Les résultats obtenus par le comité d'Hanoi méritaient cet appui. Le nombre des élèves du cours du soir dépassaient 200, et les écoles nouvelles de Nga-Ba-Tha, de Khuang-Ngai et Bang-Yen-Nan réunissaient des élèves de plus en plus nombreux.

L'Alliance française comprit, en outre, l'importance qu'il y avait de faire pénétrer l'influence française dans les régions avoisinant les frontières, notamment en Chine. On chercha à ouvrir dans ces régions de nouvelles écoles.

Déjà, en 1898, l'école de Ho-Khéou était favorisée d'une allocation importante en matériel classique, qui fut augmentée d'une subvention en espèces, envoyée par le comité de Saint-Pol. En 1899, cette école reçut la même libéralité.

Le comité de Calais s'intéressa tout particulièrement à la région du Yun-Nan et aux écoles de Yun-Nan et de Mong-Tsé. Le comité parisien du IXe arrondissement contribuait également à la fondation d'une école à Long-Tchéou.

Au Siam, le collège de l'Assomption à Bangkok, le séminaire de la mission à Bang-Nok-Kluck, le couvent des Dames de Saint-Maur à Bangkok reçoivent depuis longtemps un appui généreux de l'Alliance française.

Un envoi important de matériel classique a été adressé au commandant supérieur du haut Laos pour les écoles de Louang-Prahang.

A Singapour, l'Alliance française vient également en aide à l'école dirigée par les sœurs de Saint-Maur.

L'administration de l'assistance publique, placée sous la direction de l'administration centrale, rayonne dans toute l'Indo-Chine.

Les établissements hospitaliers de l'Indo-Chine se divisent en :

Deux hôpitaux centraux : Hanoi; Saigon ;

Trois hôpitaux secondaires : Haiphong; Quang-yen; Tourane ;

Un hôpital indigène : Choquan (Cochinchine)
Un hôpital mixte : Phnom-penh (Cambodge) } entretenus par les budgets locaux.

Treize ambulances :

Mytho;	Hagiang;	Langson;
Chantaboun;	Tuyen-quang;	Haiphong;
Caokay;	Thai-nguyen;	Thuan-an.
Yen-bay;	Ticau;	
Viétry;	Caobang;	

Les ambulances en excédent de celles énumérées ci-dessus (Sontay, Phu-lang-thuong et La Digue) seront fermées dès que les ambulances de Viétry et de Ticau et l'hôpital de Quang-Yen, qui doivent les suppléer, auront leurs constructions supplémentaires achevées.

Dans les localités où la faiblesse des effectifs militaires

entretenus ne permet pas la création d'une ambulance, mais où, cependant, l'importance de la population européenne nécessite la présence de médecins, il peut être établi des postes médicaux.

Ces postes sont attribués soit à des médecins des colonies ou de la marine, détachés du service général ou placés hors cadres, soit à des médecins civils.

Les personnes étrangères aux administrations civiles ou militaires de la colonie, munies d'un certificat médical ou reconnues malades par le médecin de garde, ont droit à l'hospitalisation dans n'importe quelle fondation sanitaire de l'Indo-Chine.

TROISIÈME PARTIE

MONOGRAPHIES DES CINQ PAYS DE L'UNION INDO-CHINOISE ET DU TERRITOIRE DE KOUANG-TCHÉOU-OUAN

I

Cochinchine

La Cochinchine est située au Sud-Est de l'Indo-Chine d'entre 102° et 105° de longitude Est et 8° et 11° 30' de latitude Nord.

Elle est bornée : au Nord par le Cambodge et le pays des Moïs; au Nord-Est par la province de Binh-Thûan (Annam); à l'est et au Sud par la mer de Chine, et à l'Ouest par le golfe de Siam.

Ce pays se divise en 21 arrondissements, comprenant 207 cantons et 2,425 communes.

Le groupe des îles de Poulo-Condore, situé au sud de la presqu'île de Camau, est une dépendance de nos possessions. La plus grande de ces îles sert de pénitencier pour les condamnés à une peine de moins de dix ans de prison.

Il n'existe, à proprement parler, aucun port sur le littoral de la Cochinchine française, Saigon, par sa situation tout exceptionnelle dans l'intérieur des terres, par la profondeur de la rivière qui l'arrose, peut recevoir dans ses eaux les navires du plus fort tonnage. Il en est de même de Mytho, situé sur le Mé Kong; Rach-Gia, Camau, Hatien, sont des rades naturelles, mais qui ne peuvent recevoir que des embarcations d'un faible tirant d'eau, à cause de leur peu de profondeur et des barres qui obstruent leur entrée.

La Cochinchine occupe en Asie, parmi nos possessions d'Extrême-Orient, une situation privilégiée.

Au Sud de la péninsule indo-chinoise, sur la route de France et de l'Inde en Chine, à proximité du détroit de Malacca, non loin des Philippines, à 215 lieues marines de Singapore, à 310 de Hong-Kong; baignée à l'Ouest par le golfe de Siam, au Sud-Est par la mer de Chine, elle semble placée là, en vue de l'avenir, comme un grenier d'abondance où viendront s'approvisionner la Chine et le Japon.

Le Mékong, après un cours de 4,000 kilomètres à travers le Thibet, le Yunnan, le Laos, le Siam, le Cambodge, arrose la Cochinchine; le grand fleuve et les deux Vaico, la rivière de Saigon, le Donnai fertilisent ses plaines, lui apportant la fécondité, la richesse, l'abondance.

De nombreux arroyos sillonnent ses riches campagnes, ses rizières et ses forêts, ses villes et ses villages.

Sa superficie, environ 60.000 kilomètres carrés, représente les onze centièmes du territoire de la France; sa population dépasse 2,262,000 âmes (c'est-à-dire 38 par kilomètre carré) (France, 72). Les Européens figurent pour 4.113, les Chinois dépassent 88.000 et les Annamites 1.968.000. Le reste de la population est composé de Malais, Cambodgiens, Indiens, et Moïs.

Les travaux exécutés en Cochinchine depuis la conquête l'ont assainie.

Les moussons règnent du 15 octobre au 15 avril du Nord-Est, et du Sud-Est pendant le reste de l'année.

Pendant la mousson du Nord-Est il ne tombe pour ainsi dire pas une goutte d'eau. C'est ce qu'on appelle la saison sèche. Pendant l'autre mousson, au contraire, les pluies tombent régulièrement chaque jour.

La période qui s'écoule entre le 15 avril et le 15 juin est la plus mauvaise saison de l'année; le thermomètre monte souvent jusqu'à 34° et ne descend pas au-dessous de 30°, même pendant la nuit. En général, et dans les années ordinaires, les orages qui précèdent la saison des pluies s'établissent au mois de mai, et souvent la pluie qui vient après rafraîchit l'atmosphère. Les pluies tombent alors régulièrement jusqu'à la fin de juillet, où elles cessent presque ordinairement pendant quelques jours; c'est ce qu'on appelle la petite saison sèche; elles recommencent à tomber en août et le mois de septembre est le plus pluvieux de toute l'année. En octobre, elles diminuent progressivement; elles cessent tout à fait à la fin de novembre; les orages sont moins forts et se terminent par ce qu'on appelle en France des éclairs de chaleur. A partir de ce moment-là, la température baisse sensiblement, la chaleur est supportable, le thermomètre descend même parfois à 19° le matin pendant le mois de décembre ou au commencement du mois de janvier.

Un lieutenant-gouverneur est chargé de l'administration de la Cochinchine.

Ses bureaux forment le secrétariat du gouvernement.

Un Conseil colonial composé de membres européens et indigènes, vote le budget, exprime des vœux et discute les questions d'intérêt général.

Palais du gouverneur général de l'Indo-Chine, à Saigon

Chaque arrondissement, dirigé par un administrateur des affaires indigènes, possède aussi un budget spécial, appelé budget régional, voté par un conseil d'arrondissement.

La Cochinchine est représentée au Parlement par un député.

L'administration indigène comprend des tong-doc, des phu, des huyen, des tong ou chefs de canton, de nombreux interprètes et employés classés dans les différents services. La commune annamite est dirigée par un conseil de notables et un maire.

Les principaux centres de population sont : SAIGON, chef-lieu de la colonie de Cochinchine (17.235 habitants), qui est devenu, grâce aux travaux de notre administration, une ville absolument européenne, aux rues larges et commodes, parsemée de jardins et de monuments remarquables, le palais du gouvernement, entre autres et dont la façade est célèbre dans tout l'Extrême-Orient ; il y a des casernes, des hôpitaux, un palais de justice, une cathédrale, un hôtel des postes et télégraphes, un magnifique jardin zoologique, un théâtre.

Le port de Saigon est à 40 milles du cap Saint-Jacques, sur une rivière assez profonde pour les navires du plus fort tirant d'eau. Les navires à voiles remontent avec la marée ou avec l'aide de remorqueurs à vapeur. L'entrée de la rivière est signalée par le phare du cap Saint-Jacques. Les bancs qui se trouvent dans le bas de la rivière sont indiqués par un bateau-feu, mouillé devant le village de Cangiou. Au delà de ces bancs, la profondeur de la rivière varie peu et la navigation n'offre pas de difficulté.

Le port renferme un bassin de radoub.

Le port de guerre, prend sur la rivière de Saigon un large espace, réservé au mouillage des bâtiments de l'Etat. Des canonnières, des torpilleurs, quelquefois des cuirassés, tranchent avec leurs coques blanches sur ces eaux argileuses.

L'hôtel de l'amiral se cache dans la verdure des rives. Plus loin l'arsenal, la ruche coloniale la plus active qu'on puisse souhaiter, ébranle la ville à coups de marteau-pilon.

Sur le quai Francis-Garnier, à la limite du domaine militaire, est installé le nouvel *Hôtel des Messageries fluviales de la Cochinchine*. La flottille de la Compagnie est rangée le long d'appontements spéciaux.

La *rue Catinat* a une animation remarquable. Ce n'est pas ce mouvement particulier aux rues chinoises qu'on trouve dans toutes les villes d'Extrême-Orient, avec ce grouillement de torses nus, de jambes nues, remuantes, pendantes, dormantes le long des escabeaux en bambou. Ici, l'animation est tout européenne, parisienne : ne dit-on pas que Saigon est le Paris de l'Extrême-Orient?

La promenade favorite des Saigonnais est le célèbre *Tour de l'Inspection*.

Ce tour se fait en voiture, le soir, de cinq à sept. La route, très belle, fait un grand coude en haut de Saigon et s'engage sur le terri-

Monument Gambetta, à Saigon

toire de l'arrondissement ou inspection de Giadinh, qui lui a imposé son nom.

Sur les bords d'un large arroyo est dessiné le parc le plus riant qu'on puisse imaginer. De larges allées sont ombragées par les puissantes essences tropicales étiquetées et classées. D'autres voies sont bordées par une belle collection d'arbres à palmes. Les pelouses, épaisses et vertes, sont tachetées de fleurs grasses, éclatantes de couleur et fortement parfumées.

Pour ceux que les plus beaux types de la flore d'Indo-Chine ne suffisent pas à charmer, on a réuni dans ce magnifique décor la faune

Palais du lieutenant-gouverneur de la Cochinchine, à Saigon

complète du pays. Tigres, panthères, éléphants, ours, serpents, se partagent les pavillons qui sont dans ce jardin.

La volière, haute, spacieuse, bien divisée, est particulièrement élégante. Des variétés infinies d'oiseaux très grands ou minuscules sont emprisonnées dans ce vaste châlet grillagé, enfoui sous la verdure et rafraîchi par des fontaines d'eaux jaillissantes. Les pélicans, les ibis et toutes les espèces de palmipèdes susceptibles d'apprivoisement nagent en liberté dans un charmant petit lac dessiné au milieu du jardin.

Moins beau que le parc botanique et zoologique, le *Jardin de la Ville* offre cependant une agréable promenade pour qui aime l'espace et l'ombrage.

Cholon, la ville chinoise (163.000 habitants), est à 5 kilomètres de Saigon, elle est reliée à la capitale par un tramway à vapeur.

La ville de Cholon est, après Saigon, le centre le plus important de la colonie.

Cholon est situé au croisement de l'ancienne voie, le Lo-Gom, et du canal de rectification de ce cours d'eau. La ville, régulièrement embellie, presque entièrement rebâtie depuis notre conquête, a un développement de quais de plusieurs kilomètres de longueur bordés de maisons d'un bel aspect. Des ponts nombreux, très élevés au-dessus du niveau des quais, pour laisser aux jonques et aux barques la libre circulation des canaux, à toute marée, donnent un aspect singulier à cette ville affairée. C'est par les magasins de Cholon que passent les millions de piculs de riz destinés à l'exportation ; c'est là qu'ils sont préparés et mis en sacs, pour partir ensuite pour Saigon, d'où les vapeurs doivent les emporter en Chine, à Java, à Singapore, à Manille.

Cholon est la grande ville commerçante de la Cochinchine. C'est une cité tout asiatique et presque un faubourg de Saigon. En une demi-heure à peine on fait en voiture le voyage de Saigon à Cholon.

On a pour cette promenade facile et intéressante le choix des moyens de locomotion. D'abord un chemin de fer traverse la *plaine des tombeaux*, vaste campagne déserte semée de mausolées imposants ou de modestes tombes ; c'est le cimetière annamite, vaste, sans clôtures, sans limites, sans culture d'aucune sorte, sans arbres et presque sans verdure.

On peut aussi gagner Cholon par la route de l'arroyo chinois, où circule, rapide et léger, un petit tramway à voie étroite, qui a été installé au grand plaisir des asiatiques, vite devenus d'excellents clients. Le tramway passe à toute vapeur au milieu d'une affluence de population, chinoise pour la majeure partie.

La route domine l'arroyo, couvert de jonques énormes, chargées de riz, qu'une douzaine de Chinois, perchés sur la toiture de chaque barque, activent avec une longue rame à laquelle tous travaillent.

De l'autre côté, on suit la longue file des maisons chinoises en briques ou en paillotte. Au bord de la route, des marchés couverts abritent chaque matin la foule bruyante des ménagères annamites et chinoises. Parfois, une pagode élève son architecture retroussée au-dessus des cases ordinaires et attire l'attention par un bruyant tam-tam.

Mytho, 226.000 habitants, relié à Saigon par un chemin de fer de 70 kilomètres.

Chef-lieu de l'arrondissement de ce nom, ancienne capitale de la province annamite de Dinh-Tuong; est un point très important, tant au point de vue politique qu'au point de vue commercial. Il est situé sur la rive gauche du bras septentrional du Mé Kong, à l'endroit où débouche l'arroyo de la Poste. Mytho est formé des deux villages de Dieu-Hôa et Binh-Tao, à 23 milles de la mer.

Mytho est le point de passage ou de relâche de presque tout le commerce de Cochinchine, y compris les riz de son exportation. Il est, de plus, le centre d'une province riche et un port de cabotage assez important. Il est relié à Saigon par le service des Messageries fluviales, qui dessert toute la Cochinchine.

Vinh-Long est le chef-lieu de l'ancienne province du même nom ; les Annamites l'appelaient le jardin de la Cochinchine ; situé sur le Grand-Fleuve, à 25 milles en amont de Mytho, à la jonction des quatre bras du Mékong, c'est un marché très important par sa position de passage et aussi comme centre d'une province de grande production de riz.

Casernes de l'infanterie de marine, à Saigon

Ce marché a donné son nom à l'espèce de riz de la Cochinchine la plus commune, mais la plus considérable, riz petit, long, irrégulier, qui compose le fond de l'exportation pour la Chine.

Chaudoc est le chef-lieu de l'arrondissement de ce nom ; c'est le chef-lieu de l'ancienne province annamite d'An-Giang. Sa citadelle surveillait la frontière du Cambodge. Chaudoc communique avec Ha-Tien par le canal de Vinh-Te et avec le fleuve antérieur par le canal de Vinh-An. C'est un grand marché et une position militaire importante.

Les autres centres de la population sont, en général, les autres chefs-lieux des divers arrondissements : *Tay-Ninh Thudaumot,*

Entrée de la rue Catinat, à Saigon

Baria, *Bien-Hoa*, *Tanan-Gocong*, *Bentré*, **Sadec**, *Long-Xuyen*, *Cantho*, *Hatien*, *Rach-Gia*, *Baclieu*, *Soctrang*, etc., tous sont appelés à prendre une importance de plus en plus considérable.

Les communications entre Saigon et les autres villes de la Cochinchine se font surtout par la voie fluviale, les canaux et arroyos si nombreux en ces régions ; les chaloupes et barques indigènes transportent en tous sens les marchandises et produits.

La Compagnie des *Messageries fluviales de Cochinchine*, a établi des départs réguliers et fréquents reliant entre eux les points importants de la Cochinchine, du Siam et du Cambodge, et permet ainsi les communications à vapeur rapides et permanentes entre les centres et le chef-lieu.

Le chemin de fer de Saigon à Mytho par Cholon, ligne de 71 kilomètres, à voie étroite, assure un va-et-vient continuel entre ces villes importantes.

En ce qui concerne les relations de la France avec la Cochinchine, elles sont assurées par la *Compagnie des Messageries maritimes*, Les courriers arrivent à Saigon en 23 jours.

La *Compagnie nationale de navigation*, dont le siège est à Marseille, a établi un service régulier de paquebots partant de Marseille pour Saigon, toutes les trois semaines, avec passagers et marchandises.

Le *service postal* d'Europe est en outre assuré par la malle anglaise (vià Brindisi) et Singapore (Peninsular and Oriental Cie), alternant avec le Courrier français, toutes les deux semaines.

Sans parler des autres navires qui passent par Saigon, il y a durant la saison des riz de nombreux vapeurs affrètés au mois, qui entretiennent des relations suivies entre Saigon, Singapore et Hong-Kong.

Des vapeurs portant de 4 à 6,000 tonnes viennent prendre à Saigon des cargaisons complètes de riz pour la France, l'Angleterre et l'Allemagne.

Une grande part des ressources budgétaires des arrondissements a été consacrée à l'entretien des voies existantes et à la construction de voies nouvelles.

Un canal entre Vinh-chan et Cô-co à travers le territoire du canton de Tan-hung a été creusé à Baclieu. Le canal de chasse de Long-dien a été élargi, la route de Giang-mé, destinée à faciliter le transport des sels au chef-lieu, a été terminée.

L'arrondissement de Bienhoa qui n'a pas de voies fluviales a doublé en trois ans la longueur de son réseau de routes. Il compte actuellement 170 kilomètres de routes empierrées et 270 kilomètres de routes muletières.

La route de Cantho à Cay-rang a été continuée dans la direction du marché de Phong-dieu. Un pont de 40 mètres a été établi sur le rach Cai-son et un autre de 36 mètres sur le rach Run-run. Le canal de Donh-lai a été achevé ; il traverse le canton de Dinh-hoa dans

Casernes de l'artillerie de marine, à Saigon

toute sa largeur, qui est de 32 kilomètres, pour aboutir au rach Caitrict, dans Soctrang.

Au Cap Saint-Jacques, la nouvelle ville devient chaque jour une station de plus en plus importante, qui sera une plage très agréable, très mouvementée. La route de Baria au Cap est terminée et trois ponts ont été jetés sur les arroyos qui coupaient cette voie de communication. La route de la corniche conduisant au Lazaret a été continuée ainsi que la route de Choben à Longhai. On a poussé activement la construction de la route du Binh-thuan par Baria, Dat-do et Xuyên-moc qui constitue la seule voie carrossable reliant l'Annam à la Cochinchine.

Deux nouvelles routes viennent d'être ouvertes au village de Thanh-hoa, dans l'arrondissement de Cholon : la première partant de la gare de Choduôi et suivant la ligne du chemin de fer, la seconde reliant la route stratégique à la route haute de Cholon.

A Giadinh, trois ponts en fer d'une longueur totale de 80 mètres ont été posés sur la route de Phu-loc ; un autre, de 27 mètres, sur la route du Fort-du-Nord. A Gocong, de Kienphuoc à l'embouchure du Rach-can-lat, une route a été construite pour faciliter le transport du poisson dans l'arrondissement et protéger, en même temps, la région contre l'envahissement de l'eau de la mer.

On a fait des études sur le dragage du canal de Vinh-te dans l'arrondissement de Hatien. Les travaux à faire seront commencés prochainement. Le canal de Rachgia à Long-xuyen est terminé. Les navires de fort tonnage pourront se rendre de la mer de Chine dans le golfe de Siam sans être obligés de doubler la pointe de Camace.

Un canal de 5,356 mètres a été creusé à Sadec reliant le village de Long-thanh au rach Cay-tram et abrégeant la distance du chef-lieu au Bassac.

A Soctrang, le creusement du canal réunissant le chef-lieu au centre important de Baixau se poursuit en même temps que la continuation de la route de Soctrang à Baclieu.

On voit donc qu'à mesure que l'agriculture, le commerce, l'industrie progressent, les routes, les canaux s'accroissent, facilitant les communications entre les arrondissements, entre les villages.

Les chemins de fer seront d'une très grande utilité pour elle, les produits des pays voisins descendront dans ses docks pour charger les nombreux navires mouillés dans le port de Saïgon. La Cochinchine sera dans l'unité indo-chinoise la province commerçante et ses ports deviendront les entrepôts de l'Extrême-Orient.

La culture principale est le riz, dont les espèces varient suivant la nature des terrains ; il y a plus de 200 espèces différentes.

La Colonie produit une quantité moyenne de 2,000,000 de tonnes de paddy ou riz non décortiqué. Les autres cultures sont restreintes ; les aréquiers sont, après le riz, une des principales productions ; puis viennent les arachides, le poivre, le bétel, le tabac, l'ananas, le mûrier, le maïs, le coton et l'indigo, etc.

Villa du gouverneur général au cap Saint-Jacques

Les cultures de cette région peuvent par leur nature se décomposer ainsi :

Grains alimentaires : riz, maïs, haricots ;
Tubercules et racines : navets, patates ;
Plantes oléagineuses : arachides ;
Plantes textiles : ortie de Chine, ramie, cotonniers ou ouatiers ;
Plantes industrielles diverses : cannes à sucre, tabacs, indigotiers, cacaoyers, rocouyers.

Cultures arborescentes et oléagineuses : cocotiers ; autres cultures arborescentes : pommiers, aréquiers, bétel, poivriers, orangers, citronniers, caféiers, mûriers, manguiers, bananiers, pamplemoussiers, jaquiers, mangoustaniers, tamariniers, goyaviers, vanilliers, papayers, ananas, grenadiers, caramboliers, barbadines, litchi, etc.

L'exportation principale est naturellement le riz, qui se fait sur la Chine, Manille, le Japon, la France et les autres pays d'Europe, le poisson salé, les animaux vivants, les denrées coloniales, le poivre, le cardamome (plante médicinale), le coton égrené, la gomme-gutte, l'indigo, les cornes, les peaux, la soie, les bois (bambou, bois de fer, rotin, tamarinier, bois de construction, etc., etc.). On rencontre des salines très importantes ; des carrières de granit existent à Bien-Hoa.

Les importations de la Cochinchine consistent en : animaux vivants, produits et dépouilles d'animaux, pêches, farineux alimentaires, fruits et graines, denrées coloniales, sucs végétaux, espèces médicinales, bois, fruits, tiges et filaments, teintures, produits et déchets divers, pierres, comestibles, métaux, produits chimiques, couleurs, compositions diverses, vitrifications, boissons, tissus, papier et ses applications, or, argent et pierres précieuses, matériels divers, armes et accessoires, chinoiseries et japoneries, ouvrages en matières diverses.

Comme il est impossible, par suite de l'union intime des deux pays, de distinguer dans les statistiques commerciales officielles la part revenant exactement soit à la Cochinchine, soit au Cambodge, nous sommes dans la nécessité d'empiéter quelque peu sur le prochain chapitre, consacré au Cambodge ; les renseignements que l'on va lire s'appliquent donc aux deux colonies.

Exportation du riz (Cochinchine et Cambodge). — L'exportation du riz constituant la partie la plus importante du commerce de la Cochinchine et du Cambodge réunis, nous reproduisons en partie l'intéressant article que consacre à cette question le *Bulletin économique*.

Pendant l'année 1898, l'exportation des riz de Cochinchine et du Cambodge s'est élevée, d'après les chiffres de la douane, à 722.789 tonnes, représentant, à la sortie, une valeur de 88.938.130 francs.

Ces chiffres n'avaient jamais été atteints, en réalité, malgré l'apparence des résultats donnés par certaines publications (ils ont été dépassés en 1899 ainsi qu'on le verra plus loin).

Les 722.789 tonnes exportées en 1898 se décomposent ainsi :

	Tonnes	valeur en francs
Paddy	23.610	1.940.541
Riz cargo	296.845	36.555.463
Riz blanc	286.841	42.956.957
Brisures	45.031	3.622.540
Farines	70.462	3.862.629
Total	722.789	88.938.130

Cathédrale de Saigon

Dans les années régulières, la Cochinchine est en état de produire 2.012.365 tonnes de paddy. (On admet ici que le Cambodge ne fait que suffire actuellement à sa consommation.) Partant de ce chiffre, 869.366 tonnes sont indispensables à ses besoins; il reste 1.142.999 tonnes qui, décortiquées, blanchies ou moulues, dans des proportions identiques à celles qui figurent au tableau des expéditions de 1898, représentent, en chiffres ronds, 840.000 tonnes de riz d'exportation.

Mais c'est un minimum des besoins que nous avons établi, et la Cochinchine ne peut se dépouiller de la totalité de ses réserves.

Huit cent mille tonnes de riz, sous les formes courantes, représentant 1.040.000 tonnes de paddy, semblent donner la limite de ce que, dans les circonstances les plus favorables, elle pourrait, actuellement, livrer à l'exportation; mais ses approvisionements en souffriraient. Nous ne croyons pas que, pendant deux ou trois années encore, les expéditions normales s'élèvent jusque là. La véritable quantité de riz qu'elle peut raisonnablement exporter, aujourd'hui, d'après nos déductions, est de 750.000 tonnes.

On constate néanmoins que les 88.938.130 francs de riz exportés de Cochinchine représentent, comme chiffres valeur, à peu près les trois quarts des exportations de toute l'Indo-Chine et plus du septième des exportations relevées pour l'ensemble des territoires coloniaux que possède la France, y compris l'Algérie et la Tunisie.

Le riz ou paddy, tel qu'on l'apporte de l'intérieur, est enveloppé de sa balle; avant d'être livré à la consommation, il doit subir des opérations de meunerie appelées: *décortication, blanchissage et glaçage*.

Aujourd'hui des rizeries sont installées à Saïgon et à Cholon et leurs appareils très perfectionnés sont mûs par la vapeur; elles ont été construites sur les modèles des moulins établis par les Anglais en Birmanie et au Siam.

Sept décortiqueries à vapeur sont exploitées à Cholon, une seule à Saigon.

Le paddy, à son arrivée à l'usine, est versé dans un appareil nettoyeur qui le débarrasse des corps étrangers mêlés au grain (morceaux de bois, paille, écorces, cailloux, poussière).

Des élévateurs à godets, montés sur courroies, conduisent le riz sous des meules qui déchirent la balle sans attaquer le grain.

La balle est ensuite séparée du riz au moyen de ventilateurs et de trieurs.

Le paddy séparé de son enveloppe est appelé riz *cargo* : c'est sous cette forme qu'il est expédié en grande partie, en Europe ou en Chine, sous la dénomination de « *cargo* 5, 15, 20 ou 30 0/0 de paddy » suivant qu'il contient plus ou moins de grains enveloppés de balle.

Après diverses opérations de meunerie, le riz cargo, débarrassé de son excédent de paddy, est conduit à l'aide de traineurs au moulin à décortiquer, pour y subir l'opération dite *blanchissage*.

Des appareils appelés *cone-mills*, ou *barley-mills*, genres de meules à émeri, tournant dans des cages en toile métallique, grattent et polissent le grain qui devient alors du riz blanc.

On le débarrasse de la farine produite par l'opération au moyen de brosses. Les brisures, ou débris de riz laissés par cette transformation, sont ensuite tamisées et classées suivant leurs grosseurs.

Les riz entiers sont polis par frottement au moyen de peaux de mouton placées dans des tambours tournant sur eux-mêmes ; c'est cette opération appelée *glaçage* qui donne au riz blanc cette belle et brillante apparence, ce fini que nous admirons dans les riz livrés à la consommation.

Après ces diverses opérations, les riz et leurs dérivés sont mis en sacs, puis embarqués, au sortir même de l'usine pour la destination qui leur est assignée.

Le combustible employé pour le chauffage est la balle de paddy.

Chaque usine peut travailler de 700 à 800 tonnes de paddy par jour et produire de 500 à 600 tonnes de riz transformés.

En se basant sur une moyenne de travail effectif de 300 jours par an, on pourrait préparer environ 1.800.000 par an pour l'exportation, c'est-à-dire, avec les moyens actuels trois fois la quantité annuelle des dernières années.

En dehors de la blanchisserie et de la décortication du riz les autres industries locales sont peu importantes. Les indigènes fabriquent un peu de bijouterie, vannerie, nattes, poterie. Il y a quelques filatures, tanneries, teintureries, brasseries, usine à glace, sucreries, scieries. Les filatures de soie n'ont pu subsister à cause de l'insuffisance du concours des producteurs indigènes.

La main-d'œuvre industrielle indigène vaut 30 centimes (1 franc au plus) par jour de 10 heures.

Les ouvriers annamites sont généralement forgerons et tourneurs ; les ouvriers chinois, maçons et charpentiers ; les uns et les autres sont souvent intelligents et toujours très adroits.

Le champ de l'immigration européenne est limité. L'ouvrier européen n'a rien à tenter en Cochinchine au point de vue agricole ; au contraire, il a une place à prendre dans l'industrie. De bons contremaîtres ouvriers en bois peuvent gagner 75 à 125 piastres par mois. Le prix de la nourriture pour l'Européen est de 25 à 30 piastres par mois ; le logement coûte 10 à 12 piastres.

L'immigration chinoise est très active.

Ce compte rendu de la situation de la Cochinchine montre très clairement qu'elle est en prospérité et que maintenant que la population indigène est convaincue de la stabilité de notre occupation, elle se développera rapidement et livrera chaque jour de nouveaux terrains à la culture. Il a été fait beaucoup pour la Cochinchine, c'est sur elle que tous nos efforts se sont portés et il est juste que ce soit elle qui mène le mouvement de progrès, de civilisation dans notre vaste empire Indo-Chinois. Elle est certes moins riche que ses frères, le Tonkin, le Cambodge, l'Annam, elle n'a qu'une seule grande culture, le riz, mais elle peut l'étendre encore et arriver au maximum de rendement. Son sol ne renferme pas des mines, et n'est point propice à certaines cultures, mais en revanche les deux villes principales Saïgon et Cholon sont placées pour ouvrir à toutes les marines, un marché immense, et devenir le premier entrepôt de l'Orient.

En 1899, l'exportation des riz de Cochinchine et du Cambodge a été plus active encore que pendant l'exercice précédent :

	1898	1899
Paddy	23.610 tonnes	60.928 tonnes
Riz entier (cargo et blanc)	583.686 —	622.220 —
Brisures	45.031 —	36.653 —
Farines	70.462 —	78.992 —
Totaux	722.789 tonnes	798.793 tonnes

Différence en faveur de 1899...... 76.004 tonnes

Pendant le dernier exercice, le commerce total de la Cochinchine (y compris le Cambodge) s'est élevé à 175.412.837 fr. (contre 161 millions 396.112 fr. en 1898) dont 66.234.009 fr. à l'importation et 109.178.828 fr. à l'exportation, rien que pour les denrées du cru. Les destinations de ces exportations sont consignées dans le tableau suivant :

	1899	1898	DIFFÉRENCE en 1899
France et colonies	20.365 051 fr.	28.280 704 fr.	— 7.915.653 fr.
Autres pays d'Europe	9.216.026 —	2.451.150 —	+ 6.764 876 —
Hongkong (pour la Chine méridionale)	46.438.943 —	41.424.878 —	+ 5.014.065 —
Singapour	11.480 922 —	9.214 436 —	+ 2.266 486 —
Extr.-Orient (Chine directe), Japon, Siam	4 068.117 —	19 620 586 —	— 15.552.469 —
Autres pays d'Asie, d'Afrique et d'Amérique	17.609.769 —	5.440.136 —	+ 12.169.633 —
	109.178.828 fr.	106.431 890 fr.	+ 2.746.938 fr.

Comme on le voit, le développement de la Cochinchine suit son cours régulier, sa population est calme, absorbée par le travail et désireuse d'étendre les cultures et d'augmenter les industries et le le commerce. Prochainement lorsque les chemins de fer seront construits elle pourra rayonner plus loin et plus facilement, elle continuera d'être la riche province cochinchinoise qui a élevé ses frères devenus par son exemple les plus beaux joyaux de notre couronne coloniale.

II

Cambodge

Le Cambodge est borné au Nord par le royaume de Siam et par des territoires qu'habitent des tribus indépendantes, à l'Est par l'Annam, au Sud par la Cochinchine, à l'Ouest par le golfe de Siam et le royaume de Siam. Le pays est arrosé par le Mékong, qui descend des montagnes du Thibet et partage le Cambodge en deux parties. Le Mékong est navigable dans la presque totalité de son parcours sur le territoire du Cambodge. Il y a au Cambodge de nombreux lacs, dont l'un a plus de 1,400 kilomètres carrés; mais on commence à peine à y trouver des canaux et routes méritant ce nom.

Le territoire, dans sa plus grande longueur, dépasse 400 kilomètres, de la pointe sud de Kompong-Som à Stung-Trèng, que l'on peut considérer comme limite du Laos inférieur. Sa plus grande largeur est d'environ 300 kilomètres, en prenant comme points extrêmes l'arrondissement de Pursat, à l'Ouest, et l'arrondissement de Totung-Thngaï à l'Est. La superficie actuelle du Cambodge est d'environ 120,000 kilomètres carrés, c'est-à-dire à peu près le cinquième de la superficie de la France.

Le sol, dans les régions des plaines, est d'une fertilité remarquable, grâce à l'inondation périodique du Mékong.

Le pays est habité par 1,300,000 Cambodgiens, 200,000 Annamites, Chinois et races diverses et par un petit chiffre de Français relativement insignifiant, bien qu'il tend à s'accroître d'année en année. Les 4|5 de la population sont agglomérés dans la zone qui borne le grand fleuve du Mékong. Les terrains si fertiles du centre se sont dépeuplés à la suite de troubles séculaires.

Le climat du Cambodge a beaucoup d'analogie avec celui de la Cochinchine. Le thermomètre, pendant l'été, ne dépasse pas 40° et descend souvent à 20°. La température est assez uniforme pendant neuf mois de l'année, de février à novembre. La saison sèche commence en novembre et finit en mai; la période des pluies commence en mai; les orages sont fréquents pendant cette saison. Le climat est plus favorable à l'Européen que celui de la Cochinchine; les maladies y sont moins fréquentes, mais à la condition, bien entendu, que les règles de l'hygiène y soient scrupuleusement suivies.

Comme en Cochinchine, le riz est la principale production du Cambodge. La plupart des légumes d'Europe peuvent être cultivés et quelques-uns y viennent fort bien, tels que la patate et beaucoup d'autres tubercules. Tous les fruits des tropiques, depuis le coco, l'arbre à pain jusqu'à la goyave et l'ananas, y poussent à merveille. Les plantes industrielles y donnent de bons résultats, savoir : le coton, la canne à sucre, le café, qui rivalise avec le meilleur café de Bourbon; la cannelle, qui pourrait devenir la base d'exploitations fructueuses; le bétel, le tabac, qui présente une grande analogie avec celui de Manille et de Sumatra; l'indigo, le palmier à sucre, le mûrier, qui permet l'élève des vers à soie pendant toute l'année. Les forêts du Cambodge sont fort étendues, peu exploitées, faute de chemins, mais très riches en espèces variées de bois utilisables pour la charpente, la menuiserie, l'ébénisterie et la teinture. Le Cambodge n'est pas riche en minerais : le seul métal exploité est le fer. La chaux y est très commune et on y trouve des gisements de craie et des carrières d'ardoises, ainsi que des salines et des tourbières peu ou point exploitées.

Le Cambodge est placé sous le protectorat de la France depuis le 11 août 1863. Il est considéré comme le berceau du bouddhisme en Extrême-Orient. La première civilisation semble y avoir été importée de Chine ? ou de l'Inde ? Les missionnaires portugais furent les premiers à entretenir des relations avec le Cambodge, puis les Hollandais, en 1616. En 1810, les Siamois pénétrèrent dans les provinces du Grand-Lac. Une guerre s'éleva ensuite entre le Siam et l'Annam, se disputant la possession du Cambodge. Le roi Ang-Duong, père du roi actuel S. M. Norodom, régna difficilement comme vassal de ces deux puissances. Néanmoins, malgré les difficultés de sa situation, il s'efforça d'opérer des réformes. Après la guerre de Crimée, il fit à la France des ouvertures pour se placer sous son protectorat.

La mission de M. de Montigny, envoyée en réponse à cette proposition, ne réussit qu'à rendre plus étroite la protection du Siam. Mais le roi Norodom, ayant succédé à son père en novembre 1859, l'amiral La Grandière, Gouverneur de la Cochinchine, obtint du roi en 1863, que notre représentant, à Oudong serait officiellement chargé des rapports du gouvernement du Cambodge avec la France qui en assumait le Protectorat. En 1867, la France fait une convention avec le Siam. En 1884, M. Thomson, gouverneur de la Cochinchine, passa avec Norodom un traité par lequel le protectorat de la France était formellement reconnu.

Ce traité a modifié et établi d'une manière définitive le régime du

S. M. Norodom Iᵉʳ, Roi du Cambodge

protectorat français. Le pays est divisé en provinces, subdivisées en 57 arrondissements. Le Résident supérieur de France est placé auprès du roi, dont il dirige, sous l'autorité du gouverneur général de l'Indo-Chine, l'action politique; à la tête de chacune des provinces est un Résident français, chargé de la direction politique et administrative de la province et de la surveillance des autorités cambodgiennes.

Les circonscriptions sont :

Phnom-Penh, Kampot, Kompong-Thom, Kratié, Pursat, Soai-Rieng, Takéo, Kompong-Chnang, Kompong-Tiam, Prey-Veng et Kompong-Speu. Un poste de surveillance à la frontière siamoise, Soai-Don-Kéo près de Pursat, et un second, Samit, près de Kampot. Les gouverneurs indigènes (chauvaï) des 57 provinces cambodgiennes relèvent des ministres, mais administrent sous le contrôle des résidents; ils sont secondés par des agents spéciaux pour la perception des impôts, pour la police et la justice, des mesroc (maires) dans chaque village. Un Trésor central reçoit à Phnom-Penh les produits, toutes les contributions; le roi et les princes jouissent de listes civiles et dotations fixes.

PHNOM-PENH, capitale du royaume du Cambodge, est situé à 173 milles de la mer, à l'endroit appelé QuatreBras, sur le bras du Lac (Tonlésap) et de Chaudoc.

Phnom-Penh est un centre commercial de premier ordre où viennent s'entreposer tous les produits du pays, c'est-à-dire le riz, le poivre et le poisson, qui forment à eux seuls les 8/10 de l'exportation, le coton, le tabac, les cardamomes, la gomme-gutte, le sucre de palme et de canne, l'indigo, le bétel, le maïs, la soie, les matelas, les nattes cambodgiennes, les peaux, les écailles de tortue, l'ivoire, la chaux, les bois de teinture, les huiles de coco et d'arachides, etc., etc.

Phnom-Penh sert également de port de transit pour les produits du Siam, de la Birmanie et du Laos.

La ville de Phnom-Penh est peuplée d'environ 45,000 habitants.

Les navires de fort tonnage mouillent, pendant les basses eaux de février à août, dans le Grand-Fleuve (Mékong), à 1 mille environ de la ville proprement dite, et, pendant le reste de l'année, viennent s'amarrer à quai dans le bras du Lac (Tonlésap).

Phnom-Penh doit son nom à un monticule, phnom, qui, dit la légende, surgit un jour soudainement des flots et sur lequel, il y a neuf cents ans, une veuve riche nommée Penh, éleva, en expiation des fautes de son époux, un mausolée et une pagode. Ces édifices, pillés au cours d'une insurrection, ont été relevés par les soins du Protectorat, et l'architecte français chargé du travail a su faire du phnom un vrai bijou cambodgien.

Au haut du monticule conique, dont les pentes sont ornées de bouquets d'arbustes et de banians sacrés, le mausolée en forme de cloche et la pagode avec son toit pointu à angles retroussés

Port de Phnom-Penh

se détachent en blanc éblouissant sur le ciel bleu. On y accède par un escalier monumental dans le pur style khmer; les rampes son formées par des najas, énormes serpents relevant en bas leurs sept têtes en majestueux éventails; les paliers et les terrasses sont ornés de géants gardiens de pagode, de lions rugissants, de monstres grimaçants et bariolés, de bas-reliefs soigneusement moulés à Angkor. En avant de la façade, deux grands mâts très élancés se dressent, portant à leur sommet cinq couronnes superposées, indice de la protection royale. A l'intérieur, pavé de mosaïque, un énorme Bouddha doré trône dans la pose extatique du nirvana. Les bonzes attachés à la pagode, tête rasée, drapés de jaune, vivant d'aumônes, comme tous les prêtres bouddhistes, habitent, au pied du phnom, de minuscules cases à l'ombre des grands arbres.

Les lacs du Cambodge forment pour le Mékong, avec lequel ils communiquent par un bras de plus de 100 kilomètres, un magnifique réservoir naturel pour le trop plein de ses eaux pendant les inondations annuelles. Ils s'étendent du Sud-Est au Nord-Ouest, sur une longueur de 140 kilomètres, et une largeur moyenne de 30 kilomètres environ. Cette immense cuvette comprend trois régions distinctes.

Le Veal-Phoc, au Sud-Est (Plaine de boue, comme l'indique son nom Khmer), dans lequel on trouve à peine 30 à 40 centimètres d'eau au mois d'avril, parsemé d'îlots et de bancs de vase. C'est là que croit plus spécialement cette herbe aux longues tiges flottantes que les Cambodgiens appellent le riz sauvage et qui indique avec exactitude les bancs où elle pousse. Les pauvres ont le droit de venir la récolter pour rien, et, à la saison des basses eaux, ses tiges, alors jeunes et tendres, servent de pâturages à de nombreux troupeaux de buffles. La partie Nord-Ouest du Veal-Phoc forme une fosse profonde de 2 mètres environ, dans laquelle s'ébattent de gros poissons du genre des souffleurs, qui y sont retenus prisonniers par la baisse des eaux.

Le Petit Lac présente à peu près les mêmes dispositions que le Veal-Phoc; mais il offre, en outre, cette particularité d'être sillonné par un petit canal tortueux de 80 centimètres de profondeur.

C'est le dernier vestige d'un travail beaucoup plus considérable, exécuté pour le ravitaillement de ses troupes par un général annamite qui occupait, il y a quelque cinquante ans, la citadelle de Pursat.

Le Grand Lac, ayant un peu plus de 1 mètre de profondeur, s'étend ensuite depuis la rivière de Pursat jusqu'à celle de Battanbang; les jonques peuvent y naviguer facilement en tout temps. Il est coupé en deux parties par la ligne de la frontière siamoise.

Une chaîne de montagnes très élevées borne, au Sud et à grande distance, le bassin des Lacs; au Nord, ce sont des collines beaucoup moins hautes qui en forment la limite. A partir du pied de ces montagnes, le sol est très plat et se trouve en grande partie couvert par les hautes eaux. A cette époque, la surface des Lacs a doublé, l'eau

Résidence supérieure de Phnom-Penh

a gagné en certains endroits plus de 20 kilomètres et atteint presque Pursat et Battambang. On retrouve, non loin des bords, les restes de deux immenses chaussées qui allaient se rejoindre à Angkor et permettaient ainsi les communications pendant l'inondation. La plupart des pagodes de ces régions sont construites sur les débris de ces gigantesques travaux. Les berges sont couvertes d'épaisses forêts à peu près impénétrables, dans lesquelles les eaux montent dès le mois de juillet; c'est à l'abri et à la nourriture spéciale qu'elles offrent qu'il faut attribuer la prodigieuse quantité de poissons qui s'y trouvent et n'en sortent qu'à la baisse des eaux.

Quelques rivières sont navigables pour les jonques et les petites chaloupes à vapeur. Les villages sont généralement placés sur leurs rives, et les habitants, suivant les saisons, se déplacent en se tenant toujours à portée du rivage mobile, où ils peuvent se livrer à la pêche.

Le Cambodge est en relations avec la Cochinchine, par les bateaux de la Compagnie des Messageries fluviales de Cochinchine. Il est relié au réseau anglais par le câble télégraphique de Cochinchine.

Il est à peu près impossible d'estimer la valeur exacte des importations du Cambodge. En effet, quelques maisons de Phnom-Penh s'approvisionnent directement à Saigon; elles y ont pour la plupart leurs fournisseurs ou leurs commanditaires, qui leur expédient au fur et à mesure de leurs commandes des marchandises déjà déclarées à l'entrée en Cochinchine, et qui, par ce fait, échappent à la déclaration à l'entrée au Cambodge.

Le chiffre connu des importations est donc forcément inférieur à la vérité.

Les importations comprennent principalement : le sel, pour la saumure des poissons, les vins et les spiritueux de France, les sucres raffinés, les porcelaines, les faïences, les poteries d'Europe, le papier, l'opium, les tissus français et anglais, les armes et les outils, les farines, les articles de Paris, le thé de Chine, les médecines chinoises, les conserves alimentaires et les salaisons d'Europe et d'Amérique.

Les exportations comprennent : le riz, dont on a vu l'importance au chapitre précédent;

Le poisson sec qui figure, en 1896, à l'exportation pour 20.000.000 de kilos représentant une valeur de 1 million de piastres;

Le poisson vivant, pour 9.327.742 kilos, soit 111.500 piastres;
Les haricots, pour 11.158.300 kilos, soit 300.000 piastres;
Le cardamome, pour 200.000 kilos, soit 140.000 piastres;
Le sucre de palmier pour 1.750.000 kilos, soit 375.000 piastres;
Les peaux, pour 580.000 kilos, soit 80.000 piastres;
Le tabac, pour 1.300.000 kilos, soit 400.000 piastres;
Le coton, pour 33.000.000 kilos, soit 500.000 piastres;
Les bœufs, buffles, veaux, porcs, dont on a exporté plus de 20.000 têtes, et les poulets plus de 50 0/0;

Rue de Phnom-Penh

Les vessies, l'huile et la saumure de poisson pour une valeur de 150.000 piastres;

Les plumes, cornes et os, pour plus de 25.000 piastres; enfin, les matelas cambodgiens, les nattes, les soies et bourres de soie, les cocons, la gomme laque et gomme-gutte, l'ivoire, l'écaille de tortue, les potéries de Kompong-Chuang. les bambous et lattes, la chaux.

La convention du 17 juin 1884 a attiré au Cambodge nombre d'Européens et donné une vie nouvelle au commerce de ce pays.

Dans le courant de ces dernières années ce mouvement a continué à se dessiner. D'importantes maisons de la place de Saigon ont ouvert des succursales à Phnom-Penh. Une industrie nouvelle, celle de l'égrenage du coton, a été créée dans une des iles du Grand-Fleuve l'ile de Khsach-Kandal. Ses débuts ont été couronnés de succès et une huilerie pour le traitement des graines de coton est venue s'ajouter à l'entreprise première.

Une industrie à créer est celle de la ouate, dont la production est de 50.000 kilos. Il en est de même pour le chanvre (ou abaca), l'ortie de Chine, la gomme gutte, le jute, que les Européens pourraient développer avec profit.

La pêche fluviale et maritime est une des grandes ressources du Cambodge; mais la richesse spéciale au pays provient de la pêche annuelle des grands lacs qui couvrent 140 kilom. de superficie et que nous avons décrits plus haut.

La main d'œuvre est difficile à se procurer, par suite du peu de densité de la population sur cet immense territoire; ce sera là l'écueil des colons pour la mise en valeur des terrains libres et succeptibles d'être concédés.

Le territoire tout entier du Cambodge a été formé par le dépôt du limon des eaux et les matières en suspension provenant de la désagrégation des roches granitiques qui existaient antérieurement et qui forment aujourd'hui en quelque sorte l'ossature du pays.

Dans certaines parties du royaume, parmi les matières dissoutes ou entraînées par les eaux et qui ont formé le sol, on trouve des traces de fer oxydulé.

Les montagnes renferment plusieurs mines exploitables, celles de Kompong-Soai entre autres, dont le rendement parait devoir être très rémunérateur; malheureusement, le mauvais état des voies de communication et surtout la cherté du combustible ont empêché jusqu'ici les exploitations sérieuses.

Les Kouys, tribus sauvages demeurant au nord de Kompong-Soai, à proximité des gisements les plus riches, ont été jusqu'ici les seuls à en profiter.

Il y a quelques années, des explorateurs avaient cru trouver des paillettes d'or du côté de Kompong-Cham, de Stung-Trang et de Préy Krebas ; une société fut fondée pour l'exploitation des gisements aurifères, mais leur insuffisance la força à entrer presque immédiatement en liquidation. On ne doit pas conclure de cet insuccès que le

Les casernes de Phnom-Penh

Cambodge ne renferme pas des gisements exploitables. Le pays, encore à peine exploré, est trop peu connu, nos données sont trop incertaines, pour que l'on puisse rien affirmer à ce sujet.

Les carrières principales sont celles de kaolin, près de Kratié, celles de calcaire à Kampot, de salpêtre près de ce port, des schistes ardoisiers de Kratié, des marbres de Pursat, des grès de Cheung-Prey.

Notre système monétaire est adopté au Cambodge. La piastre, les sapèques, les lingots y ont cours. Les anciennes monnaies indigènes sont devenues rares et tendent à disparaître. La barre d'argent

Pont des Nagas, à Phnom-Penh

(viên) pèse 385 gr. 86 et vaut 16 piastres ou 100 ligatures de sapèques. Nos monnaies divisionnaires de Cochinchine y sont très recherchées.

L'unité de poids est le picul de 60 kil. 400 gr.

L'unité de mesure de longueur est le Hat ou coudée. Elle est de trois sortes et varie pour les superficies, les étoffes et les autres usages. Dans les marchés, on spécifie quel sera le hat employé.

Les Cambodgiens ont un code qui présente des côtés curieux et piquants.

La loi cambodgienne commence donc par décrire la formation du monde, l'état des premiers habitants, la science du bien et du mal, les premiers rois et les premiers livres de loi, essence de Manon.

Puis viennent les qualités requises des juges et les conseils d'Indra, roi des anges. Les mauvais juges encourent les peines des enfers. Les bons juges gagneront dans les cieux un palais d'or comportant mille tours peuplées de femmes célestes.

Nous voyons ensuite régler les formules et cérémonies du sacre des rois. Les privilèges des corps religieux sont garantis comme pour nos rois à leur sacre, au moyen-âge.

Les devoirs des femmes du roi, de ses ministres, de ses conseillers sont dictés par Bouddha lui-même. Le code s'étend longuement sur les qualités nécessaires aux princes pour gouverner et aux fonctionnaires pour administrer.

Grand hôtel, à Phnom-Penh

Les qualités d'un roi sont longuement énumérées. Enfin, suivent quelques proverbes généraux intéressants à relever :

« N'essayez pas de remonter le courant de l'eau.

« La loi, vis-à-vis de nos passions, c'est une fleur sur la tête d'un « chauve ; c'est un homme glissant sur une pente raide ; c'est un pieu « enfoncé dans la paille.

« Noblesse oblige.

« Ne soyez pas morose. On peut habiter une chambre étroite. On « ne peut pas vivre le cœur serré.

« Combattre est pénible. Si l'armée va au loin, soyez triste ; si elle est près, soyez heureux.

« La fortune ne vaut pas la science.

« La force brutale ne se compare pas à la justice immanente. »

Les lois concernant le personnel administratif, les religieux, les temples et leurs biens, sur les gardiens et les femmes du palais royal sont très étendues.

Les lois sur les personnes, les mariages, les divorces sont très détaillées.

Enfin, le code règle le partage des biens, les donations, les achats de terre, les dettes, le travail des esclaves, la propriété des éléphants et des chevaux.

Les Cambodgiens ont un code minutieux de procédure. Les juridictions, l'instruction, la qualité des juges, les appels, les requêtes, les mandats d'amener, les interrogatoires, les remises, les jugements, les témoignages sont l'objet de règles très élastiques, et souvent contradictoires. Pour les étrangers, ils prêtent serment conformément à leur religion. Ils sont d'ailleurs justiciables des tribunaux français établis au Cambodge.

Les épreuves en usage autrefois en France, comme le duel judiciaire, le feu, etc., sont aussi prévues par la loi cambodgienne; mais on n'y a plus recours. Les épreuves étaient de sept sortes. L'étain fondu, le serment, les charbons ardents, le plongeon, la nage, les cierges allumés. On se prépare à ces épreuves par trois jours de retraite et de régime, par des invocations et des cérémonies en l'honneur des génies.

. . . .

Les peines de mort pour trahison étaient autrefois très variées. Il y en avait vingt-et-une d'une barbarie propre à terrifier les criminels, aussi bien que dans le code annamite.

. . . .

Ces menaces font contraste avec les mœurs douces de ce peuple indolent, d'une part; et avec les instantes instructions données aux juges de se montrer cléments, de réduire les peines, de considérer les coupables comme des « pauvres gens tombés dans le malheur ».

Si le juge a maltraité une personne condamnée injustement, il sera condamné à subir le double des mauvais traitements endurés par l'accusé.

Les juges doivent toujours avoir présentes à leur esprit les peines qu'ils peuvent encourir en ce monde et dans la vie future.

Les officiers de justice prononcent d'abord le serment d'accomplir leur service avec un cœur sincère et pur selon la vérité, et se vouent aux plus grands malheurs s'ils sont prévaricateurs.

Le roi a le cœur pitoyable et recommande aux juges (1621) d'allier la commisération à la justice, de ne pas être cupides et de ne pas s'exposer aux dix peines qui les menacent en cas de prévarication : dégradation, amende, chaîne au cou, avoir les dents sciées proportionnellement à leur faute. On voit que la loi n'est barbare qu'en

Palais du roi, à Phnom-Penh

apparence et que la balance penche du côté de la justice et de la clémence.

Dans l'interrogatoire, on emploie la lanière ou le rotin ou on donne la question.

. . . .

S'il est étrange de voir un peuple si doux soumis à de si horribles châtiments, il faut dire qu'il est des accommodements avec l'enfer, c'est-à-dire avec les juges, et que ces peines sont toujours rachetées à prix d'argent et fortement adoucies comme sentence.

Les agents de police convaincus de négligence ont les oreilles

Évêché de Phnom-Penh.

coupées. Quant au préfet de police, il doit éviter la séduction des sens, les boissons fortes, la convoitise, pratiquer la vertu et les œuvres charitables.

Les lois sur les délits, sur les jeux et sur les biens ruraux, sur les esclaves, les successions, complètent ce code très détaillé.

Aujourd'hui, tout se borne à l'amende, la prison, le travail forcé. Toutes ces lois ont été revisées et les peines commuées ou réduites. Il n'est plus peut-être qu'une espèce pour laquelle le roi soit intraitable comme son voisin du Siam : ce sont les crimes et délits concernant les femmes de son palais. Les intrigues d'amour jouent un grand rôle dans ce pays comme au Laos.

Promenade des éléphants, à Phnom-Penh

Le code nous fait connaître les mœurs, les idées, la religion, les qualités et les défauts de ce peuple qui eut une civilisation élevée, qui tomba en décadence et que nous voulons relever.

La connaissance de ce code est indispensable à nos administrateurs, à nos magistrats, à nos colons. Par là, ils contribueront à la renaissance morale et matérielle de ce peuple Khmer qui s'est donné à nous et qui compte sur notre respect de ses lois et usages pour que nous l'aidions à avancer en civilisation. C'est ainsi que nous serons ses véritables protecteurs et ses sauveurs.

Il en résultera entre lui et nous une confiance et un attachement réciproques qui seront les meilleures garanties d'un avenir prospère.

Par suite de l'occupation du Laos et des stipulations réservant à la France les anciens territoires cambodgiens du bassin du Mékong, usurpés par les Siamois jusqu'au Mé-Nam et qui nous font retour, le Cambodge offre un vaste champ à l'activité des Français. Ils y seront devancés par les Annamites, qui y sont nos auxiliaires naturels. Le sol est fertile. L'administration du pays étant entre nos mains, des progrès considérables s'accomplissent chaque jour. Lorsque le chemin de fer desservira la capitale, le commerce prendra un grand essor et Saigon, qui est l'entrepôt naturel de la grande artère fluviale, aidera à ce développement et en recueillera les profits.

III

Annam

L'Annam s'étend le long de la côte orientale de la presqu'île indo-chinoise, en une longue bande de terre étroite, et est borné au Nord par le Tonkin, à l'Est par la mer de Chine, au Sud par la Cochinchine, à l'Ouest par les territoires Cambodgiens et Laotiens. L'Annam a une étendue de côtes d'un millier de kilomètres. Les côtes, très découpées, sont bordées de hautes montagnes, qui courent du Nord au Sud. Ces montagnes sont séparées par de petites vallées. De ces montagnes descendent un assez grand nombre de rivières, qui se jettent à la mer, dans des directions presque parallèles, et dont les embouchures, bien que fort larges, sont barrées.

On évalue généralement la population à cinq millions.

En Annam, il n'y a pas d'hiver; le thermomètre descend bien rarement à $+18°$ et monte quelquefois à $+32°$.

Les maladies endémiques sont : la dysenterie, les accès pernicieux, provoqués le plus souvent par les insolations, les fièvres paludéennes, les congestions du foie. Les Européens qui observent les règles de l'hygiène sont indemnes de ces maladies. La santé générale de la population civile, qui s'entoure d'un confortable suffisant, est très satisfaisante. En somme, les hautes régions et les parties basses et marécageuses sont malsaines pour l'Européen. La zone intermédiaire qui est la plus riche et la plus peuplée est très habitable. La saison chaude tombe en juin, juillet et août. La saison des pluies correspond à celle de la mousson du N.-O., c'est-à-dire aux mois de septembre, octobre, novembre et décembre.

A la mort de Gia-Long, en 1820, les étrangers furent tenus à l'écart et les missionnaires persécutés. Ce système détermina l'expédition du commandant Lapierre qui, en 1847, bombarda Tourane. Dix ans plus tard, l'amiral Rigault de Genouilly, renouvela ses démonstrations hostiles, mais la campagne de Chine l'obligea à suspendre les opérations. Tourane fut évacué en 1860. En 1862 et en 1874, des traités avantageux furent signés avec la cour de Hué. Après la mort du commandant Rivière, l'expédition du Tonkin amena le traité du 25 août 1883 ratifié le 6 juin 1884 établissant définitivement notre protectorat. On se souvient que, par la suite, le jeune roi Ham-Nghi s'étant révolté fut fait prisonnier, emmené à Alger et remplacé par le prince Thanh-Thaï aujourdhui régnant.

Le royaume est administré par un conseil privé (comat), dont les membres sont nommés par le souverain. Les ministres sont assistés chacun d'un conseil. Depuis le traité du 25 août 1883, la France a un Résident supérieur permanent à Hué.

L'Annam se divise, au point de vue administratif, en 12 provinces situées le long du littoral. Elles sont, en partant du Nord : le Than-Hoa, le Nghe-An, le Ha-Tinh, le Quang-Binh, le Quang-Tri, le Quang-Duc, ou Hué, le Quang-Nam, le Quang-Ngai, le Binh-Dinh, le Phu-Yen, le Khanh-Hoa et le Binh-Thuàn. La province se subdivise en arrondissements « huyen », lesquels se groupent ensemble et forment des préfectures « phu ».

L'Annam proprement dit est constitué par une bande de terre de 1200 kilomètres de longueur et de 150 kilomètres environ de largeur moyenne seulement.

Aussi ce pays est-il presque exclusivement desservi par la mer sur le littoral de laquelle se rencontrent plusieurs baies et les ports de Nha-trang, Quinhon, Faifo, Tourane, Vinh, etc. Les côtes très découpées sont, sur plusieurs points, bordées de hautes montagnes formant les contreforts de la longue chaine qui parcourt l'Annam du Nord au Sud et dont il a été parlé précédemment.

Généralement peu profonds, à peine flottables pendant six mois de l'année, les cours d'eau subissent de fortes crues pendant les grandes pluies.

En partant du Sud, les principales rivières de l'Annam, sont :

La rivière de Nha-trang, qui est navigable sur une vingtaine de kilomètres seulement;

Le Song Da-Rang, qui arrose la plaine de Phu-Yen et est navigable jusqu'à Cung-Son, soit une trentaine de kilomètres;

La rivière de Ninh-Hoa qui se jette dans la baie de Dinh-Kang et est navigable sur une dizaine de kilomètres environ;

La rivière de Qui-Nhon;

La rivière de Quang-Ngai, que les jonques remontent également sur une quinzaine de kilomètres;

La rivière de Tourane dont la longueur navigable est de près de 80 kilomètres et qui dessert les mines de charbon de Nong-Son, situées à 60 kilomètres environ de la côte, en suivant le cours de l'eau; cette rivière met en communication la baie de Tourane, à l'entrée de laquelle se trouve une barre, et celle de Quang-Nam, par un canal à niveau parallèle à la côte, lequel est envasé sur plusieurs points :

La rivière de Hué, assez profonde mais dont l'entrée est également obstruée par une barre, ainsi que tous les autres cours d'eau de l'Annam;

La rivière de Dong-Hoï;

S. M. Thanh-Thai, empereur d'Annam

Le Song-Giang, formé par la réunion du Ngan-Nam et du Ngan-Noï;

Le Song-Hoï, formé par le Song-Ca et le Song-Sao;

Enfin le Song-Ma, qui descend du Haut-Laos en suivant, dans sa partie supérieure, un cours parallèle à celui de la rivière, dont il n'est pas éloigné.

Le Song-Ca et le Song-Ma sont de beaucoup les plus étendus des cours d'eau de l'Annam.

Une dernière voie fluviale est à signaler : c'est celle qui relie Hué au Tonkin par une série de canaux à niveau, construits au milieu d'anciennes lagunes et mettant en communication directe les divers cours d'eau de cette région. Jusqu'à ce jour, ces canaux n'ont été que très peu ou point entretenus, aussi sont-ils coupés par de nombreuses barres qui rendent la navigation à peu près impossible.

Le sol de l'Annam étant très tourmenté, on conçoit que les communications terrestres y soient difficiles à établir. Les routes font, en effet, complètement défaut en ce pays.

Il n'y a guère qu'un long sentier pour piétons et cavaliers appelé route mandarine, lequel part de Cochinchine, suit le littoral en traversant les provinces de l'Annam qui, toutes, confinent à la mer et relient entre eux les chefs-lieux et les principaux centres qui sont situés sur la côte même, ou à peu de distance sur les rivières qui y débouchent. Cette route passe ensuite au Tonkin par Ninh-Binh, Phu-Ly, Hanoi, Bac-Ninh, Dap-Cau, Phulang-Thuong, Lang-Son et Dong-Dang, puis s'engage en Chine par la porte de Nam-Quan.

La longueur totale, sur le territoire du Protectorat, est de 1500 kilomètres environ, dont 1200 en Annam et près de 30 au Tonkin.

Dans la première région sur la plus grande partie de son parcours, cette route est loin de répondre aux exigences des communications européennes; seules les sections comprises entre les frontières du Tonkin et Vinh, d'une part, et entre Hué et Tourane, d'autre part, ainsi que quelques faibles tronçons près des centres de Qui-Nhon et Nha-Trang, sont devenus à peu près carrossables. Pour arriver à ce résultat, le gouvernement du protectorat a d'ailleurs été obligé de faire exécuter, depuis quelques années, d'importants travaux entre Tourane et Hué notamment, pour franchir le col des Nuages.

Le reste des voies de communication se réduit à des sentiers de montagnes qui traversent en quelques endroits la chaîne annamitique pour pénétrer dans le Laos : le principal est celui qui, partant de la route mandarine au Nord de Quangtri se dirige sur Cam-Lo et passe dans la vallée du Mékong. Ce sentier est en voie d'amélioration.

Les vapeurs affrétés ou libres de la Compagnie de navigation, desservent régulièrement Tourane et les Messageries maritimes assurent les escales de Nha-Trang, Qui-Nhon, Tourane et pendant la mousson du Sud-Ouest, celle de Thuan-An, port de Hué.

Mirador de Hué

L'emprunt de 200 millions va permettre la construction des voies ferrées en Annam : de Hanoï à Vinh, par Nam-Dinh; de Tourane à Quang-Tri, par Hué; de Saigon à Nha-Trang et à Lang-Bian.

Plus tard, les sections du Sud, du Nord et du Centre se relieront entre elles, traversant tout le littoral et détachant deux embranchements à travers le Laos : l'un sur Attopeu, centre minier aurifère; l'autre sur Savanakôk, centre fluvial de navigation sur le Mékong.

Sur les cinquante millions réalisés en janvier 1899, le premier prélèvement sera pour la construction des tronçons Hanoï et Haiphong, Hanoï à Viët-Tri, au Tonkin et Hanoï à Vinh en Annam par Nam-Dinh, soit 320 kilomètres devant coûter 32 millions. Puis viendra la section Tourane à Hué. Ce sont là les travaux urgents et profitables à tous points de vue. Ils sont poussés activement.

La transformation économique de l'Annam suivra donc de près sa transformation administrative et financière.

Le territoire de l'Annam étant très montagneux, la culture n'occupe que des vallées peu profondes, fertiles, mais peu productives en raison de leur faible étendue. Les rizières sont rares ; le riz vient en grande partie de l'étranger. Les plantes industrielles sont fort abondantes sur les collines et les plateaux, savoir : la cannelle, le coton, la canne à sucre, les arachides, le thé (de qualité inférieure), le tabac, le café, le mûrier, etc. Les Annamites cultivent aussi les plantes légumineuses les plus diverses. Les forêts contiennent une grande variété d'arbres et des essences de grande valeur.

Le sol contient des gisements miniers ; mais les indications recueillies à cet égard manquent de précision et de certitude quant à la valeur industrielle des gisements.

Toutes les provinces de l'Annam produisent de la soie. Cette industrie est en progrès depuis quelques années. Les soies grèges fabriquées en Annam sont plus appréciées que celles du Tonkin et se distinguent par la finesse et la souplesse de leurs fils. Les crépons de Qui-Nhon sont renommés.

Les montagnes de l'Ouest renferment des mines d'or et d'argent inexploitées, de la houille, fer, cuivre, plomb, étain, zinc, etc. Elles sont couvertes de forêts peuplées de bois de teck, d'ébène, de santal, de bois de rose, de bois de teinture et d'autres essences précieuses.

Les plaines donnent naissance à la plus riche végétation, mais elles sont de peu d'étendue et leur rendement est insuffisant pour nourrir la totalité des habitants. On y cultive le palmier, le cocotier, le thé, la canne à sucre, le cotonnier (qui sera une des richesses du pays), l'indigotier, la patate, l'igname et tous les arbres à fruits des pays chauds.

Les autres productions sont : la cannelle (qu'il faut citer en première ligne et qui est produite surtout dans le Quang-Nam) et le Thanh-hoa, la noix d'arec, les matières tinctoriales, l'huile d'arachide, le tabac, rotin, résine, cire, ivoire, riz, maïs.

L'Annam, dans certaines de ses provinces, est particulièrement

Pala s royal, à Hué

riche en pâturages ; le colon doit donc, dès son installation, songer à l'élève du bétail qui lui donnera des profits importants et lui fournira les engrais qu'il est très difficile de se procurer auprès des indigènes.

Les Annamites élèvent des quantités considérables de *volailles*, poules, canards, oies ; les différentes races sont très bonnes.

Les dindes et les pintades introduites par quelques colons européens dans leurs fermes ont donné d'excellents résultats.

Dans un pays comme l'Annam, où le poisson est la base de la nourriture d'une population évaluée à 5,000,000 d'habitants, et qui est borné par la mer sur une longueur de plus de 1,000 kilomètres, on est tenté de croire que la pêche maritime atteint une importance considérable ; il n'en est pas ainsi malheureusement, car après avoir satisfait à l'alimentation des indigènes, les produits de la pêche fournissent au commerce d'exportation un appoint à peine appréciable.

Il est bien certain que toutes les provinces riveraines de la mer ne sont pas également favorisées, soit comme facilité de navigation dans les endroits peuplés de poissons, soit comme équivalence de variétés ou de qualités, soit encore au point de vue des ressources pour la préparation des conserves et saumures, soit enfin sous le rapport de la fréquentation de leurs ports et rades par des bateaux étrangers, échangeant leurs marchandises contre tous objets à leur convenance, parmi lesquels les conserves de poisson occupent un rang important.

Ces réserves s'appliquent surtout aux deux provinces du Sud, le *Binh-thuan* et le *Khanh-hoa*, et à celle du *Thanh-hoa*, dans le Nord.

Pour le Thanh-hoa, la raison en est simple : la province confine à la limite assignée aux jonques chinoises pour la pêche dans les eaux du golfe du Tonkin ; les bateaux en croisière sur ses côtes déversent le trop plein de leur pêche sur les marchés riverains, en échange d'autres articles exportés ensuite en Chine ; d'autre part, de grandes facilités de communication permettent au Thanh-hoa d'approvisionner en poissons une partie des marchés du Tonkin, par Nam-dinh et Ninh-binh.

Les deux provinces du Sud : Binh-thuan, Khanh-hoa, sont particulièrement avantagées par l'existence de nombreuses baies, permettant la pêche en toute saison, même aux plus petites embarcations, dans des abris excessivement sûrs, servant en outre de refuge à de nombreuses variétés de poissons d'excellente qualité. Les produits de la pêche alimentent les fabricants de salaisons et de saumure installés à proximité des vastes salines de la région.

L'avenir de l'Annam dépend surtout de l'impulsion qui sera donnée à l'agriculture. Le commerce et l'industrie n'y pourront prospérer que lorsque les produits du sol seront assez abondants et variés pour fournir un aliment aux fabriques et au commerce d'exportation. Or, en l'état actuel, la seule culture qui ait reçu un développement important est celle du riz, à laquelle s'adonne presque exclusivement la population indigène. Et encore l'exportation

Résidence supérieure de Hué

n'est-elle possible qu'à la suite des bonnes récoltes. Les moyennes suffisent à la consommation sur place. Dans les années médiocres, la disette est parfois à craindre. Le développement des rizières est donc une nécessité pour l'Annam. Mais en même temps, les colons et les indigènes doivent s'appliquer à supprimer les inconvénients de la *monoculture*, qui met le pays à la merci d'une mauvaise récolte et à l'enrichir en y introduisant des plantations à longue échéance, mais à fort rendement. Telles sont le café, le thé et peut-être aussi le cacao, dans les régions chaudes de l'Annam, puis des cultures industrielles, comme le jute, le coton, etc. La qualité du sol, le climat, l'excellence et l'abondance de la main-d'œuvre, la facilité des communications, la proximité de marchés très importants, sont autant de garanties de succès pour la colonisation française et font de l'Annam comme du Tonkin des possessions de premier ordre.

Les statistiques de la douane accusent, pour les ports de l'Annam, un chiffre d'exportation de 4 à 5.000.000 de francs, mais les échanges à l'intérieur, échappant à tout contrôle, n'entrent pas dans ces évaluations. Le commerce d'importation a atteint pour la même période 7.250.000 fr. ; le port de Tourane seul figure pour 5.000.000 dans ce total. Les principales matières d'importation sont le riz (2.000.000), les cotons filés (1.000.000), le thé, le tabac, les médecines, les faïences et poteries qui viennent de Chine. La part de la France et de la Cochinchine est de 1.500.000 dans le montant total des importations.

C'est aux environs de Tourane que se fait l'exportation des nids de Salanganes si recherchés des Chinois, et que l'on trouve à Paris dans les grands restaurants. Les autres objets qui s'exportent sur la Chine, Hong-Kong et Singapore, sont le riz, la soie, les noix d'arec, le poisson séché, la saumure de poisson, les arachides, les poteries, a cannelle, le sucre, le coton, le cunao, le rotin, le tabac, le poivre, e sel marin.

Parmi les importations citons encore les farines, les vins et spiritueux, la quincaillerie, les cotonnades, le pétrole, etc. Le tarif des douanes métropolitaines, sauf exceptions déterminée, est appliqué en Annam ; les impôts comprennent l'impôt foncier selon la classification des terrains et l'impôt de capitation sur les asiatiques étrangers.

Le commerce intérieur est entre les mains des indigènes et des Chinois. Quelques maisons françaises sont cependant établies à Tourane, Fai-Fô, Hué, Qui-Nhon, Vinh.

Les échanges avec les tribus moïs, les habitants de l'Ai-Lao et du Tran-Ninh se font à dos d'homme, et aussi par des éléphants. Des Chinois sont établis dans la région de Tramy pour y monopoliser l'important trafic de la cannelle et la vente de l'opium.

Tout ce qui s'importe dans l'Annam central et tout ce qui s'en exporte est centralisé à Tourane par les maisons chinoises et quelques européens, et est entreposé à Fai-Fô, grand centre commercial

Port de Tourane

indigène. Des maisons chinoises ont des chaloupes à vapeur. Le trafic se fait surtout par eau par des jonques indigènes.

Les tissus de soie, unis, brochés, et surtout les crépons de la province de Binh-Dinh sont très recherchés.

L'industrie de la soie se généralise d'ailleurs dans toutes les provinces, elle peut acquérir en Annam un développement considérable, il n'y a pas de raison pour que la production soit inférieure à celle du Japon.

L'élevage des bœufs et des chevaux donne quelques résultats.

En dehors de ces industries relativement peu importantes, sauf celles de la soie, une mention spéciale est due aux salines, aux carrières et aux mines.

Les salins sont très importantes dans les provinces de Qui-Nhon, Phu-Yen, Binh-Thuan et Hatinh. Elles fournissent à l'exportation plus de un million de tonnes de sel.

Les carrières de pierres et de calcaires marmoréens abondent en Annam. Elles servent aussi à faire la chaux.

Les gisements de charbons déjà exploités dans la province de Tourane, à Nong-Son, sont repris. C'est de l'anthracite pure. La mine principale est à 65 klomètres du port, sur les bords du fleuve, qui a malheureusement une barre à son entrée et un banc sans fond au milieu de son cours.

En ce qui concerne l'Annam, une ordonnance royale récente a réorganisé le régime financier.

L'ordonnance royale établit l'impôt personnel et l'impôt foncier.

Les produits des douanes et régies servent dorénavant à assurer le fonctionnement des grands services communs à tous les pays de l'Indo-Chine. Grâce à ces recettes, l'Annam va être desservi par des chemins de fer, les barres de ses rivières seront draguées, les ports seront installés pour le plus grand bien de la navigation et du commerce. Des sommes considérables sont consacrées aux travaux d'irrigation. Le produit des impôts personnel et foncier servira à payer les dépenses de la Cour et de la famille royale, et toutes les dépenses d'administration en Annam.

La Banque de l'Indo-Chine émet des billets de 1 piastre, 5, 20 et 100 piastres, acceptés sans difficulté par les indigènes.

La monnaie annamite est la ligature. Suivant les cours des marchés de villages, la piastre vaut de 8 à 10 ligatures ; chaque ligature est composée de 600 sapèques et comprend 10 tièns. Le tièn vaut 60 sapèques.

Le colon français a intérêt à se familiariser avec le change de la ligature et à employer cette monnaie dans ses relations avec les indigènes, ce qui lui permet de réaliser des économies notables.

Les mesures de capacité sont le hoc pour le riz = 39 l. 90 ; le thang ou boisseau = 13 l. 30 ; le bat ou écuelle.

Les mesures de longueur sont les mêmes qu'au Tonkin : le thuoc, le mau, le sao.

Rivière de Tourane

Les poids sont le nên de 10 onces = 3 kil. 900 gr.; le yen de 10 livres = 7 kil. 800 gr.; le picul de 62 kil. 400 gr.; le can ou livre de 16 onces = 0 kil. 624 gr. et ses dixièmes.

Les balances sont, comme en Chine, la romaine réglée sur le système décimal.

Le change des monnaies françaises en espèces ou fiduciaires s'opère à la Banque de l'Indo-Chine, qui a une succursale à Tourane et qui dessert aussi Faï-Fô.

Hué, la capitale est une citadelle à la Vauban faite pour garder le roi, ses femmes et ses ministres. L'intérieur est occupé par les palais, les ministères, quelques habitations et des terrains vagues. Tout le mouvement se concentre vers le front Est de la citadelle, sur les deux berges du canal creusé de ce côté. Au Sud, la rivière s'étale, séparant de la cité annamite le nouveau quartier européen, construit autour d'une belle résidence, qui oppose sa façade, libre d'accès et pleine d'ouvertures, à la ville close, de l'autre côté de l'eau.

L'administration française a établi dans toute l'Indo-Chine toute une organisation judiciaire française. Des tribunaux mixtes connaissent des causes criminelles politiques afférentes aux indigènes.

Les Annamites, les Chinois et autres Asiatiques sont jugés selon la loi annamite ou, s'ils le demandent, selon la loi française.

Le code indigène contient d'excellentes lois et de sages règlements. Il suffit, pour s'en convaincre, d'en lire la traduction avec les commentaires. On verra qu'en Annam comme en Chine, ce ne sont pas les bonnes institutions qui manquent au peuple, mais les hommes qui manquent aux institutions, et qui, ne les respectant pas eux-mêmes, sont inaptes à les faire respecter; par ignorance et par crainte, le peuple subissait sans mot dire, les actes arbitraires des mandarins.

Le rachat des peines donnait à ceux-ci un facile prétexte de corruption et assurait aux riches l'impunité; ce qui manquait surtout aux lois, c'était d'être appliquées par des magistrats intègres.

Il faut cependant reprocher à la loi annamite de rendre les parents d'un criminel, ascendants ou descendants, responsables de la faute et de les impliquer dans le châtiment. Un autre abus était celui du rotin; le même instrument servait au grand juge pour des accusés adultes, comme au père châtiant son enfant.

Il est à remarquer qu'à l'égard des mandarins, la loi annamite considérait et distinguait en eux l'homme et la fonction: l'homme passible d'une peine; la fonction, caractère inviolable. Aussi, lorsqu'un mandarin était condamné à être frappé du rotin, la peine était commuée en une retenue de solde, ou bien le jugement, en raison de la dignité du coupable, n'était exécutoire que lorsqu'il avait quitté sa charge. La loi annamite, comme la loi anglaise exige l'aveu du coupable. De là vient, qu'un juge annamite, convaincu de la culpabilité du prévenu, le fait frapper pour qu'il avoue sa faute. A côté de cette sévérité excessive, la loi se montre généreuse, et veut que tout coupable qui avoue un délit ou faute grave, non encore connu, soit pardonné.

Cathédrale du Phu-Cam (Annam)

Certaines lois frappent par leur sagesse; celles relatives aux mandarins, et entre autres, le chapitre qui traite des cabales et louanges excessives, données aux hauts mandarins.

Les lois sur la justice et sur les coupables paraissent pleines de bon sens et d'humanité; mais elles sont d'une observation difficile. Les mandarins les éludaient facilement, le peuple tolérant par crainte l'arbitraire de juges peu intègres. Ces lois pèchent toutefois en ce qu'elles font une part trop large aux châtiments corporels et à la torture. On retombe dans la barbarie, lorsqu'on trouve parmi les peines et les châtiments la mort lente dont les détails sont horribles, l'application du rotin, du bambou, des ceps, non seulement après la condamnation, mais comme question pendant l'interrogatoire.

Toute personne qui oubliera ses devoirs, ou fera quelque chose qu'elle ne devait pas faire, sera punie de quarante coups si la faute est légère; de quatre-vingts, si elle est grave.

Certainement cet article serait révoltant si l'on songeait qu'il a été fait pour faciliter aux autorités communales, aux chefs de canton, l'administration de la justice, en ce qui concerne de légers délits ou de simples contraventions.

La négligence des mandarins dans l'observation des rites des sacrifices, sera punie de cinquante à cent coups, ou de la retenue d'un mois de solde.

Il est défendu aux femmes d'entrer dans les pagodes de Bouddha, dans le temple de Confucius, etc...

Si le cuisinier du roi prépare pour sa table des mets qui ne peuvent se manger l'un après l'autre, parce qu'ils se nuisent mutuellement, il sera puni de cent coups.

Si ces mets ne sont ni propres, ni convenables, il recevra quatre-vingts coups.

S'il arrive que quelque remède destiné au roi soit par erreur porté dans les cuisines, les mandarins, officiers de bouche et cuisiniers seront chacun punis de cent coups et tenus en outre d'avaler le remède.

La négligence des astronomes sera punie de soixante coups.

Les lois concernant le mariage sont généralement dictées par la raison et la prudence; mais elles nous paraissent mettre tous les avantages du côté de l'homme et laisser la femme dans un état déplorable d'infériorité et d'oubli. L'obligation d'obtenir le consentement des parents est poussé jusqu'à l'exagération.

Avant de conclure un mariage, on doit prévenir des maladies et infirmités, de l'âge trop avancé ou trop tendre des contractants et si l'un des époux est enfant légitime, naturel ou adoptif.

Si un individu déjà fiancé se fiance à une autre fille, il recevra soixante-dix coups et prendra en mariage sa première fiancée. La seconde ne rendra pas les cadeaux, si elle en a reçu. Si un jeune homme ayant quitté ses parents pour aller faire du commerce ou pour son service militaire ou le service de l'Etat, est à son insu l'objet d'une

Tour de Confucius (Annam)

promesse en mariage par ses grands parents ou ses parents paternels, et s'il n'est déjà marié, il devra obéir à ses parents; sinon, il recevra quatre-vingts coups de rotin et devra obéir tout de même.

La médisance de la part de la femme est un des sept cas de divorce. Les mariages entre annamites et femmes cambodgiennes ou moï sont interdits par la loi. On s'y soumet pour les moïs, mais des cambodgiens épousent des annamites et réciproquement, quoique le fait ne soit pas général, en raison des antipathies des deux peuples entre eux.

Tout bachelier, muni d'un diplôme, qui se livrera au libertinage, n'aura aucun respect pour ses maîtres, vivra dans la débauche ou se mêlera de toutes sortes de questions ou d'affaires, sera privé de sa dignité, remis à la condition d'homme du peuple et puni selon sa faute.

Tout fils qui mangera le patrimoine paternel recevra vingt coups par 80 francs dilapidés.

Le Code annamite dérive du Code chinois. Il renferme des lois et règlements en rapport avec les mœurs et le degré de civilisation de ce peuple, avec son genre de vie et le climat du pays.

Il contient des institutions que ne désapprouvèrent pas des législateurs européens. Sagemennt appliqué, il serait un bienfait pour ce peuple encore en enfance. Lorsqu'au contact de la civilisation européenne, il aura conscience de la dignité humaine, de la morale pure, la justice usera des moyens moins rigoureusement punis.

Moraliser pour gouverner, c'est la maxime à suivre pour tout pouvoir éclairé : c'est la leçon que la France donne à l'Indo-Chine.

IV

Tonkin

Le Tonkin est situé entre le 20° et 23° 20' de latitude Nord et entre 101° et 105° 40' de longitude Est, sur la rive occidentale du golfe, auquel il donne son nom ; il est borné au N. et au N.-E. par la Chine, à l'O. par les régions confinant au Siam et à Birmanie ; au Sud et Sud-Est par l'Annam et la mer de Chine. Sa superficie est d'environ 120,000 kilomètres carrés.

L'importance du Tonkin lui vient surtout de la belle voie commerciale formée par le Song-Koï ou fleuve Rouge. C'est par cette route, relativement facile, que s'opèrent les principales exploitations de la colonie et de la frontière chinoise limitrophe. Par le Song-Koï, la France peut, si elle veut, s'emparer du marché de la Chine méridionale.

La partie que l'on appelle communément Delta du Tonkin est constituée par les deux deltas du fleuve Rouge et du Thaï-Binh. Ces deux faisceaux de cours d'eau bien distincts et réunis seulement par deux canaux, (canal des Rapides et canal des Bambous), partagent le pays en deux parties d'une importance à peu près égale comme étendue de territoire, comme nombre de villes qu'ils arrosent et comme production et mouvement commercial.

La partie des deltas la plus voisine de la mer est plate, basse et fertile. La crue annuelle des rivières ne s'y fait que peu sentir ; pour cette raison, les digues qui bordent le fleuve sont peu élevées et sont destinées à protéger le pays seulement contre les grandes marées. A mesure que l'on remonte le fleuve, les digues de protection s'élèvent et s'élargissent ; ce sont les remparts souvent insuffisants contre les hautes eaux de l'été.

A la hauteur de Hanoï, il n'est plus question de la marée diurne ; le fleuve, véritable torrent en été, ayant des différences de 6 à 8 mètres entre le niveau, au mois d'août et de septembre et celui des mois de décembre et de janvier, avec des oscillations brusques à la suite de pluies ou de changements de température, s'écoule avec une vitesse de 4 à 5 milles à l'heure, rompant trop souvent les digues qu'on lui oppose.

Sous cette rapidité inégale d'une eau charriant du sable, les bancs se forment ou ou sont entraînés, laissent des modifications profondes dans l'état du fond et multiplient ainsi les difficultés de la navigation.

Il est cependant à remarquer que, dans le cas d'une baisse du fleuve, le chenal conserve toujours une certaine profondeur qui se constitue pour l'écoulement nécessaire de l'eau et qui n'est pas la différence arithmétique entre la hauteur de la rivière avant la baisse des eaux et la quantité dont elles ont baissé, c'est-à-dire qu'il existe presque toujours un chenal dont la navigation peut tirer parti.

La violence du courant dans le fleuve Rouge, pendant les hautes eaux,

Pagode du grand Bouddha, à Hanoi

est telle que, certaines années, l'énorme digue de terre qui protège chaque rive du fleuve crève en quelque endroit. Alors le torrent se précipite dans la campagne, abattant les récoltes et emportant les maisons. On peut constater sur le bas de la brèche un gouffre d'une profondeur considérable. Il y a souvent mort d'hommes à déplorer. Dans tous les cas, c'est la ruine pour les villages atteints par le fléau. Les malheureux inondés continuent à demeurer dans leurs maisons; les claies de bambous qui leur servent de lit sont élevées à mesure et attachées aux piliers de bois qui soutiennent la maison, et un trou est percé dans la toiture pour donner une issue et de l'air aux habitants; enfin quelques sampans font le service de tout le village.

A certains endroits du fleuve, le courant détruit peu à peu la rive

Vue d'Hanoi

concave, pendant que du côté convexe se dépose un limon qui bientôt constitue un terrain. La loi annamite a prévû cette transformation de la propriété. Le terrain émergeant appartient à l'Etat, mais il est généralement donné au propriétaire dépossédé par le fléau, ce qui n'est cependant qu'une mince compensation, par suite de la différence de rapport de terrain ancien et déjà mis en culture avec le terrain de récente alluvion, et surtout par la difficulté qu'il y a pour le propriétaire à surveiller et soigner des champs séparés entre eux de toute la largeur de l'arroyo.

Le fleuve Rouge a donc, surtout dans sa partie moyenne, les deux grands inconvénients d'être d'une profondeur changeante et de posséder un cours dont le tracé se modifie fréquemment. Ces deux manières d'être ont le défaut, la première, de rendre le fleuve dangereux à la navigation ; la seconde, d'empêcher que la voie ferrée en construction sur le haut fleuve puisse être établie près des berges de la rivière.

La partie Nord du Delta est bien partagée. La Cuanam-trieu, le Cua-Cam, le Cua-van-Ne, peuvent laisser passer d'assez grands navires ; les barres sont relativement peu indiquées. Mais plus bas, à partir de Cua-Thai-binh et tout le long de la côte annamite, les fleuves débouchent dans la mer sans que rien les protège et leurs eaux rouges, charriant du sable et de la terre, se trouvent brusquement en contact avec le courant de la marée auquel le voisinage du détroit de Haïnan, dans lequel il se précipite ou duquel il vient, fait prendre une direction parallèle à la côte. La mousson qui sur la côte tonkinoise suit également la direction du littoral et vient soit du Sud, soit du Nord, suivant la saison, arrête aussi le courant naturel du fleuve, lequel, sous ces influences combinées, prend une direction latérale, mais, dans cette course, devenue moins rapide, les matières en suspension se déposent et forment ces seuils, qui des beaux fleuves Thai-binh, Song-Ca, Song-Lac, etc... font des voies jusqu'ici impénétrables aux navires de haute mer.

On évalue à 15 millions le nombre des habitants du Tonkin. Sur ce chiffre, la population européenne est d'environ 1,500.

Le climat du Tonkin varie de $+ 5$ à $+ 15°$ en hiver et de $+ 28°$ à $+ 35°$ à l'ombre en été.

Les mois les plus chauds sont la deuxième moitié de juin, juillet, août et la première moitié de septembre ; il tombe de fortes pluies au milieu de gros orages. A partir de septembre, les nuits sont fraîches, la matinée et la soirée douces. Vers le 15 octobre, la température descend à 20° dans la journée ; la matinée et la soirée sont froides. En novembre, la température est de 15° et le temps est sec. Le thermomètre descend encore les mois suivants.

En février, une petite pluie fine, le *crachin*, tombe constamment.

Le thermomètre remonte en mars et avril.

Le Tonkin faisait partie intégrante du royaume d'Annam, lorsqu'en 1873, la France intervint à la suite de difficultés qui s'étaient élevées entre les autorités annamites et un de nos compatriotes,

M. Jean Dupuis, explorateur du fleuve Rouge et le premier qui ait pénétré en Chine par cette voie. C'est à Francis Garnier, dont nous avons eu si souvent déjà l'occasion de parler, que revient l'honneur de cette belle conquête de la colonisation française. La mort du commandant Rivière (1883), après son entrée à Hanoi, constitue le second fait de l'histoire contemporaine du Tonkin. L'amiral Courbet s'y illustra ensuite. La prise de Son-Tay reste un des plus brillants faits d'armes à marquer dans nos fastes coloniales.

Le traité de Tien-Tsin (11 mai 1884) marque la reconnaissance absolue de notre souveraineté. Bac-Lé est une seconde étape guer-

Casernes d'Hanoi

rière dans laquelle la Chine entre en ligne contre nous; mais l'amiral Lespès bombarde Kélang et Courbet lance ses bâtiments sur Fou-Tchéou. Le général Brière de l'Isle et les autres héros de la campagne tonkinoise se couvrent de gloire. La Chine fait la paix le 5 avril 1885. Le général de Courcy ne parvient pas à dénouer la situation. Paul Bert inaugure le régime civil, puis meurt le 11 septembre 1886, à Hanoi. Son nom illustre à tant de titres restera attaché à l'histoire du Tonkin. M. Bihourd accepte sa lourde succession. En novembre 1887, le gouvernement de la République, dans le but d'utiliser les ressources financières de la Cochinchine, crée l'Union indo-chinoise dont nous avons vu le développement au cours de cet ouvrage.

Notre action administrative est directe au Tonkin; toutes les mesures sont prises par le gouverneur général sur la proposition du secrétaire général. Les fonctions du Kinh-Luoc (vice-roi), qui représentait le roi d'Annam, n'ayant plus de raisons d'être, ont été supprimées.

Dans les provinces, les résidents centralisent le service de l'impôt, dont ils surveillent la perception et l'emploi d'après un budget présenté par le gouverneur général et voté par le Parlement.

Le Tonkin est divisé en 24 provinces. Les autorités annamites conservent l'administration de ces provinces, sous le contrôle de résidents civils. A la tête de chaque grande province est un *tong doc* et un résident, les petites provinces sont dirigées par un *thuan phu* et un vice-résident.

La capitale du Tonkin est HANOI, territoire français devenu considérable par le groupement compact d'un certain nombre de villages (150,000 habitants), sur la rive droite du fleuve Rouge ou Song-Coi. Hanoi offre maintenant à peu près toutes les ressources d'une ville européenne, hôtels confortables, marché bien approvisionné.

La ville proprement dite occupe environ 1,000 hectares de surface, en comprenant la citadelle de 160 hectares et la presqu'île de Co-Xa, nouvellement formée en dehors des digues et chaque année submergée par le fleuve, à l'époque des hautes eaux.

Des points extrêmes Nord et Sud, c'est-à-dire du Jardin d'essai à l'Abattoir, il y a un peu plus de 5 kilomètres à vol d'oiseau, et près de 3 kilomètres de l'Est à l'Ouest, du village de Yen-Trach au bord de la rivière.

De Hanoi à la mer, il y a 150 kilomètres par le fleuve, pour arriver au Cua-Bac-Lat, une des principales embouchures, malheureusement peu praticable aux navires d'un tonnage véritablement commercial. Mais la capitale reste en communication avec toutes les provinces par des branches divergentes de la rivière ou des canaux artificiels formant un réseau de navigation intérieure qui, amélioré et entretenu avec soin, pourra répondre à tous les besoins.

C'est brusquement, à un détour du fleuve, que la capitale se révèle par la série des bâtiments de l'hôpital militaire, énormes au bord de la berge terreuse. Mais du débarcadère on ne voit pas la ville, pas plus que de la ville on ne voit le fleuve, à cause du large banc d'alluvions qui, en ces dernières années, s'est formé refoulant les basses eaux du Song-Koi à sept ou huit cents mètres de la cité.

Hanoi devient une ville charmante. Les mares affreuses qui séparaient la vieille concession de la cité indigène seront bientôt toutes comblées, et au fur et à mesure elles se couvrent de constructions européennes, sinon bien appropriées au climat, du moins agréables d'aspect. Le Petit lac, le « lac de l'Epée », donne à la ville franco-annamite qui l'enchâsse un cachet de particulière élégance; désormais dégagé des cases qui autrefois le cachaient totalement à la vue,

La citadelle d'Hanoi

encadré de gazons, de massifs d'arbustes et de jolis édifices, il encadre lui-même le pagodon insulaire de Vong-Dinh et la pagode de Ngoc-Son qu'une passerelle de bois, incurvée à l'annamite, relie à la rive ornée à cet endroit de portiques, de colonnes et d'un haut obélisque de pierre.

HAIPHONG (15.000 hab.), le véritable entrepôt du Tonkin et port très important, est le point terminus de l'annexe des Messageries (ligne de Saigon à Haiphong), et tête de ligne des Messageries fluviales, qui assurent le service des transports dans le Delta et sur la côte; — Nam-Dinh (30.000 hab.), sur le canal du même nom, commerce important de soie et de coton; — Bac-Ninh (8.000 hab.), centre important d'échanges, où affluent toutes les denrées et tous les objets fabriqués dans la province ou importées des provinces voisines; — Son-Tay (10.000 hab.); — Quang-Yen, au Nord-Est de Haiphong, sanatorium du Tonkin; — 7° Hung-Yen (10.000 hab.), sur le fleuve Rouge, escale de la ligne des Messageries fluviales entre Haiphong et Hanoi, fabrique spéciale des éventails en plumes; — 8° Hung-Hoa, sur la rive droite du fleuve Rouge (1.700 hab.); — 9° Lang-Son, près de la frontière chinoise; 10° Lao-Kay, sur la frontière du Tonkin et du Yunnan, etc.

Comme port le plus important du Tonkin, *Haiphong* mérite mieux qu'une description sommaire.

Situé au confluent du Cua-Cam et du Song-Tam-Bac, à 20 milles de la mer, Haiphong, concession française, est le grand port du Tonkin, aussi bien pour les produits européens que pour les marchandises annamites et chinoises. L'entrée du Cua-Cam est marquée par le phare de Hon-Dau.

Une série de balises, de bouées d'amarre soigneusement entretenues et de feux permettent aux navires de remonter la rivière à toute heure de nuit. Un poste télégraphique installé à Hon-Dau fait connaitre à Haiphong l'état de la mer et signale les navires en vue.

Un sémaphore récemment installé permet, en outre, d'échanger des dépêches avec les navires en rade d'Hon-Dau, du lever au coucher du soleil.

La ville, qui n'existait pas en 1874, se développe chaque jour, grâce à d'importants travaux de voirie et d'assainissement.

Du vaste marécage, des lais de basse-mer et des rivières inondées, a jailli comme par enchantement, en quelques années, une belle ville, bien tracée, bien bâtie, offrant tous les avantages de ses rivales vieilles de trente ans.

La ville européenne, dont la forme est celle d'une corne d'abondance, est circonscrite par le Cua-Cam, le Song-Tom-Bac et le canal Bonnal ; le haut commerce chinois s'est également installé dans cette partie de la ville, sur la rive droite du Song-Tam-Bac. Les faubourgs s'étendent au delà de cette rivière et du canal.

HAIPHONG, chef-lieu de la province de ce nom, a une population d'au moins 15,000 habitants, dont 600 Européens (non compris la

Cathédrale d'Hanoi

garnison et les fonctionnaires), 5,000 Chinois et 9,000 Annamites, plus 200 Asiastiques, de nationalités diverses : Macaïstes, Indous ou Japonais.

C'est le siège d'une résidence de France ; l'administration indigène y est représentée par un tuan-phu et un quan-an, la justice par un tribunal de première instance faisant également fonctions de tribunal de commerce.

La ville, érigée en municipalité par arrêté en date du 19 juillet 1888, a pour maire le résident de France, qui est assisté d'un conseil municipal élu ; ce conseil comprend douze membres français, deux membres annamites et deux membres chinois.

Le service de la voirie est assuré par un corps détaché des travaux publics. Les installations municipales sont : les marchés du Port-de-France et d'Haly, vastes constructions en fer ; l'abattoir, le mont-de-piété, les squares, etc.

De nombreux agents, sous les ordres d'un commissaire de police, veillent à la propreté et à la sécurité de la ville ; une brigade de gendarmerie concourt au maintien de la tranquillité publique.

Haiphong possède un commissariat de police, avec chambres de sûreté, boulevard de Sontay, une caserne de gendarmerie, près du tribunal, rue Harmand, etc., etc.

Haiphong est éclairé à la lumière électrique.

Ecoles françaises primaires de garçons et de filles ; écoles primaires indigènes ; écoles de caractères, toutes très fréquentées.

Mission catholique espagnole ; église catholique (une cathédrale sur les terrains de la mission, boulevard Courbet) ; Sainte-Enfance (école et orphelinat tenu par les sœurs françaises de l'ordre de Saint Dominique).

Pagodes chinoises et annamites, les premières très luxueusement décorées.

Hôpital militaire (les civils y sont admis) ; ambulance supplémentaire près du fort annamite ; lazaret ; hôpital chinois sur le Song-Tam-Bac, hôpital annamite ; dispensaire.

Bureau des postes et des télégraphes ; câble anglais ; trésor ; recette municipale.

Haiphong est le point terminus de l'annexe des Messageries maritimes (ligne de Saigon-Haiphong) ; c'est en même temps la tête de ligne de la Compagnie des correspondances fluviales (service subventionné) ; deux lignes fluviales partent de Haiphong : celle de Hanoi, avec embranchement à Hung-Yen sur Nam-Dinh ; celle des Sept Pagodes, Phu-Lang-Thuong ; une ligne semi-fluviale, semi-maritime, celle de Haiphong, Nam-Vinh, Vinh ; une ligne côtière, celle de Haiphong, Quang-Yen, Monkay (Mui-Ngoc). Haiphong est aussi mis en communication avec tout le Tonkin et les provinces du Nord de l'Annam. Enfin, une nouvelle ligne, qui sera desservie par des vapeurs d'un type spécial, partant de ce port, doit aboutir prochainement à Lao-Kay.

Le petit lac à Hanoi

Haiphong est également relié à Hong-Kong par un service régulier des Messageries maritimes qui touche à Packhoi (province de Canton) et à Hoi-How (île de Hai-Nan). De nombreux navires allemands, anglais ou danois, dont le port d'attache est Hong-Kong, apportent régulièrement à Haiphong la malle anglaise. Deux nouveaux bateaux, le « Hanoi » et le « Hong-Kong » appartenant à la maison Marty et d'Abbadie, font également un service régulier entre Haiphong et Hong-Kong.

Succursale de la Banque de l'Indo-Chine.

Succursale de la Hong-Kong and Shanghaï Corporation et de la Chartered Bank.

Chambre de commerce, administration du port de commerce, pilotage, sémaphore.

Salle des ventes, dirigée par un commissaire-priseur.

L'industrie locale est encore peu développée. En dehors des ateliers de construction, il n'existe que des tanneries chinoises et quelques autres établissements sans grande importance.

La ville de Haiphong a un réseau de voies publiques définitivement établi ; les principales sont: le boulevard Paul-Bert, la plus belle de toutes, occupée par les Européens ; la rue du Commerce, siège du négoce chinois ; la rue Tonkinoise, la rue François-Garnier, la rue Négrier, la rue de la Marine, de l'autre côté du Song-Tam-Bac. Toutes les voies d'Haiphong sont, en général, plantées d'arbres, larges et bien entretenues. Nombreux boulevards : Henri-Rivière, Courbet, de Sontay, Bonnal, de la République. Places du Marché et Nationale.

Parmi les édifices remarquables d'Haiphong, il y a lieu de citer l'ensemble des bâtiments de la résidence, le tribunal, le trésor, la banque de l'Indo-Chine, les marchés, la direction de l'artillerie, l'hôtel du gouverneur général, et, parmi les constructions particulières, l'hôtel du Commerce et plusieurs maisons de commerce.

Square, hippodrome. Une grande promenade suburbaine : la route du Lach-Tray et la route circulaire, la route de Do-Son.

A quelques heures de Haiphong, la plage de Do-Son, fréquentée pendant la saison des bains de mer. Le développement de cette plage a pris un grand essor depuis la saison balnéaire de 1890 ; de nombreuses villas y ont été construites et elle est appelée à devenir le sanatorium du Tonkin ; une route de 22 kilomètres relie Haiphong à Do-Son.

Le Tonkin se compose de deux régions bien distinctes : au Nord et à l'Ouest, une partie montagneuse ou de hauts plateaux et au Sud-Est une autre partie plate et basse, communément appelée *Delta*, qui confine à la mer.

Les côtes, qui s'étendent sur une longueur de près de 400 kilomètres, sont basses et marécageuses dans le Sud, en longeant le Delta ; elles se relèvent vers le Nord en falaises à pic, très découpées, bordées d'une multitude d'îlots, de rochers calcaires, formant des passes et

Panorama d'Hanoi

des baies nombreuses dont les plus importantes sont celles d'Along et de Faitz-Long.

De la baie d'Along à l'extrémité sud du Delta, le littoral est coupé par les nombreux estuaires du fleuve Rouge (*song Coï*, ou *song Cai* ou *song Nhi-ha*) et du Thai-binh.

Mais les eaux du fleuve Rouge, très chargées en matières terreuses, élèvent aux embouchures des barres qui interdisent l'accès de ces estuaires au gros navires; seul le Cua-nam-Trieu, qui dessert Quang-Yen et le Cua-Cam sur la rive droite duquel est bâtie Haiphong ont, à marée haute, assez de profondeur pour permettre l'entrée des bateaux de six mètres de tirant d'eau.

Cependant, il arrive, au moment des mortes eaux, que l'entrée des paquebots ayant ce tirant d'eau est impossible, surtout à l'entrée du Cua-Cam, et que les bâtiments sont obligés de mouiller pendant plusieurs jours de suite en baie d'Along.

Des travaux importants viennent d'être entrepris pour remédier à cet état de choses : un canal est en cours d'exécution pour relier directement Haiphong au Cua-Nam-Trieu. Dans le cas où ces travaux ne produiraient pas les résultats qu'on est en droit d'en attendre, on pourra toujours avoir recours à la baie d'Along pour créer un port sûr, en eau profonde.

Anciennement la route et actuellement le chemin de fer de Phu-lang-Thuong à Lang-son, la route de Thai-nguyên à Cao-bang avec son prolongement, la vallée de la rivière Claire, celles du Song-Gam et du Song-Chay, du fleuve Rouge et de la rivière Noire, constituent, indépendamment de la mer, à peu près les seules voies de communication possibles pour la pénétration en Chine.

A part la région de Lang-son et la partie Nord-Est et celle de Cao-bang qui se trouvent dans le bassin chinois, le système hydrographique du Tonkin est en entier constitué : à l'Est par le Thai-binh, formé du Loc-nam, du Song-Thuong et du Song-Can, et à l'Ouest, par le fleuve Rouge, avec ses affluents dont les principaux sont la rivière Noire et la rivière Claire, qui est alimentée elle-même par le Song-Chay et le Song-Gam.

Le Song-Cau coule en torrent entre les montagnes du Nord de Thai-nguyên et débouche dans le Delta à la hauteur du poste de Ha-chau. Il est flottable jusqu'au delà de Cho-moi et navigable en toute saison presque jusqu'au sommet du Delta, au delà de Dap-cau.

Le Song-Thuong, qui prend sa source près de Lang-son, est navigable jusque près de Bo-ha, dans le bas Yên-thé.

Le Luc-nam est lui-même navigable un peu en amont de Lam.

Le fleuve Rouge sort du Yunnan, touche au Tonkin près de Man-hao, longe la frontière jusqu'à Lao-kay (23 milles) et descend ensuite, presque en ligne droite, au travers du Tonkin en suivant une direction générale Nord-Ouest-Sud-Est.

Le cours du fleuve Rouge, au Tonkin, qui a un développement de 363 milles marins, a été étudié par plusieurs ingénieurs et marins.

Le port d'Haiphong.

L'un de ces derniers, M. le lieutenant de vaisseau Escande, a publié une brochure, éditée en 1895 à l'Imprimerie Nationale, où il indique les principales difficultés de la navigation dans la partie haute du fleuve qu'il a parcouru avec la canonnière *le Moulun* en 1893.

Les travaux entrepris depuis quelques années entre Yên-bay et Lao-Kay en vue d'améliorer la navigation n'ont pas donné les résulats qu'on avait espéré obtenir.

Afin de faciliter les communications entre ces deux points, distants de 91 mille environ, le gouvernement du protectorat a concédé, à la fin de 1897, à une Société française, un service de touage à vapeur sur chaîne mouillée.

Au dessus de Lao-kay le fleuve Rouge est encore navigable pour les petites embarcations jusqu'au delà de la frontière du Tonkin.

En ce qui concerne les deux principaux affluents du fleuve Rouge, la rivière Noire et la rivière Claire, leur cours supérieur est coupé par de nombreux seuils formant des barrages dangereux pour la navigation.

En amont de Cho-bo, où il existe un barrage presque infranchissable, la rivière Noire est cependant navigable pour les petites jonques jusqu'à Van-Yên ; elle est flottable jusqu'à Lai-chau.

Les pirogues remontent la rivière Claire jusqu'à Ha-giang près de la frontière de Chine.

Au Tonkin, comme en Annam, la région montagneuse étant très tourmentée et en grande partie couverte de brousse, les routes y étaient très rares avant l'occupation française. Actuellement de nombreuses routes relient entre eux les principaux centres. Et, bien que non empierrées pour la plupart, ces routes sont partout en état de viabilité.

La nature du sous-sol, la dimension des rivières à traverser, la hauteur des crues et en même temps les faibles ressources dont disposait le Protectorat ont empêché, jusqu'à ce jour, la construction de grands ponts. Tous les cours d'eaux dont la largeur dépasse une trentaine de mètres sont actuellement franchis au moyen de bacs à péage loués à des fermiers.

La construction de la ligne du chemin de fer de Hanoï à Phu-lang-Thuong a toutefois permis l'établissement de grands ponts sur le Song-Cau, le canal des Rapides et le fleuve Rouge. Ce dernier ouvrage, qui vient d'être adjugé, après concours, à la maison Daydé et Pillé, aura 1,800 mètres de longueur dans la partie principale, et le tablier sera placé à 5 m. 25 au-dessus de l'étiage du fleuve. Deux viaducs de raccordement, en maçonnerie, seront établis aux extrémités. L'ensemble de l'ouvrage aura près de trois kilomètres de longueur et constituera le plus important travail de ce genre qui ait été exécuté, jusqu'à ce jour, dans nos possessions d'Extrême-Orient.

Le seul chemin de fer en exploitation est celui de Phu-lang-Thuong à Lang-son (100 kilomètres), dont l'inauguration a eu lieu en décembre 1894. Il a d'abord été construit à voie de 0 m. 60.

Convoi dans la haute région (Tonkin)

Actuellement, par suite du prolongement de cette ligne d'un côté sur Hanoi ainsi qu'il vient d'être dit plus haut, et de l'autre côté vers Dong-dang et la frontière de Chine, le gouvernement a décidé d'établir tout le réseau ferré indo-chinois à voie d'un mètre et en même temps a été amené à faire modifier la largeur de la voie existante, laquelle était, d'ailleurs, tout à fait insuffisante, à cause du type de rail et du matériel adoptés.

L'ensemble de la nouvelle ligne avec ses prolongements aura une longueur de 168 kilomètres et ira ainsi de Hanoi à la frontière de Chine.

Le Tonkin est en communication régulière avec la France par la ligne des Messageries maritimes de Marseille à Saigon et la ligne annexe de Saigon à Haiphong.

L'un des services les plus importants, les plus actifs et les plus complets est celui des Télégraphes et des Postes. C'est un service de pénétration et d'avant-garde et il date de la conquête. Il a commencé par un service optique militaire, — puis les centres ont été reliés par des lignes aériennes ; enfin des câbles sous-marins ont réuni le Tonkin au réseau universel. On échange des télégrammes de Paris avec Haiphong ou Hanoi. 84 bureaux sont établis pour le télégraphe et une cinquantaine pour la poste.

Les cultures du Delta n'ont pas de rivales en Europe ; les Annamites, laborieux et intelligents, font d'incomparables agriculteurs. Le riz est le produit agricole le plus important du Tonkin ; les terrains du Delta, qui est une vaste rizière, donnent généralement deux récoltes par an. Puis viennent la canne à sucre, le mûrier, le coton, encore peu cultivé, mais qui est appelé à tenir une grande place au Tonkin ; le ricin, les plantes légumineuses, même celles de France, qui sont acclimatées facilement ; l'aréquier ; il faut encore citer le bambou, dont les applications sont si nombreuses dans la vie indigène. La région montagneuse produit de l'indigo, du tabac, du café. Les forêts, qui occupent une superficie considérable, renferment une grande variété d'essences de bois, elles abondent en bois de fer, bois d'ébène, de rose, de santal, mais elles sont difficilement accessibles et ne pourront être utilement exploitées que lorsque les voies de communication permettront d'atteindre aisément aux endroits où sont les essences les plus riches.

La région des montagnes possède des mines de toutes sortes. Elle fournit de l'or, de l'argent, du cuivre, du plomb, du zinc, de l'étain, du fer, de l'antimoine, du cinabre, etc. Les minerais ne sont pas à la vérité d'une grande richesse.

Sur la côte gît un bassin houiller dont la superficie mesure près de 1,000 kil. carrés. La houille essentiellement anthraciteuse est d'excellente qualité.

Le Tonkin n'est pas un pays d'élevage, les pâturages y font défaut. Parmi les industries indigènes, celle de la soie vient en première ligne ; elle est répandue dans tout le Tonkin. L'industrie du sucre est assez développée.

Vue d'ensemble de Dong-Dang et du poste

Les jardins sont remplis de bananiers, de jacquiers, papayers, orangers, tamariniers, caramboliers pommiers, canneliers, ananas médiocres, etc.

Si l'on greffait les arbres fruitiers d'Europe, on obtiendrait, dans le haut pays, la plupart des fruits de nos climats.

Le litchi est particulier au Tonkin, comme le manguier à l'Annam, le mangoustan à la Cochinchine et le corossol au Cambodge.

Les plantes industrielles sont nombreuses : le cotonnier et le mûrier nain ou arborescent sont cultivés partout sur les bords des rivières. Le coton, qui est de très bonne qualité, et la soie, dont le dévidage est à améliorer, sont recherchés, le premier par les Japonais, le second par les Chinois.

On a beaucoup développé, sous l'impulsion d'un grande maison française, la ramie (jute) appelée à faire concurrence à la production de l'Inde anglaise, dont le continent et l'Amérique sont tributaires pour 118 millions par an.

Les produits végétaux oléagineux ou résineux sont nombreux et importants : c'est surtout l'arachide (huile et tourteaux), le cocotier (huile et fibres), le sésame, le ricin (éclairage et savons), le calophylle, le bancoulier, l'arbre à huile. La gomme gutte est très abondante.

Les ficus (caoutchouc) et la gutta-percha sont à développer. Des cultures importantes sont celles de l'aréquier, du bétel, du tabac et du poivre, la cannelle, la badiane et le pavot à opium.

L'animal le plus utile à l'agriculture, c'est le buffle, qui laboure les rizières et dans le Nord traine les chariots. Leur nombre est d'un million au Tonkin et deux millions dans tout le pays. Les bœufs servent aussi au labourage, mais en plus à l'alimentation des Européens.

Les épizooties d'aphte et de typhus étant fréquentes, un service de vétérinaires indigènes s'impose dans toute l'Indo-Chine. Ce service aidera aussi à l'élevage des chevaux, pour lesquels on a créé des haras et des jumenteries. Un contrôle sanitaire va être exercé sur l'introduction des bœufs et buffles en provenance des régions voisines.

Les éléphants sont domestiqués et rendent de grands services dans l'Ouest, au pays des Khas et des Laotiens.

Le mouton vient de Chine et d'Aden, pour la consommation ; on fait des essais d'élevage sur le littoral. Le porc est indigène et se trouve partout en grand nombre, avec les poules et les immenses troupeaux de canards.

Voici quelles sont les principales cultures qui semblent devoir réussir en Annam ou au Tonkin :

Plantes industrielles : café, thé, poivre, cacao, canne à sucre, vanille, manioc, sésame, ricin, arachides, cocotiers, coton, jute, ramie, mûrier à papier ou à soie, pavot à opium, indigo, badiane, rocou, cannelle, etc.

Céréales : riz, maïs, sorgho.

Plantes légumières : patates, ignames, taro, pois, haricots, etc...

On peut encore citer, comme autres ressources végétales du pays, de nombreux *arbres fruitiers*, orangers, citronniers, goyaviers, bananiers, letchis, et en certains endroits, le pêcher, le poirier, le prunier, le châtaignier, et enfin les *bois* de construction et d'ébénisterie (bois durs, bambous, etc.)

C'est au discernement du colon qu'il appartient de déterminer sur place celles de ces plantations qui lui paraîtront susceptibles de produire des résultats rémunérateurs, étant donné les ressources dont il dispose, la région où il opère, etc... La plupart des essais tentés jusqu'aujourd'hui sont trop récents pour qu'on en puisse tirer des

Dong-Dang

enseignements suffisamment précis, des règles formelles. Cette période d'expériences se prolongera forcément encore pendant quelques années, durant lesquelles le colon devra plus compter sur sa propre initiative que sur les conseils qui pourront lui être donnés.

Un point toutefois est dès à présent acquis, c'est que le colon doit, dès le début, faire porter ses efforts sur la production du *riz*. Nous avons donné sur cette culture des détails abondants qui nous dispensent d'y revenir.

Aussitôt après les rizières, il convient de signaler les *cultures maraîchères* de France qui viennent très bien, elles sont d'un bon produit et d'un écoulement rapide.

Le coton, le tabac, le maïs, le manioc, l'arrow-root, les graine oléagineuses dont nous aurons encore l'occasion de parler.

La *pomme de terre* réussit au Tonkin.

Il y aurait intérêt à étendre cette culture, localisée aujourd'hui aux abords des grandes villes. Le rendement peut faiblir dans certaines années, mais il n'est jamais nul et est toujours rémunérateur.

Les cultures riches, c'est-à-dire les plantations de café, de cacao, de thé, de poivre, de vanille, demandent des soins continus et un entretien prolongé jusqu'au rendement, qui se fait attendre trois ou quatre ans. Un matériel industriel coûteux, comprenant des séchoirs, appareils à décortiquer, magasins, appareils divers, est, de plus, nécessaire pour rendre marchands les produits obtenus. Cette exploitation absorbera une notable partie des ressources du colon, mais l'amortissement sera rapide en raison de la valeur des produits.

Le *café* paraît appelé à un bel avenir.

Les espèces de caféiers auxquelles on a tout d'abord recouru sont le *café d'Arabie* et ses variétés : *Bourbon*, etc. On a, depuis, introduit le *café de Libéria*, qui paraît se développer normalement et qui se rencontre aujourd'hui dans presque toutes les concessions.

Il est difficile d'indiquer d'une manière précise le chiffre des capitaux nécessaires pour l'établissement d'une plantation au Tonkin. Le succès dépend, pour une certaine part, des qualités personnelles du colon, de son activité, de son expérience ; on en a vu, d'un point de départ extrêmement modeste, arriver au succès.

Jusqu'à présent, la plupart des colons, venus dès les premières années de la conquête, ont exercé au début un commerce ou une industrie quelconque, ont étudié peu à peu le sol, son rendement et enfin, avec leurs économies, ont mis leurs concessions en valeur. Ils continuent d'ailleurs tous ou presque tous leur ancien commerce ou leur industrie.

V

Laos

Le Laos français est compris entre le 20°30′ et le 12°30′ de latitude Nord et entre le 78° et le 106° de longitude à l'Est du méridien de Paris. Borné au Nord par la province chinoise du Yunnan, il s'étend au Sud jusqu'au royaume du Cambodge et aux montagnes qui forment la limite Nord-Est de la Cochinchine; la rive droite du Mékong forme sa frontière à l'Ouest, et les massifs de la chaîne annamitique le séparent au Nord-Est et à l'Est du Tonkin et de l'empire d'Annam.

Sa plus grande longueur en ligne droite, du Nord au Sud, mesure environ 1,200 kilomètres; sa plus grande largeur, de l'Est à l'Ouest, est d'environ 500 kilomètres; la superficie totale peut être évaluée à 300,000 kilomètres carrés.

Au Nord, le Laos n'est qu'une succession de crêtes plus ou moins élevées, séparées par de larges vallées sillonnées de cours d'eau et couvertes de rizières.

Sur les rives du Grand-Fleuve, la forêt vierge alterne avec de coquets villages entourés d'arbres fruitiers, au milieu desquels on aperçoit les maisons construites sur pilotis, aux cloisons en bambous, aux toits de paille.

Entre les rives du Mékong et la chaîne annamitique, l'aspect du pays est tout autre; ce ne sont que de vastes espaces tantôt dénudés et brûlés par un soleil implacable, tantôt couverts de forêts. Le pays ne possède guère de routes : seuls quelques sentiers font communiquer entre eux les villages les plus importants.

Le Laos français ne possède, à proprement parler, aucune chaîne importante de montagnes. Il convient, toutefois, de faire une exception pour les provinces septentrionales, dont le sol est essentiellement montagneux. Au Nord-Est, le massif qui sépare le Laos du Tonkin atteint 475 mètres au Pou-Dèn-Dinh (montagne française); le Pou-Chu-Fay-Po (370 mètres), le Pou-Houé-Chau-Su (410 mètres), et le Pou-Noy (200 mètres), sont les points culminants du massif.

Au Nord de la boucle de Luang-Prabang, les crêtes se relèvent considérablement; leur hauteur atteint jusqu'à 2,000 mètres. Les principaux sommets sont : le Pou-Fay (1,600 mètres) et le Pou-Loï (2,000 mètres).

Puis, au Sud, c'est le plateau du Tranh-Ninh (1,200 mètres), entre le Nam-Suong et le Nam-Khao; le plateau de Pou-Hac, entre le Nam-Kha-Dinh et la Sé-Bang-Fay; le plateau des Bolovens ou de Saravan; le pic Doudart de Lagrée (250 mètres) et les monts de Bassac, sur la rive droite.

A l'Est, le système orographique comprend le Pou-Louang (2,000 mètres), qui sépare le bassin du Song-Ca de celui du Nam-Kha-Dinh et le versant occidental de la chaîne annamitique. Cette chaîne descend parallèlement à la mer et sépare le bassin du Mékong des plaines de l'Annam. Coupée au Laos par le col de Hop-Ham (1,500 mètres) et le col d'Aï-Lao (360 mètres), elle ne dépasse pas 3,000 mètres et a pour points culminants le Pou-Kong (1,400 mètres), la Dent du Tigre (1,800 mètres), le Double-Pic (1,770 mètres), le mont Athouat (2,500 mètres).

Le Laos français est traversé dans toute son étendue par le fleuve Mékong. Descendu des hauts plateaux du Thibet, le Mékong coule d'abord sous le nom de Lan-Tra-Kiang (fleuve du Grand-Dragon). Après avoir côtoyé la province thibétaine de Ouï-Kham, il traverse la partie occidentale du Sé-Tchouen et du Yunnan, puis entre au Laos par 21°30′ de latitude nord. Impropre à la navigation jusqu'à Tang-Ho, il se dirige d'abord du Nord au Sud, forme une première boucle à Xieng-Sen, village de la rive droite, passe à Xieng-Kong, prend à Ban-Bo-Pak-Hop la direction générale Ouest-Est et forme une seconde boucle à Ban-Pak-Hou. C'est sur la branche gauche de cette boucle que se trouve Luang-Prabang.

Capitale d'un royaume assez important, la ville de LUANG-PRABANG est bâtie aux pieds de collines pittoresques; la population totale de la ville compte de 10,000 à 12,000 individus, presque tous Laotiens ou Khas. Les maisons s'étendent entre les rives du Mékong et du Nam-Khan, affluent de gauche du fleuve qui naît sur les hauts plateaux de Vang-Buoc. En 1887, elle a été brûlée par les Hôs.

Le marché de Luang-Prabang est le plus important de la région supérieure du Laos. Il est approvisionné de denrées européennes apportées de Bangkok viâ Moulmein et Xieng-Maï. Ce sont surtout des cotonnades de fabrication anglaise, des aiguilles, des fils d'or et d'argent, de la quincaillerie, des couleurs en poudre, des cuirs et des bibelots d'origine allemande. Il reçoit aussi du fer venu de Muong-Leuï, du sel exporté de Nong-Kay, de l'opium, du thé du Yunnan, du coton et des allumettes; des boîtes et des objets laqués apportés par des Birmans.

Depuis la création du service de navigation des messageries, fluviales, quelques marchandises y sont importées de la Cochinchine par la voie du fleuve.

Les Rois de Luang-Prabang

Les pagodes sont nombreuses à Luang-Prabang ; on en compte jusqu'à trente-six ; toutes sont bien entretenues et servent autant de lieu de rendez-vous que de lieu de prières. La principale est celle de Wat-Maï, bâtiment rectangulairre de 30 à 40 mètres de long sur 15 à 20 de large. Les parois sont ornées de peintures représentant des légendes religieuses. C'est à Wat-Maï que le roi va faire ses dévotions et que loge le Sathouk ou chef suprême des bonzes.

A partir de Luang-Prabang, ou plus exactement à partir de Ban-Pak-Seng, le Mékong reprend la direction Nord-Sud ; il passe à Pak-Lay, gros village de la rive droite et vient former une nouvelle boucle à Xieng-Khan.

La ville de Xieng-Khan n'a qu'une importance médiocre. Bâtie tout d'abord sur la rive gauche du fleuve, elle fut transportée sur la rive droite après que les Siamois se furent emparés de la contrée. Aujourd'hui, Xieng-Khan compte environ trois cents maisons. On y cultive le coton pendant la saison sèche et le riz pendant la saison des pluies.

En aval de Xieng-Khan, le fleuve remonte brusquement vers le Nord sur une longueur de 50 à 60 kilomètres, puis il se dirige vers le Sud-Est, passe à Vien-Tian, Nong-Kay et Pone-Pissay, pour remonter de nouveau vers le Nord jusqu'à Ban-Hong.

La ville de Vien-Tian, bâtie sur la rive gauche du fleuve, fut autrefois la capitale d'un puissant Etat conquis par les Siamois en 1827 et la métropole religieuse du Laos. Aujourd'hui, Vien-Tian ou Vieng-Chang n'est plus célèbre que par ses ruines. Nous mentionnerons tout d'abord la pagode de Châ-Kéo.

L'enceinte se compose de murs en briques qui masquent une superbe terrasse à laquelle on accède par deux escaliers monumentaux. La pagode elle-même est entourée d'une galerie que supportent des colonnes ornées, à leur sommet, d'un chapiteau de feuilles artistement travaillées. Les portes et les fenêtres sont entourées de dessins retraçant des scènes religieuses et des épisodes de la vie de Bouddha.

Une autre pagode, celle de Si-Saket, est célèbre par la quantité innombrable de statuettes représentant toutes le Bouddha assis. Non loin de Si-Saket est le « Tâtlouong » (grand mausolée). Ce monument qui, suivant l'heureuse expression de M. de Carné « paraît « avoir été l'œuvre capitale de cette architecture laotienne, dépourvue « de grandeur comme de durée, mais à laquelle on ne peut refuser « une certaine grâce élégante », est entouré d'une triple enceinte. Des socles en ciment, couverts d'inscriptions, supportent trente-quatre clochetons au milieu desquels se dresse une pyramide rappelant, dans sa structure générale, les sépultures du Bengale. D'après une inscription gravée sur une table de pierre, ce monument ne remonterait guère au delà du XVIIe siècle.

En raison de sa situation sur le Grand-Fleuve, dans une partie accessible toute l'année aux bateaux à vapeur venant du Sud, point de départ d'une route qui la relie à Luang-Prabang, Vien-Tian vient d'être choisi par M. le colonel Tournier comme siège de la résidence supérieure et par conséquent capitale administrative du Laos.

Après la prise et la destruction de Vien-Tian par les Siamois, tout le commerce qui se faisait dans cette partie du Laos se reporta plus à l'Est, dans les villages de Nong-Kay et de Ponc-Pissay. Situé sur la rive droite du Mékong, le village de Nong-Kay occupe une longueur de 5 à 6 kilomètres et compte de 6,000 à 8,000 habitants. Par sa situation, qui le place au débouché de plusieurs rivières ou cours d'eau, Nong-Kay est un centre commercial des plus importants; ses transactions s'étendent au Nord jusqu'à Luang-Prabang, au Sud et au Sud-Est jusqu'à Korat et Oubon. Il exporte du coton, du tabac, de la soie, de l'indigo, des peaux, des cornes, de la cire et des poteries et reçoit de Korat, par l'intermédiaire des Chinois, des ustensiles en cuivre, des pétards, des baguettes odoriférantes, de la coutellerie et de la miroiterie européennes.

De Ban-Hong jusqu'à l'embouchure du Nam-Kha-Din, le Mékong suit la direction Ouest-Est, qu'il abandonne ensuite pour couler définitivement vers le Sud-Ouest. En descendant son cours, on trouve bon nombre de villages assez importants.

C'est d'abord Soniabouri (ville de la victoire), gros bourg bâti sur la rive droite; puis plus bas, en face de l'embouchure du Nam-Hin-Boun, le Muong-Outen. En face d'Outen, sur la rive gauche, s'élève le village de Pak-Hin-Boun, qui s'est appelé Faureville, résidence d'un commissaire du gouvernement français et siège de l'exploitation des mines d'étain du Hin-Boun. Une ambulance permanente y a été récemment installée pour les fonctionnaires, missionnaires et colons de la région.

Plus bas, sur la rive droite, se trouve Lakhon, centre de la fabrication de la chaux. Cette chaux est tirée de rochers de calcaire marmoréen. A Lakhon se trouve une colonie annamite émigrée, d'après Francis Garnier, de la province du Nghé-An. En face de Lakhon, sur la rive gauche, est le poste français de Tha-Khek.

A cet endroit, le Grand-Fleuve a plus de 800 mètres de large, mais une grande partie de son lit est occupé par un banc de sable. Un peu en amont, sa largeur ne dépasse pas 400 mètres et il est barré par une série de roches schisteuses que les basses eaux mettent à découvert.

Au-dessous de Lakhon, le grand fleuve traverse une plaine qui s'étend jusqu'à Khemmarat. Dans cette partie de son cours il reçoit la Sé-Bang-Faï, affluent venu de l'Est et qui débouche en face de Muong Dhaton-Panom, village de la rive droite célèbre par un mausolée couvert de dorures et auquel on accède par une large chaussée en briques.

Plus bas, sur la rive droite est bâti Bang-Mouc Dahan ; sur la rive gauche s'élève Savanakêk.

Le Muong Savan-Nakhek, bâti sur les conseils de M. Odend'hal, est le centre administratif le plus important de la région du Song-Khône; c'est le point de départ de la route qui se rend à Hué par le col d'Aï-Lao, et ce doit être le point terminus d'une ligne ferrée qui reliera les plaines de l'Annam à la vallée du Mékong. C'est aussi le siège de l'agence principale des messageries fluviales, et le point d'intersection de leurs services sur Vien-Tian vers le Nord et le Bas-Laos vers le Sud.

Puis c'est le village de Khemmarat bâti sur la rive droite en face de l'embouchure de la Sé Bang-Hien, affluent de gauche descendu de la partie de la chaîne annamitique qui sépare la vallée du grand fleuve de la province annamite du Quang-Tri.

Au-dessous de Khemmarat le fleuve cesse d'être navigable, tout au moins pour les bateaux à vapeur, sur une longueur de 160 kilomètres environ, jusqu'à Pak-Moun. C'est la région des rapides. Le lit du fleuve se rétrécit, les rives sont inhabitées, les berges de sable ou d'argile font place à d'énormes murailles de rochers taillées à pic; les eaux tourbillonnent avec fureur, le courant augmente d'intensité et de violence et se brise à chaque instant sur les roches qui parsèment le lit du fleuve.

Puis, un peu en aval de Pak-Moun, le spectacle change tout d'un coup, la violence du courant s'atténue, les eaux sont plus claires, les roches moins nombreuses, les berges d'argile reparaissent et alternent avec des berges de sable mollement ondulées, le fleuve est bordé d'immenses forêts et çà et là, entre les arbres, apparaissent des coquets villages avec leurs cases construites sur pilotis et leurs pagodes aux toits de chaume. Le Mékong redevenu libre est navigable aussi bien pour les pirogues indigènes que pour les bateaux à vapeur.

Le premier village de quelque importance que l'on trouve depuis l'embouchure de la Sé-Moun est le Muong Bassac, en siamois Cham-Pa Sae.

Bassac est le chef-lieu d'une petite principauté qui dépend de Bangkok. Le village construit sur la rive droite, au sommet d'une berge argileuse d'une quinzaine de mètres de hauteur, s'étend sur une longueur d'environ 2 kilomètres. La rue principale est bordée de petites boutiques tenues par des Chinois qui vendent aux indigènes des cotonnades, des couvertures, des parapluies, des vases en cuivre, des crachoirs et des bols en terre émaillée, des allumettes, des pétards, etc. Bassac fait un commerce assez important de riz, de cardamome, de peaux et de cornes.

C'est à Bassac que réside le vieux roi qui, en 1867, reçut la mission Doudart de Lagrée.

En face de Bassac, sur la rive gauche, est le poste français de Ban Mouang. Le fleuve à cet endroit mesure environ 800 mètres de largeur, et cela jusqu'à la pointe nord de Houa Don Saï (tête de l'île de sable).

Visite du gouverneur général à Kong

A partir de Bassac, le fleuve est parsemé de bouquets de verdure et d'un grand nombre d'îles parmi lesquelles nous devons mentionner spécialement l'île de Kong.

La surface totale de l'île de Kong peut être évaluée à 1500 hectares ; elle est traversée dans sa plus grande largeur par une succession de collines ayant de 100 à 150 mètres d'altitude. L'île est en majeure partie couverte de rizières qui nourrissent une population d'environ 10.000 individus.

Muong-Kong,, bâti sur la rive gauche de l'île, est un joli village aux maisons propres, bien alignées et entourées de jardins. C'était jusqu'à ces derniers temps la résidence du commandant supérieur du Bas-Laos qui y a construit beaucoup de maisons européennes ; c'est encore le chef-lieu du commissariat de la province. Les messageries fluviales y ont une agence.

De Kong à Khon, sur une longueur de 10 à 15 kilomètres, le fleuve compte de nombreuses îles ; les principales sont Don Som, Don Ding, Don Pheinan, Don Sang Phay et Don Det.

Un peu en amont de l'île de Khon, le fleuve forme une immense cuvette, puis il se divise en une multitude de bras barrés dans toute leur largeur par de nombreux ilots qui ont fait donner à cette région le nom de « Quatre mille îles » et entre lesquelles se trouvent plusieurs chutes ; celles de Sampranit et de Papheng sont de beaucoup les plus considérables. Le fleuve se précipite d'une hauteur de quinze à dix-huit mètres dans des couloirs où ses eaux tourbillonnent avec violence.

L'île de Khon, longue de 6 kilomètres, est presque complètement couverte de forêts que traverse un chemin de fer à voie d'un mètre. C'est par ce chemin de fer dont l'exploitation est aux mains des Messageries fluviales que se fait actuellement tout le transit entre le Laos et le Cambodge.

A partir de Khon le fleuve redevient libre jusqu'à Stung-Treng, gros village bâti sur la rive gauche, au confluent de la Sé-Kong.

En aval de Stung-Treng, le fleuve entre au Cambodge, le désert se fait sur ses rives, c'est la région naguère dévastée par les bandes rebelles de Si Vatha, frère du roi du Cambodge, jusqu'à Kratié son cours est embarrassé par de nombreux rapides qui laissent à découvert, au moment des basses eaux, de véritables barrières rocheuses entre lesquelles se forment de violents tourbillons. Au-dessous de Kratié le fleuve s'infléchit brusquement vers l'Ouest ; après Crauchemar, il reprend sa route vers le Sud-Ouest et arrive bientôt à Phnom-Penh, capitale du Cambodge.

A Phnom-Penh le fleuve reçoit le bras du Grand Lac (Tonlé Sap), puis il se divise en deux grands bras qui ont reçu le nom de fleuve supérieur et de fleuve inférieur. Après avoir traversé la Cochinchine, le fleuve supérieur se jette dans la mer par cinq embouchures ; la branche inférieure rejoint la mer de Chine par l'estuaire du Cua-Bassac.

De mai à septembre, c'est-à-dire pendant la saison des pluies, les eaux montent rapidement, débordent et s'étalent sur les terres basses. Au sud de l'île de Khon, les crues atteignent jusqu'à 18 mètres, par suite de la différence de niveau entre le cours supérieur et le cours inférieur du fleuve. C'est en cette saison que le Mékong est navigable, dans ses grands biefs, sur les plus longs parcours pour les bateaux à vapeur du service fluvial.

Lorsque la saison des pluies est terminée les eaux baissent très vite, laissant à découvert d'énormes bancs de roches, la navigation à vapeur est alors interrompue au sud du Khone jusqu'à Kratié ; dans plusieurs parties des biefs supérieurs, seules les pirogues indigènes peuvent alors circuler dans ces parties du fleuve.

Au point de vue de la navigation le fleuve Mékong se divise en trois grands biefs : le bief inférieur de Kratié à Khon ; le bief médian de Khon à Savan-Nakhek: le bief supérieur de Savan-Nakhek à Luang-Prabang.

Le bief inférieur de Kratié à Khon, n'est navigable pour les chaloupes à vapeur que pendant la saison des pluies ou saison des hautes eaux, ainsi que nous venons de le dire.

Le bief médian, de Khon à Savan-Nakhek, peut se diviser en trois parties : de Khon à Pak-Moun le fleuve ne peut être remonté en vapeur sur tout le parcours (103 milles) qu'à la saison des hautes eaux; de Pak-Moun à Khemmarat (71 milles) le transport par voie fluviale est fait en tout temps par des pirogues ; de Khemmarat à Savan-Nakhek (42 milles) le Mékong n'est navigable, pour les vapeurs, qu'à la saison des pluies. De Khone à Savan-Nakhek, dans les parties inaccessibles aux vapeurs, un service régulier de navigation est néanmoins assuré au moyen de pirogues du pays.

Le bief supérieur de Savan-Nakhek à Luang-Prabang, est navigable en toute saison : pour des chaloupes, de Savan-Nakhek à Vien-Tian (261 milles) ; au delà de Vien-Tian à Luang-Prabang (230 milles) les pirogues seules peuvent jusqu'à présent remonter le fleuve pendant toute l'année ; l'étude de cette partie du fleuve est encore trop imparfaite pour permettre aux vapeurs de s'y aventurer.

De nombreuses missions ont étudié depuis 1887, le bief de Kratié à Khone et ont tracé les routes qui permettent aujourd'hui aux vapeurs des Messageries fluviales d'y naviguer pendant la saison des hautes eaux. Mais il reste beaucoup à faire et un travail plus complet de dérochement et de balisage, suivi avec persévérance et méthode permettrait certainement d'augmenter de plusieurs mois chaque année la période de navigabilité. Déjà l'élargissement du chenal entre Stung-Treng et Thboung-Kla permet aux chaloupes de circuler toute l'année entre Da-Lagua et Siem-Boc, sur une longueur de 60 à 80 kilomètres ; il en sera certainement de même au-dessous de Siem-Boc, dans la partie des rapides proprement dits de Preapatang, lorsqu'ils auront été plus complètement étudiés, balisés et nettoyés es roches qui les obstruent.

En 1893 et 1894, une autre mission a étudié tout le bief supérieur du fleuve, au delà de Khone jusqu'à Vien-Tian et Nongkay et on a dressé des cartes très complètes qui ont permis, les années suivantes, d'organiser les services réguliers des Messageries fluviales qui assurent aujourd'hui des communications fréquentes entre tous les postes du Mékong jusqu'à Luang-Prabang. Cette mission a signalé certains passages qui peuvent être sérieusement améliorés par des travaux de balisage et de dérochement qui rendraient la navigation possible aux hautes eaux. Elle a indiqué la nécessité d'un complément d'études dans d'autres endroits, notamment à quelque distance en amont de Khemmarat et sur tout le parcours compris entre Vien-Tian et Luang-Prabang.

D'autre part un comité spécial d'étude des travaux d'amélioration du Mékong a été constitué à Saigon en vue de recueillir et de centraliser toutes les études déjà faites et d'établir un programme d'action pour la réalisation duquel des crédits importants ont été inscrits au budget général de l'Indo-Chine.

Il y a lieu d'espérer que ce programme sera bientôt élaboré, mis à exécution et que dans quelques années le cours tout entier du Mékong étant devenu accessible à la navigation à vapeur, les produits des riches contrées qu'il arrose ne seront plus exportés par d'autres voies que celles du Cambodge et de la Cochinchine et viendront en masse s'entreposer à Saigon, pour être de là réexportés sur tous les points du monde.

Le Nam-Ta est le premier affluent de quelque importance que le Mékong reçoit en territoire français. Sa vallée est formée par une série de cuvettes où sont bâtis quelques rares villages.

Puis c'est le Nam-Hou descendu du massif de Pou-Ho-La, au cours embarrassé de grosses roches, bordé par une formation de calcaire et que de légères pirogues peuvent seules remonter. Le Nam-Hou arrose Muong-Hou, Muong-Song, Muong-Souen et se jette dans le Mékong à Ban-Pak-Hou.

Le Mékong reçoit ensuite le Nam-Suong, le Nam-Khan aux rives plates, couvertes de forêts et de marécages, et en amont de Pone-Pissay, le Nam-Ngoum issu du plateau du Tranh-Ninh.

De même que le Nam-Ngoum, le Nam-Tiep descend de la région du Tranh-Ninh ; son lit, large de 40 à 50 mètres, est profond de 12 à 15 mètres ; le Nam-Tiep arrose Muong-Toura-Kom.

Le Nam-San coule du Nord au Sud, sa vallée encore peu connue fut rencontrée en partie par le docteur Neiss. Le Nam-San passe à Muong-Barikan et rejoint le Mékong au-dessous de Muong-Patchorem ; son cours est encombré de rapides qui rendent la navigation en pirogue très difficile.

Le fleuve reçoit ensuite le Nam-Kha-Dinh qui prend sa source près du col de Hop-Ham sur la route de Vinh à Outén ; le Nam-Hin-Boun qui descend des derniers contreforts occidentaux du plateau de Pou-Hac. Le cours du Nam-Hin-Boun peut être remonté sur une longueur de 150 kilomètres. Sa vallée fut explorée pour la première fois par le commandant Doudart de Lagrée et le docteur Joubert.

En face de Muong-Panom, le Mékong est grossi de la Sé-Bang-Fay, descendue des pentes occidentales de la chaine annamitique. Son cours suit d'abord la direction Sud-Est-Nord-Ouest, puis redescend vers le Sud-Ouest à partir de Muong-Pou-Houa.

C'est en face de Khemmarat que la Sé-Bang-Hien vient se jeter dans le grand fleuve. La Sé-Bang-Hien et son principal affluent, la Sé-Tchépou prennent leur source aux environs d'Aï-Lao, dans le massif montagneux qui sépare les plaines du Mékong de la province annamite du Quang-Tri.

Au village de Pak-Sé-Don, le fleuve est grossi de la Sé-Don, issue du plateau des Bolovens, et barrée à peu de distance de Solo-Niaï par une chute de 15 mètres de hauteur. La Sé-Don traverse des plaines fertiles propres à l'élevage des bœufs et arrose Saravan, chef-lieu de la province du même nom, Muong-Smia et Muong-Khan-Thong-Niaï.

Le dernier affluent de gauche que le Mékong reçoit au Laos est la Sé-Kong qui débouche dans le grand fleuve à Stung-Treng après un cours de 200 à 250 kilomètres.

La Sé-Kong reçoit la Sé-Bang-Khan, grossie de la Sé-San. C'est au confluent de la Sé-Kong et de la Sé-Khéman, qu'est construit Muong-Attopeu, chef-lieu de la province du même nom et point de départ de la route se dirigeant vers Ham-Toum ; toute la région autour d'Attopeu est aurifère.

Les affluents de la rive droite du Mékong sont peu nombreux et peu importants (Mé-Kok, Mé-Lou, Mé-Leng); un seul le Nam-Moun mérite quelque attention.

Le Nam-Moun appelé quelquefois Phi-Moun prend sa source au nœud de rencontre des monts Dangkrek et Khao-Gnay. Son lit, encombré de rapides est taillé à pic dans des plateaux de grés.

C'est dans le bassin du Nam-Moun que se trouvent les deux centres les plus importants du Laos, Korat et Oubôn.

La ville de Korat est le centre commercial le plus important de tout le Laos. C'est à Korat qu'affluent les marchandises venant de Bangkok ; c'est de là qu'elles se répandront dans toutes les provinces laotiennes.

C'est au contraire à Oubôn que viennent converger toutes les productions de la vallée moyenne du Mékong; c'est de là qu'elles seront expédiées sur Korat, soit au moyen de charrettes à bœufs, soit au moyen de pirogues. Le Nam-Moun reçoit à gauche, le Nam-Si.

De même que le grand fleuve, les affluents ont un régime des eaux soumis aux variations des saisons.

Dès le commencement de la saison des pluies, rivières et ruisseaux se gonflent et subissent une crue en rapport direct avec le volume d'eau qu'ils roulent d'ordinaire.

A la fin de la saison des pluies les eaux restent étales pendant quelques semaines, puis descendent rapidement tant que dure la saison sèche.

Le Laos possède deux saisons régulières coïncidant avec les moussons ; la saison sèche et la saison des pluies.

La saison sèche commence vers le milieu d'octobre ; la température ne dépasse guère 25 à 26° centigrades ; les nuits sont fraîches et agréables.

A la fin du mois d'avril commence la saison des pluies. Le thermomètre monte alors jusqu'à 35° centigrades ; la chaleur est suffocante; les nuits sont insupportables par suite de l'absence complète de toute brise.

A partir du milieu de mai, des pluies très abondantes commencent à tomber, elles redoublent au mois de juillet et au mois d'août, puis décroissent régulièrement au commencement de septembre et finissent en octobre.

Les populations du Laos comptent de 600,000 à 800,000 individus que l'on peut répartir en trois groupes principaux : les populations montagnardes ; les Laotiens ; les populations sauvages.

Les populations montagnardes occupent plus particulièrement les provinces septentrionales.

Les Laotiens dominent sur toute la longueur du Mékong ; quant aux Khas ils ont été refoulés entre la chaîne annamitique à l'Est, le plateau des Bolovens à l'Ouest, le cours du Haut-Song-Ma au Nord, la frontière de la Cochinchine et la frontière du Cambodge au Sud.

Les populations montagnardes comptent environ 80,000 individus répartis en différentes tribus dont les plus importantes comprennent les Thaïs, les Lus, les Lolos et les Méos.

Originaires du Thibet, les Thaïs occupent tous les environs de la haute rivière Noire ; ils se divisent en plusieurs familles bien distinctes (Thaïs rouges, Thaïs noirs, Thaïs blancs) dont les différences se trouvent dans le costume, le langage et l'écriture. Ils sont vêtus d'un pantalon à fond très bas et d'une petite veste boutonnant sur le devant ; ils se coiffent d'un turban dont les extrémités tombent de chaque côté de la figure. Les femmes portent une jupe et une sorte de longue chemise rehaussée par une large bande d'étoffe violette.

Chez les Thaïs, la religion n'est pas nettement définie ; elle semble se constituer par le culte des ancêtres et la croyance aux esprits. Dans chaque case est un petit autel sur lequel sont disposées des bougies de cire et des baguettes odoriférantes. Les morts sont presque toujours brûlés.

Les territoires thaïs sont divisés en cantons, en communes et en villages dirigés par l'assemblée des notables.

Les Thaïs cultivent le maïs et le riz gluant ; ils possèdent un assez grand nombre de buffles et se nourrissent de maïs, de riz gluant et de poisson salé.

Les Lus sont de race mongole ; ils habitent de misérables cases

Milices laotiennes

construites sur pilotis, aux cloisons faites en planches mal équarries.

Les hommes portent un pantalon bleu, et les femmes une jupe de même couleur tombant jusqu'à la cheville ; hommes et femmes se coiffent en général d'un large turban roulé sur le côté de la tête.

La religion lue est un bouddhisme impur auquel se sont mêlées des idées et des pratiques superstitieuses.

Considérés par les historiens chinois comme les autochtones du Yunnan, les Lolos s'établirent au Laos vers la fin du quatorzième siècle. Ils sont presque tous de haute taille avec une face ovale et des yeux horizontaux, un peu bridés à l'angle interne. Le vêtement des hommes, généralement en toile de chanvre, comprend un pantalon court, une tunique et un turban.

Les femmes portent un jupon qui descend au-dessous du genou et sous lequel sont des pantalons semblables à ceux des Chinoises. Le haut du corps est caché par une sorte de chemise aux manches longues et étroites, terminées par de petits galons généralement bleus, rouges et verts. Les femmes tressent leurs cheveux en une double natte dont elles s'entourent la tête.

Les Lolos ne sont point bouddhistes, ils adorent une triple divinité, interrogent souvent les sorts et croient aux esprits. Leur écriture est phonétique.

Les Méos habitent les sommets des plus hautes montagnes ; en général ils sont cultivateurs, font pousser le coton, le maïs, le sorgho et le riz gluant. Partout où l'opium est d'un bon rapport, ils ne manquent pas d'en ensemencer leurs terres. Ils élèvent en grande quantité des bœufs, des porcs et de la volaille.

Le costume des hommes comprend un turban, un court veston d'étoffe claire et un pantalon à fond très bas.

Le vêtement des femmes consiste en une longue chemise et en une jupe plissée ne dépassant pas le genou.

Le culte des ancêtres constitue l'élément principal de la religion des Méos.

Le territoire est dirigé par un conseil suprême que préside le chef de province.

Les autres populations montagnardes sont les Yaos, les Païs, les Lanthènes et les Yoons.

Originaires des plateaux du Thibet, les Laotiens sont de stature moyenne ; la tête est assez fine, le front est large, les yeux sont bien fendus et légèrement bridés ; le nez est aplati, les pommettes sont saillantes et la bouche largement ouverte.

Presque tous les Laotiens portent les cheveux coupés à la siamoise ; ils sont vêtus du sampot ou langouti, pièce d'étoffe attachée autour des reins et dont les extrémités sont ramenées entre les jambes. La plupart des hommes se tatouent la poitrine et le haut des cuisses.

La femme laotienne porte une jupe en soie ou en coton; une écharpe placée en sautoir cache les seins et tout le haut de la poitrine; les cheveux sont relevés en chignon sur le sommet de la tête.

La nourriture des Laotiens se compose presque essentiellement de riz gluant et de poisson salé; les maisons, élevées sur pilotis, sont construites en bambou écrasé et couvertes de chaume.

Au Laos, un jeune homme voulant se marier, achète sa femme. La cérémonie du mariage se fait en grande pompe devant tout le village; elle est suivie d'un festin auquel sont conviés les notables, les amis et les parents.

Au Laos, comme au Cambodge, les nouveaux couples sont, en général, sous la tutelle des parents de la fille, au moins pendant un certain temps. Le divorce n'est que peu en honneur; la femme qui en prend l'initiative doit rendre à son mari la dot qu'il a versée lors de son mariage.

Lorsqu'un Laotien meurt, son corps est conservé pendant un certain temps, puis brûlé en grande pompe; les restes des ossements sont ensuite enterrés au lieu même où se dressait le bûcher. Dans les classes tout à fait misérables, le cadavre est enterré au milieu de la forêt.

Les Laotiens forment une race douce, paisible, mais apathique et paresseuse. Ils ont des fêtes nombreuses, fêtes dont ils profitent pour faire de multiples libations d'alcool de riz.

La religion des Laotiens est le bouddhisme de Ceylan.

Les bonzes ou talapoins possèdent une hiérarchie complète et vivent en commun; ils sont tout à la fois prêtres et maîtres d'école. Leur vêtement est de couleur jaune; ils ont les cheveux, les sourcils et la barbe rasés et sont astreints à certaines règles disciplinaires que l'on trouve exposées dans le Code des bonzes.

Les Laotiens croient aussi aux esprits, dont quelques-uns se contentent d'effrayer les vivants en prenant la forme d'animaux qui viennent rôder la nuit dans les villages. Les génies appelés « phi-phob » sont de beaucoup les plus redoutés; ils ont le pouvoir de s'introduire dans le corps de leur victime pour lui ronger les entrailles.

Avant l'occupation française, les territoires laotiens étaient divisés en provinces ou muongs, dirigées par un « chau muong ». Chaque muong comprenait plusieurs cantons et chaque canton plusieurs villages. Chaque habitant devait payer un impôt personnel au profit du Trésor; il était, en outre, astreint à un certain nombre de jours de corvée; les notables étaient seuls exempts d'impôt et de corvée. Les chefs de province étaient nommés par le roi de Siam; ils avaient comme insigne un parasol, un habit de satin, une aiguière et un crachoir en or. Ils devaient porter eux-mêmes à Bangkok l'impôt perçu dans leur province et recevoir, deux fois par an, le serment de fidélité prêté par les chefs de canton ou les chefs de village.

Les populations sauvages, connues sous le nom générique de Khas au Laos, comptent environ 314,000 individus partagés en Phou-Thays, Bolovens, Lavés, Moïs-Bahnars, Moïs-Djaraïs.

Les Phou-Thays présentent tous les caractères ethnologiques des Laotiens, mais ils portent les cheveux relevés en chignon et s'habillent comme les Annamites.

Les cases sont construites sur pilotis ; elles sont faites en bois et en bambou. La toiture est en feuilles de palmier.

Les Phou-Thays cultivent le riz, le coton, le mûrier, soit sur le flanc des montagnes, soit au bord des cours d'eau. Les femmes travaillent beaucoup plus que les hommes.

Les Phou-Thays ensevelissent leurs morts dans un tronc d'arbre pendu par le milieu et creusé.

Les Bolovens se divisent en plusieurs petits groupes qui, très tranquilles, sont soumis à notre autorité. Ils se livrent à l'élevage et à la culture.

Les Lavés occupent la région comprise entre la Sé-Kong, la Sé-Souk et la Sé-San. Ce sont des tribus turbulentes continuellement en guerre avec les tribus voisines.

Les Moïs-Bahnars occupent les montagnes situées à l'Ouest des provinces annamites du Quang-Ngaï et du Binh-Dinh. Leurs cases sont bâties sur pilotis et couvertes de feuilles de palmier.

Les Bahnars sont fétichistes et voient partout des esprits malfaisants ; beaucoup d'entre eux ont été amenés au catholicisme par la patience et la grande bonté du R. P. Vialleton, missionnaire à Kon-Toum.

La tribu des Djaraïs comprend, au dire des missionnaires, plus de 150,000 habitants.

Ce sont des tribus essentiellement turbulentes et très hostiles ; quelques-uns de leurs villages nous sont cependant soumis et paient un léger impôt.

Les autres tribus Moïs sont les Gia-Euns, les Souks, les Sengs, les Mans, les Braos, les Penongs, les Alaks, les Salangs, les Sédangs, etc.

La culture du riz est de beaucoup la plus importante, le riz formant la base essentielle de la nourriture des populations du Laos. Tous les espaces non couverts de forêts et situés à proximité d'un cours d'eau sont transformés en rizières que séparent de petites digues en terre ; de distance en distance, de petites ouvertures assurent la libre circulation de l'eau d'une rizière dans une autre et servent à régler le degré d'inondation des champs.

Les labours se font généralement en avril ; ils sont presque toujours suivis d'un hersage.

Les semis ont presque toujours lieu au mois de mai ; ils sont toujours faits à la volée. Un premier repiquage est fait en juin, lorsque les jeunes pousses atteignent 25 à 30 centimètres ; on les déterre, puis on les replante par paquets de trois ou quatre pieds ; un mois après, on procède à un nouveau repiquage ; les pousses sont replantées une par une dans des terrains labourés, hersés, débarrassés des mauvaises herbes et inondés de 10 à 15 centimètres. Ce second repiquage est généralement suivi de travaux de sarclage et de binage.

Il y a généralement trois récoltes par an; la première a lieu fin septembre, mi-octobre, et la dernière au commencement de janvier. Cela provient de ce que les graines employées pour les semis sont de trois sortes et ne poussent pas avec la même rapidité.

Dans les montagnes, le terrain destiné à la culture du riz est débroussaillé vers le mois de septembre; en février, le feu est mis aux espaces défrichés, de façon à brûler le bois qui jonche le sol.

Les semis ont lieu à la fin d'avril; les graines sont déposées dans des trous mesurant de 10 à 15 centimètres de profondeur, puis elles sont abandonnées à elles-mêmes, sans repiquage ni aucune irrigation.

Le rendement des rizières des plaines est, en général, de trente pour un; il excède souvent la consommation locale; il est alors mis en réserve et les indigènes en font rarement un objet d'exportation.

Le rendement des rizières des montagnes est de beaucoup inférieur à celui des rizières des plaines; dans les années de grande sécheresse, il est même à peu près nul.

Après avoir déterminé l'emplacement de leurs champs, les Khas abattent un carré de forêt, n'épargnant que les plus gros arbres. Lorsque les broussailles sont sèches, on y met le feu; les cendres provenant de la combustion servent à engraisser le sol. Lorsque le terrain a été ainsi préparé, il ne reste plus qu'à ensemencer.

Après avoir couvert leurs champs d'un réseau de lignes droites, en deux sens perpendiculaires, les Khas suivent les sillons ainsi tracés, font un trou à chaque intersection des lignes, puis, reprenant le même chemin, laissent tomber deux ou trois grains dans chaque trou.

La culture du maïs est peu pratiquée par les Laotiens; elle est, au contraire, en grand honneur chez les Méos et chez les Khas. Les semis ont lieu soit au mois de janvier, soit au mois de février. Les graines sont déposées dans des trous ayant environ 20 centimètres de profondeur, puis on les recouvre de terre.

La récolte a lieu vers le mois de juin; on détache les épis de la tige, puis on les laisse sécher. Le rendement moyen d'un bon champ de maïs est de 120 pour 1.

A la fin de la saison des pluies, alors que les eaux commencent à se retirer, il est possible de se livrer avec succès à la culture des légumes. Les tomates, les choux, les salades, les oignons, les radis, et en général tous les légumes d'Europe poussent très bien dans une terre bien préparée et largement fumée. Les semis ont généralement lieu au commencement du mois d'octobre et l'on peut avoir des plantes otagères jusqu'au mois de mars et même jusqu'au mois d'avril.

Quant aux arbres fruitiers, ils sont les mêmes que dans tout le reste de l'Indo-Chine.

Le bétel se cultive autour des cases, dans des jardinets, au pied de longues perches sur lesquelles il grimpe à l'aide de petits crampons.

Le bétel demande beaucoup d'eau et d'engrais; les feuilles se récoltent lorsqu'elles atteignent leur complet développement; elles ne s'emploient que fraîchement cueillies; leur saveur est piquante, chaude et peu agréable.

Les feuilles de bétel sont vendues sur tous les marchés laotiens.

Le caoutchouc se trouve dans toutes les forêts des bords du Mékong; il croît en grande abondance sur le massif des Bolovens et sur les flancs de la chaîne annamitique. Il est produit par le *Khua nut gniay*, sorte de liane qui peut se reproduire facilement, soit par boutures, soit par graines.

Pour récolter le caoutchouc, les indigènes incisent la liane; le latex est recueilli soit sur des feuilles, soit dans de petits godets en bambou. Le caoutchouc venant de la région des Hua-Phans s'est vendu à Cho-Bo 45 piastres le picul, soit 1 fr. 90 le kilogramme; le caoutchouc récolté à Ban-Mouang a une valeur moyenne de 7 francs le kilo.

Le cardamome pousse naturellement dans les terrains assez bas; on le trouve en grande quantité autour des mares, des cours d'eau; quelques tribus sauvages ont essayé de le cultiver sans obtenir de très bons résultats. La récolte a lieu généralement au mois de novembre; après la cueillette, on fait sécher les graines en les exposant sur un feu doux, puis on les met en sac. Le picul de cardamome, pris à Bassac ou à Kong, vaut de 20 à 25 piastres; le prix moyen de vente, à Phnom-Penh, varie entre 30 et 35 piastres.

Le cotonnier se cultive de préférence dans un terrain pierreux, sillonné de petites rigoles destinées à faciliter l'écoulement des eaux fluviales. Les graines sont placées dans des trous pratiqués au plantoir, les pousses apparaissent vers le troisième ou quatrième jour. Les semis ont lieu au début de la saison des pluies, vers les mois d'avril ou de mai; on recueille les gousses six mois après. Le rendement moyen pour un picul de capsules est de 25 à 30 nans; le prix du picul de coton est de 2 à 3 piastres.

Le pavot à opium n'est cultivé que par les Méos et les Yaos. Les semis se font à la volée; ils ont lieu à la fin de juin ou de septembre et les jeunes plants ne subissent aucun repiquage.

La récolte s'effectue vers le mois de janvier; les capsules encore vertes sont incisées tantôt d'un côté, tantôt d'un autre; le suc se coagule au contact de l'air et on le recueille à l'aide d'une spatule en bois. La totalité de la récolte est consommée sur place et le taël vaut environ 0 fr. 20.

Les plantations de tabac sont généralement situées auprès des cours d'eau. Les semis se font au commencement de la saison sèche, dans un terrain sablonneux et bien fumé; le repiquage a lieu un mois après; la récolte se fait lorsque les feuilles ont atteint leur complet développement.

Le thé est surtout cultivé dans les régions du Mon-La et du Ban-Noy. Les graines sont plantées à 6 centimètres de profondeur et germent au bout de 20 jours. La récolte se pratique tout le long de l'année et les feuilles sont classées par qualité suivant l'époque de la cueillette.

Le picul de thé, dans le commerce, vaut environ 18 piastres.

Parmi les plantes oléagineuses et résineuses, en première ligne se

Bibliothèque des bonzes de Don-sang-phai (Laos)

place l'arachide ou « pistache de terre. » Les semis ont lieu en juin les jeunes plants sont binés deux fois et la récolte se fait ordinairement en janvier.

La seconde plante oléagineuse la plus commune est le cocotier. L'huile de coco s'extrait de la pulpe de la noix. Cette pulpe, râpée très fin est mêlée avec de l'eau, puis soumise à l'ébullition. Lorsque la couche d'huile qui se forme sous l'influence de la chaleur est assez épaisse, on laisse refroidir le mélange et on recueille le produit formé.

Comme plante oléagineuse de quelque importance, se trouve la sésame que l'on cultive surtout dans le haut Laos. Les semis on lieu à la fin de septembre ; on laisse les graines pousser naturellement ; la récolte des fruits a lieu au mois de mars.

Il n'y a à citer comme plantes résineuses que le benjoin, la laque et le « kok phek ».

L'arbre à benjoin est une essence forestière assez commune. On le rencontre en grande quantité dans la vallée du Nam-Hou et surtout dans celle du Nam-Bac son affluent.

La récolte du benjoin se fait pendant presque toute l'année ; pour le recueillir les indigènes se contentent d'inciser le tronc de l'arbre.

Le benjoin est principalement utilisé pour la fabrication des baguettes odoriférantes, toutefois la presque totalité est exportée à Bangkok.

La laque est produite par un arbre appelé « kok muat thoua hé » ; elle est causée par la piqûre d'un petit insecte, le « coccus lacca. » C'est au mois de juin que les insectes qui la produisent sont placés sur les arbres ; les cadavres de ces insectes, en s'entourant de résine produisent la laque carminée d'où l'on tire le « shell lac ». La récolte a lieu en septembre ou en octobre ; elle a atteint dans les dernières années de 3,000 à 4,000 piculs, soit 180,000 à 240,000 kilos. Le picul de laque s'est vendu, en 1898, 12 piastres à Bassac et 14 piastres à Kong.

La totalité de la récolte est dirigée sur le marché de Phnom-Penh, où le picul est revendu de 18 à 25 piastres. La production est toujours en rapport avec la demande, aussi croyons-nous qu'il y a là, pour nos commerçants, un débouché rémunérateur.

Le « *Kok phek* », probablement le pin ou le sapin, ne se trouve que dans les provinces tout à fait septentrionales du Laos. Pour recueillir la résine les indigènes entaillent la base du tronc de l'arbre, en forme de godet, godet où la résine s'amasse peu à peu.

Cette résine sert à la fabrication du vernis laotien.

Le curcuma et le « kok hom » sont les seules plantes tinctoriales faisant l'objet de cultures régulières. Les autres espèces ne se rencontrent guère que dans les forêts où les Khas vont les chercher. Nous citerons le « hok-lam », dont le cœur sert à faire une couleur rouge brun ; le « kok-tha-léng », dont l'écorce et les racines fournissent une couleur très estimée ; le « kok-mak-mi », utilisé pour la teinture des habits des bonzes ; le « kok-khi-min », d'où l'on extrait la couleur jaune ordinaire, et le « kok-dam », arbrisseau cultivé sur le bord des cours d'eau, et dont les fleurs donnent une assez jolie couleur rouge.

Les forêts du Laos contiennent une variété infinie d'essences, presque toutes inconnues en Europe ; nous ne nous occuperons que des principales.

C'est d'abord le « magam-say », au cœur blanc, au bois très dur et très noueux ; il est employé comme colonnes de maison ; puis c'est le « may-dou », bois très dur dont le cœur, rouge ou blanc, peut faire d'excellentes charpentes ; vient ensuite le « may-ka-bo », employé pour les pièces tournées et tous les travaux de durée ; le « may-kosom », excellent pour les charpentes, les manches d'outils et les charrues ; le « may-kouang », bois très dur se rabotant difficilement; le « may-mak-kien », arbre au cœur jaune poussant surtout dans les montagnes, et le « may-souk », ou bois de teck, spécial au haut Laos.

Le « La Garcerie » entre Pack-Moun et Khône, au Laos

A ces essences il faut ajouter le banian, remarquable par ses dimensions et le caractère sacré dont il est revêtu aux yeux des indigènes ; le latanier, le bambou aux multiples usages et le rotin.

L'élevage des animaux domestiques est encore peu pratiqué au Laos ; cela tient surtout aux conditions climatériques du pays, à la médiocrité des pâturages, au peu d'aptitude qu'ont les indigènes pour donner des soins réguliers et vigilants au bétail.

De même que dans tout le reste de l'Indo-Chine, l'animal le plus répandu au Laos est le buffle. De la même grosseur que le buffle annamite, plus haut sur pattes et plus agile, le buffle laotien est capable de fournir d'assez longues traites pendant les heures chaudes de la journée aussi bien que sous la pluie ; néanmoins le buffle est peu employé pour les transports, il est à peu près exclusivement réservé pour le travail des rizières.

Les bœufs se trouvent en assez grande quantité dans toute la vallée de la Sé-Don ; ces animaux sont surtout achetés par des Birmans au prix moyen de 9 piastres par tête ; ils sont exportés soit à Bangkok, soit à Phnom-Penh où leur valeur moyenne est de 20 piastres. On trouve également beaucoup de bœufs dans tout le royaume de Luang-Prabang ; on les emploie surtout au labourage et aux charrois ; les bœufs trotteurs valent de 18 à 25 piastres la paire.

Il n'y a que peu de chevaux au Laos, il faut aller les chercher parmi les tribus sauvages qui ne les cèdent que difficilement. Le prix moyen d'un cheval acheté chez les Khas est de 20 piastres.

Les éléphants vivent à l'état sauvage dans presque toutes les forêts de la chaîne annamitique ; au Laos, on ne les trouve guère que dans les provinces de Luang-Prabang, Muong-Houng-Sa, Muong-Saï et Pak-Lay. Le prix moyen d'un éléphant acheté à Luang-Prabang est de 1,000 piastres.

Les porcs se rencontrent en grand nombre dans tous les villages ; le prix d'achat varie avec le poids de l'animal ; il est en général de 3 piastres par picul.

Les poules et les canards sont les seules volailles que l'on puisse trouver au Laos ; ils vivent dans les cours des habitations sans que personne songe à s'occuper d'eux.

Le peuple laotien est un peuple presque exclusivement agriculteur, aussi l'industrie n'occupe-t-elle chez lui qu'une place des plus infimes.

La bijouterie d'or ou d'argent, le tissage des étoffes de soie ou de coton ont toujours été les industries les plus importantes du Laos.

Les orfèvres et bijoutiers n'ont point de modèles spéciaux ; il est probable que les dessins dont ils ornent bagues, bracelets, boîtes à cigarettes ou pots à bétel, leur ont été communiqués par des bijoutiers yunnanais ; l'artiste laotien aime surtout à ciseler des fleurs ou des dragons, qu'il entoure d'un double rang de filigranes disposés en spirales.

Pour l'ornementation des bijoux, le procédé le plus employé consiste à repousser le métal précieux. Les bijoutiers laotiens pétrissent d'abord une pâte faite d'argile ou de brique pilée, de cire et d'huile, puis ils y placent l'objet à travailler après l'avoir couvert d'une feuille de papier sur laquelle est tracé le motif de l'ornementation. Ceci fait, ils refoulent les parties creuses qui viennent s'imprimer sur la pâte.

Le bijou terminé, ils le plongent dans une solution d'alun puis le font bouillir dans de l'eau avec un mélange de deux parties de salpêtre, une partie d'alun, trois parties de sel et une petite quantité de soufre. Cette préparation donne à l'or une jolie couleur rougeâtre.

Procession religieuse

Le tissage des étoffes est exclusivement réservé aux femmes ; la soie, le coton et le chanvre sont les seules matières textiles employées. Les étoffes fabriquées par les femmes indigènes sont de valeur et de genre différents ; les articles les plus courants sont les jupes de coton, les jupes et les écharpes en soie et les langoutis d'hommes.

Quelques femmes se livrent à des travaux de broderie, cette industrie est peu répandue et localisée presque entièrement à Luang-Prabang.

Les procédés employés pour la métallurgie sont à peu près les mêmes dans toutes les parties du Laos, quel que soit le métal à traiter.

Le minerai est entassé avec du charbon de bois dans un trou de 1 mètre à 1 ^{m} 50 de profondeur, sur autant de diamètre ; le métal se liquéfie sous l'action de la chaleur, se dépose dans le fond du trou et s'y creuse un lit ; c'est de là qu'on le retire pour le travailler, suivant les besoins.

Pour le fer, la forge comprend une cavité creusée en terre, cavité dans laquelle brûle une certaine quantité de charbon de bois ; le feu est avivé au moyen d'une soufflerie composée de deux gros bambous évidés et maintenus dans la position verticale. Dans chacun de ces tuyaux joue un tampon de coton ou de vieux chiffons fixés à une planchette, laquelle est emmanchée à de longs bâtons dépassant le bord supérieur des bambous, ce qui permet de les déplacer alternativement. Au bas de chacun de ces corps de piston rudimentaires on adapte deux tubes en bambou qui conduisent l'air sur le foyer enflammé.

Citons encore parmi les industries locales, la préparation de la chaux à bétel, la fabrication des pirogues, de la poudre, des torches, etc.

Après avoir passé en revue les productions végétales et les industries du Laos, il reste à parler de ses richesses minérales ; nous étudierons plus particulièrement les mines d'étain, de fer et d'or.

La présence de puits d'antimoine a été signalée par Francis Garnier aux environs de Saravan.

L'argent n'existe qu'en très petite quantité ; un gisement réputé riche fut autrefois exploité par des Chinois à Ba-Tom, sur la rive droite du Mékong.

On a trouvé des affleurements carbonifères entre Don-Fay et Attopeu et signalé la présence de l'anthracite sur la haute Sé-Kong, tandis qu'on recueillait des échantillons de graphite pur entre Saravan et Ban-Trac.

Le cuivre est assez répandu dans toutes les provinces méridionales du Laos, à Tong-Houa-Sang, sur la route de Bassac à Cou-Kang, et à Nalan sur la route de Bassac à Attopeu.

On retrouve des gisements de cuivre à Ban-Chou-Téou, Ban-Mouang, Muong-Loueng-Sa dans la région de Muong-houng-sienghoum et dans la vallée du Nam-Ka-Tang, affluent de la Sé-Bang-Fay; ces derniers sont concédés à la Société des Etains de Hin-Boun.

Les gisements d'étain les plus importants sont signalés sur le Nam-Paten, affluent du Nam-Hin-Boun.

On trouve du fer sur la Sé-Baï, près de Na-Kio sur la Sé-Bang-Paï.

La présence de gisements aurifères dans la région d'Attapeu fut signalée pour la première fois par M. le docteur Joubert qui visita le bassin de la Sé-Kong entre Coomkang et Tapac.

En 1887, le docteur Harmand remonta la Sé-Kéman et constata sur ses bords la présence de villages d'orpailleurs.

En 1894, une première mission conduite par M. Pelletier vint faire des recherches dans la région de Bokham; elle reconnut la présence d'alluvions de quartz aurifères dans toute la vallée de la Sé-Sam; les paillettes se trouvaient presque toujours mêlées à une boue argileuse prise à 50 centimètres de profondeur; pour recueillir le métal précieux les indigènes emploient le système de la batée avec lequel ils obtiennent de 3 à 5 centigrammes d'or par jour; le rendement des sables peut être, d'après M. Coussot, de 25 centigrammes d'or par mètre cube.

En 1896, une nouvelle mission fut confiée à M. l'ingénieur Layergues; grâce au bienveillant appui que lui donna M. Tournier, alors commandant supérieur du bas Laos, la mission put reconnaître la présence de gisements aurifères dans la vallée du Nam-Si-Hi, du haut Poko, de Kongsdam et de Ban-Phi; ces deux derniers gisements composés de filons de quartz furent étudiés par M. Barraud, lequel constata sans travaux la présence de trois filons contenant de l'or couramment.

De même que la région de la Sé-Kong, toute cette partie du Laos est aurifère. Les principaux gisements sont ceux de Vang-Kham, exploité autrefois par les Annamites, et de Ban-Tong-Ae, sur le haut Nam-Teun.

Enfin un nouveau gisement a été signalé par M. le commissaire du gouvernement au Song-Khon près de Ban Falan et de Nam Nao.

Dans la région du haut Laos, on trouve de l'or dans les sables du Nam Beng, du Nam Tong et du Nam Ta. L'exploitation du métal précieux est faite par les Kos au moyen de la batée; elle a une durée moyenne de six mois. Le prix actuel de l'or sur le marché de Luang-Prabang représente 26 ou 34 fois son poids en argent, suivant que le métal est en poudre ou en pépite.

Il existe des gisements de plomb dans le massif montagneux de Bassac et sur les bords du Maï-Phaï, affluent de droite de la Sé-Kong. Les Khos extraient du plomb à Tompaye et M. Coussot en récolta quelques échantillons à Kibo.

A Muang-Saï (Haut-Laos) on trouve un minerai de plomb mêlé à de l'antimoine.

On recueille du sel gemme près de Ban-Kampo et dans les régions de Ban Nava, Nao Nam et Ban-Sin.

Dans le royaume de Luang-Prabang il existait autrefois neuf gisements salins ; trois seulement sont encore exploités ; le plus important est situé dans un îlot du Nam Phak près de Muong-La.

A Bo-Sao se trouvent deux puits à sel produisant 4 piculs par jour. On trouve encore du sel près de Muong Ngène de Bon-Bo, province de Mong-Saï.

Dans la provice de Muong-Hou, l'exploitation du sel a lieu à Bo-Taï et à Bo-Tên.

Produisant peu, le Laos français ne saurait ni exporter ni importer beaucoup car, là comme partout ailleurs, la situation du commerce est en raison directe de la prospérité du pays, tant au point de vue agricole qu'au point de vue industriel.

Le bas Laos exporte chaque année environ 15.000 piculs de paddy, représentant une valeur moyenne de 33.000 piastres ; le prix moyen de vente du picul sur le marché de Phnom-Penh varie de 1 fr. 80 à 2 francs.

La valeur du cardamome exporté en 1898 par le bas Laos a été de 102.850 piastres pour 4.675 piculs.

Ces produits viennent en grande partie de la région de Bassac ; le nombre de piculs exportés en 1898 a été de 2,814 représentant une somme de 30.950 piastres.

La gomme laque exportée du Laos ne fait guère que transiter au Cambodge ; c'est de là qu'elle est dirigée sur le marché de Singapore ; l'exportation de ce produit, pour l'année 1898, a été de 228 piculs, représentant une somme de 2,052 piastres.

Les pirogues fabriquées au Laos constituent un objet important d'exportation. En 1898, leur valeur a dépassé 18,000 piastres pour 601 pirogues de grandeur et de qualité différentes.

Le Laos fournit encore une certaine quantité de bœufs, buffles, chevaux et éléphants ; 6,572 de ces animaux ont été exportés du bas Laos pendant l'année 1898 ; la valeur totale représentant le prix moyen d'achat a été de 174,684 piastres, et la valeur totale du prix moyen de vente de 429,111 piastres.

A cela il faut ajouter, comme autres articles d'exportation : la cire, l'ivoire, les os de tigre et le tamboyan.

Le commerce d'exportation des produits exploités au Laos emprunte des voies nettement définies. Les marchandises provenant du haut Mékong et des provinces septentrionales sont en partie dirigées sur le Yunnan, *via* Muong-Saï, Muong-Yô et Ssé-Mao ; tout le reste du courant commercial de cette région se dirige vers Bangkok.

Dans cette direction, il emprunte deux voies différentes.

La première va de Luang-Prabang à Pak-Lay par le Mékong, puis de Pak-Lay à Pitchaï ou Outaradi par terre, et de là à Bangkok, en redescendant le cours de la Mé-Nam.

La seconde voie suit le cours du grand fleuve de Luang-Prabang à Nong-Kay, de là elle se dirige vers Nong-Han, Sakhon-Lakhon, Sakalassim, Korat et Bangkok ; cette deuxième voie est un peu plus longue que que la première, mais elle a sur la précédente l'avantage d'éviter de nombreux transbordements.

Les produits venant du Song-Khon et du Cammon sont dirigés sur l'Annam *via* Muong-Phin et Aï-Lao. Dans le bief moyen du fleuve (provinces de Saravan, d'Attopeu et de Ban-Mouang), une petite quantité des marchandises est réservée au commerce d'échange fait avec Oubône; tout le reste est expédié avec les produits du bief inférieur sur le Cambodge et la Cochinchine par la voie du Mékong et les services réguliers des Messageries fluviales.

Les tissus blancs ou rouges et les indiennes figurent au premier rang des objets d'importation consommés par les populations du Laos. Ces tissus sont presque tous de fabrication anglaise ou allemande; leur bas prix et la parfaite adaptation de leur qualité à leur destination explique leur supériorité sur les produits similaires français.

A côté de l'importation des tissus se place celle des bols chinois, des ustensiles de ménage (marmites en fer, bols et plateaux en cuivre, jarres, etc.).

Les allumettes, les chapeaux, les vestes blanches, les pétards chinois, les baguettes odoriférantes, les parapluies en papier huilé, les couleurs d'aniline donnent également lieu à des transactions assez considérables.

Les marchandises importées dans le bief supérieur du Mékong viennent presque toutes de Bangkok, de Moulmein et de Xieng-Maï; quelques boîtes d'opium et du thé en rondelles représentent les transactions avec le Yunnan. Les droits de douane et les formalités douanières empêchent qu'il s'établisse un mouvement d'importation par la Cochinchine et le Cambodge, lequel aurait dû être la conséquence des efforts faits pour ouvrir ce pays au commerce français.

Peu nombreuses et mal entretenues, les voies de communication du Laos ne donnent lieu qu'à un très petit nombre de relations commerciales entre cette partie de l'Indo-Chine et les pays qui l'entourent.

Le Mékong est de beaucoup la plus importante des voies de pénétration au Laos. En toute saison, les pirogues des indigènes et des commerçants chinois remontent et descendent le fleuve.

Les communications postales sont assurées aussi bien que les transports de voyageurs et de marchandises par le service régulier des Messageries fluviales, lequel s'effectue au moyen de petits vapeurs à faibles tirants d'eau et de pirogues du pays, suivant les saisons, la hauteur et l'état des eaux dans les diverses régions qu'il dessert. Ce service, dont nous joignons le tableau détaillé à la présente notice, a beaucoup contribué au développement des transactions commerciales du Laos et il tend de plus en plus à en détourner le courant de l'ancienne voie terrestre de Korat et de Bangkok pour l'amener vers le Cambodge et la Cochinchine par le Mékong.

Les routes se dirigeant vers le Yunnan sont celles de Luang-Prabang à Ssé-Mao *via* Muong-Saï, Muong-Yô et Muong-Hou-Neua et celle de Muong-Sing à Xieng-Hong.

La route la plus importante allant vers le Tonkin relie Luang-Prabang à Cho-Bo en passant par Muong-Hett. D'autres routes relient Laï-Chau à Muong-Sing, Muong-Hou et Ikou.

Les routes susceptibles de relier les plaines de l'Annam avec la vallée du Mékong existent beaucoup plus en théorie qu'en pratique et ne se trouvent guère que sur les cartes. En réalité, toutes ces prétendues routes ne sont guère que de mauvais sentiers reliant les villages les plus voisins; la seule voie commerciale à peu près digne de ce nom relie Savan-Nakhek à Hué par Aï-Lao.

Il faut citer, pour mémoire, la route de Ban-Mong-Don à Vinh, celle de Khemmarat à Quang-Tri et celle de Kou-Toum à Attopeu.

Après la signature du traité du 3 octobre 1893, les territoires situés entre la rive gauche du Mékong et le versant occidental de la chaîne annamitique passèrent sous notre domination et furent partagés en deux circonscriptions qui devaient jouir d'une autonomie particulière. A la tête de chacune de ces circonscriptions désignées sous le nom de haut et bas Laos, fut placé un commandant supérieur dépositaire des pouvoirs du gouverneur général de l'Indo-Chine.

En février 1899 les territoires du Laos furent réunis en une même unité et placés sous l'autorité d'un résident supérieur nommé par décret du Président de la République sur la proposition du Gouverneur général.

Le résident supérieur du Laos jouit des mêmes prérogatives que les résidents supérieurs au Tonkin, en Annam ou au Cambodge ; il est aidé dans ses fonctions par des commissaires du gouvernement chargés de la direction d'une province.

La police est assurée par la garde civile indigène, laquelle, placée sous la haute direction du résident supérieur, est commandée par des inspecteurs de la garde civile et par des gardes principaux.

L'administration de la justice au Laos est réglée par un arrêté du gouverneur général en date du 30 septembre 1895.

La justice est rendue aux indigènes par les commissaires du gouvernement, assistés d'un fonctionaire laotien, d'un secrétaire ou d'un commis européen faisant fonctions de greffier.

On peut toujours appeler de leurs décisions devant le tribunal du résident supérieur, lequel juge en dernier ressort et peut appliquer le code pénal français chaque fois qu'il le juge nécessaire ; toutefois il ne peut faire exécuter un condamné à mort qu'après approbation du gouverneur général.

Les sentences sont presque toujours rendues conformément aux lois et coutumes laotiennes.

Le service de trésorerie est placé sous la direction d'un payeur qui relève directement du résident supérieur. Le payeur chef de service est chargé de la perception des produits et de l'acquittement des dépenses ainsi que des opérations de trésorerie, dans la même forme et d'après les mêmes règles que les payeurs chefs du service en Indo-Chine. Il est aidé dans ses fonctions par un préposé payeur.

Le service médical du Laos comprend trois médecins des Colonies qui ont la direction des ambulances sises à Luang-Prabang, Pack-Hin-Boun et Kong. Ils doivent leurs soins à tout malade européen ou indigène ; ils doivent faire des tournées de vaccine et adresser chaque mois aux médecins, chefs du service de santé au Tonkin et en Cochinchine, un rapport sur l'état sanitaire de la circonscription où ils résident.

La crémation au Laos

Le budget local est alimenté par les taxes directes, les taxes indirectes et les recettes diverses.

Les taxes directes comprennent les impôts de capitation, les patentes et le rachat facultatif des corvées.

La quotité de l'impôt personnel est de 2 piastres pour les Laotiens et de 1 piastre pour les Khos.

Chaque contribuable laotien est en outre astreint à 10 jours de corvée rachetables à raison de 20 cents par jour ; la corvée exigible des Khos est fixée à 15 jours. Sont exempts de corvée et d'impôt, les bonzes, les autorités indigènes, les hommes ayant accompli 4 ans de service dans la garde civile, les miliciens en activité, les infirmes et les esclaves libérés.

L'impôt de capitation à percevoir sur tout asiatique étranger en résidence au Laos est de 5 piastres ; quant aux patentes leur prix est uniformément fixé à 2 piastres.

Les taxes indirectes comprennent : la délivrance des permis de circulation et passeports; le prix de ces pièces est fixée à 20 cents pour les Laotiens et à 75 cents pour les asiatiques étrangers ;

La délivrance des permis d'armes (Taxe fixée à 60 cents) ;

Les taxes locales de sortie perçues sur les produits exportes du Laos et représentant l'impôt foncier non encore établi.

VI

Territoire de Kouang-Tchéou-Ouan

La baie, devenue récemment territoire français, est située à mi-distance entre Haiphong et Hong-Kong, en face et à la sortie du détroit et de l'île de Haï-Nan.

Elle est à 50 milles Est-Nord-Est de Leï-Chao, ou mieux Leï-Tchéou, qui est la préfecture de la presqu'île de ce nom, à quelques milles de l'embouchure de la rivière qui aboutit à la mer, près de Pakhoï, où nous avons un Consulat.

Toute cette presqu'île, qui est une région houillère d'une grande richesse, nous restera acquise et assurera notre influence dans la vallée du Si-Kiang, ou rivière de l'Ouest, qui aboutit à Canton.

La baie de Kouang-Tchéou est par 21°15′ de latitude Nord et 110°30′ de longitude Est (Greenwich), à 200 milles Ouest-Sud-Ouest de Hong-Kong.

C'est un point bien choisi comme station navale et port commercial. Comme base d'opérations, il répond à tous nos besoins. Le port ressemble à celui de Hong-Kong, mais lui est supérieur à divers points de vue et inférieur sous d'autres rapports. Il a deux entrées étroites et facilement défendables. Il s'étend sur 20 milles de longueur (37 kilomètres) et il est parfaitement fermé. Sa profondeur varie de trois brasses et demie à dix brasses avec un fond de bonne tenue.

L'entrée orientale, large de 2,000 mètres, est défendue par plusieurs bancs de sable du côté extérieur; on y accède facilement par une passe qui court du Sud, le long du rivage, par des fonds de sept brasses et, au minimum, en un point cinq brasses et demie. Il y a douze brasses d'eau à l'entrée même et dans le port, 6 milles plus loin, on trouve neuf brasses. Il a 16 kilomètres de large de l'Est à l'Ouest et 11 kilomètres de long du Nord au Sud. Les plus gros navires peuvent y mouiller en nombre illimité. Une autre branche, de 2 kil. 500 à 3 kilomètres de largeur et de 24 kilomètres de longueur, conduit du port principal à la sortie par quatre brasses d'eau. La marée produit un fort courant dans les deux passes, et surtout la petite, vu l'étendue du bassin soumis au flot et au jusant par cet étroit canal.

Une large rivière se jette dans la baie. Sur ses bords est située la ville de Chek-Hom, centre commercial considérable, faisant un grand trafic avec Macao et Kong-Moun sur la rivière de Canton. Les importations à Chek-Hom sont les cotons filés, les tissus, l'opium et tous les articles courants de la Chine. Les principales exportations sont les arachides et les nattes pour emballages, sacs et voiles de jonques.

La possession de la baie entraine le contrôle de Lei-Tchéou, Lien-Tchéou et Ka-Tchéou, préfectures qui font face à celle de Hai-Nan.

A l'intérieur, à petite distance, une chaine de collines peu élevées est la seule séparation de la baie avec la vallée de la rivière de l'Ouest dans presque toute sa longueur.

La formation géologique de la région de Kouang-Tchéou est curtarifère et l'on trouve du charbon dans le voisinage du port. Avec la neutralité de l'ile de Ha-Nan, en face de notre Consulat de Hai-Hat, avec notre ligne privée de vapeurs desservant Hoï-Hav, Pak-Hoï et Quang-Tchéou, nous avons « pris une bonne position ».

Il est indispensable que Kouang-Tchéou soit relié par des vapeurs, puis, par voie ferrée, au réseau tonkinois.

Notre nouveau port chinois devra être aussitôt que possible desservi par les paquebots subventionnés des Messageries maritimes ou par les vapeurs de la Compagnie Marty, qui font le service entre Haiphong et Hong-Kong en touchant à Pakhoi et à Hoi-Hah (Hai-Nan). Ils pourront, de même, faire escale à Kouang-Tchéou.

Les Anglais et les Chinois vont créer un service de vapeurs de Hong-Kong à Kouang-Tchéou et parlent de relier ce port à la rivière de l'Ouest (Si-Kiang) par un chemin de fer. Ce sera un désastre pour Macao, mais un avantage pour Hong-Kong. On voit qu'il est temps pour nos armateurs et nos négociants de se préoccuper de ce nouveau débouché et d'y faire ce que font les Allemands au Nord, à Kiao-Tchéou, qui sera un port franc.

L'année dernière la commission chinoise chargée d'étudier la construction du chemin du Kouang-Si se proposait d'organiser, à Long-Tchéou, une Exposition de produits français. Il y aurait lieu de faire de même à Kouang-Tchéou.

Quand nos navires de guerre visitèrent Hai-Nan et la baie de Kouang-Tchéou, les indigènes de cette dernière région témoignèrent d'une excessive curiosité, car ils n'avaient jamais vu d'Européens, de gens qui ne portent pas une tresse de cheveux tombant sur le dos. Ils sont donc ignorants des personnes et des choses.

Kouang-Tchéou est un pays très peuplé. C'est sur le continent chinois, un débouché nouveau offert à l'initiative de nos compatriotes.

L'administration du territoire de Kouang-Tchéou est placée sous l'autorité d'un fonctionnaire des services civils de l'Indo-Chine qui prend le titre *d'administrateur du territoire du Kouang-Tchéou.*

Milice chinoise, avec cadre d'infanterie de marine, à Kouang-Tchéou-Ouan

Ce fonctionnaire représente le gouverneur général de l'Indo-Chine, correspond directement avec lui et assure l'exécution des décisions de ce dernier. Il est chargé de veiller au maintien de l'ordre public et dispose de la garde indigène : il a la haute surveillance du personnel de tous les services.

En matière de peines disciplinaires à appliquer, de congés à accorder, d'emplois de crédits inscrits au budget général de l'Indo-Chine de travaux, il ne peut statuer que par délégation spéciale du Gouverneur général.

Le territoire de Kouang-Tchéou est divisé en 3 circonscriptions : l'administration de chacune d'elles est confiée à un fonctionnaire qui prend le titre d'administrateur adjoint : il remplit les fonctions d'officier de l'état civil et de notaire.

L'organisation existante de la commune chinoise sur le territoire de Kouang-Tchéou est maintenue et les attributions administratives et judiciaires du Kong-Hu ou conseil des notables sont confirmées.

Le chef du Kong-Hu doit prévenir l'autorité française des troubles qui se seraient produits ou qui menaceraient de se produire.

Le conseil des notables rend la justice aux indigènes de la commune, et connaît de toutes les contraventions ou délits entraînant la peine de l'amende, mais ne peut condamner à la prison.

Chaque circonscription possède un tribunal mixte composé de 'administrateur adjoint, président, et de deux assesseurs indigènes.

Ce tribunal connaît de toutes les contraventions passibles d'emprisonnement et des infractions correctionnelles. Un jugement emportant condamnation à la peine de mort ne pourra être exécuté qu'après avoir été approuvé par le Gouverneur général.

La cour d'appel d'Hanoi connaitra des appels de tous les jugements rendus par l'administrateur faisant fonctions de juge de paix.

L'administrateur a le droit d'établir le budget du territoire et en assure l'exécution : enfin, tout changement d'affectation des crédits inscrits au budget ne pourra être fait sans une autorisation du Gouverneur général.

D'autre part, dès le 15 mars dernier, a eu lieu un appel d'offres pour l'exploitation d'une ligne maritime postale de Haiphong à Kouang-Tchéou, comprenant un voyage par quinzaine dans chaque sens. Les conditions générales auxquelles le service doit satisfaire sont celles des services maritimes postaux existant en Indo-Chine : le cahier des charges du service de Kouang-Tchéou comprendra avec ces conditions générales les clauses spéciales résultant de l'offre acceptée par l'administration.

QUATRIÈME PARTIE

ANNEXES

I

Siam

A la suite de sa grande mission, Francis Garnier disait : L'Indo-Chine peut être figurée par une main entre les cinq doigts de laquelle coulent cinq grands fleuves et s'ouvrent cinq petites vallées.

En commençant par le nord et en allant vers le sud, ce sont : le fleuve Rouge au Tonkin, le Mékong au Cambodge et au Laos; le Ménam au Siam; la Salouen et l'Iraouaddy en Birmanie.

Nous savons comment l'Angleterre s'est assurée la possession des deux dernières vallées. Nous étions les maîtres du Mékong, du Donaï et du fleuve Rouge. Le Ménam semblait réservé à l'influence française lorsqu'en janvier 1896 intervint la convention franco anglaise qui neutralise cette vallée et en interdit l'occupation à chacune des deux nations sans le consentement de l'autre. Le Siam occupe le fond du golfe de ce nom et se nomme le royaume des Thaï. Depuis la convention franco-anglaise de 1896, la presqu'île de Malacca est réservée à l'influence française les provinces de l'est à l'influence anglaise et le royaume indépendant se compose des vallées du Ménam et du Méning. Depuis 1782 sa capitale est Bangkok.

Il a pour voisins, à l'ouest et au nord, la Birmanie anglaise, à l'est le Cambodge; au sud il est baigné par la mer. Le bassin anglais de la Salouen est sa limite occidentale et le bassin français du Mékong sa limite orientale. Il est séparé du territoire anglais par de hautes montagnes, tandis que sa frontière avec l'Indo-Chine française est ouverte et non définie.

Sa population est de 6.320.000 habitants, ainsi répartis :

Siamois	2.000.000
Chinois	2.000.000
Cambodgiens	400.000
Pégouans, Birmans et Malais	900.000
Annamites	20.000
Laotiens	1.000.000

Les Siamois sont métissés de Chinois et inversement. Ils ne forment dans le pays qu'une minorité dominant l'hégémonie des autres races venues de l'extérieur. Les Laotiens, Cambodgiens, Annamites et un grand nombre de Chinois sont, depuis le traité de 1893, sous la protection française.

Le gouvernement est une monarchie absolue. Le roi est désigné comme « maître des personnes et des biens ». Les provinces sont administrées par des gouverneurs et des fonctionnaires nommés par le roi.

Le revenu de l'Etat est de 37 millions de francs et ses dépenses de 31 millions, dont 1 million 8,000 francs pour le traitement des 90 étrangers entre les mains desquels, sous le nom de « conseillers de la couronne », le roi a remis toutes les charges administratives, comme on a forcé le khédive à le faire en Egypte.

Le climat de Bangkok et de tout le bas pays est chaud, très humide et pénible pour les Européens.

Une grande Compagnie d'irrigation a achevé, en mars 1897, les canaux qui font du district de Rang-Sit, à une heure de Bangkok, une zone rizière d'une prodigieuse fertilité. L'administration siamoise avait la prétention d'empêcher les protégés français d'acheter des champs dans ce district.

Le grand marché siamois exportait, en 1893, du riz sur le pied de 775.000 tonnes et, en 1896, à cause de la peste bovine, des mauvaises saisons, du brigandage, le trafic tomba à 457.000 tonnes, alors que Saigon, pour 2 millions d'habitants, en a exporté 624.622 tonnes en 1898 valant 40 millions de francs. Le riz siamois s'exporte à Hong-Kong, Singapour et Rio-de-Janeiro.

Il n'y a plus au Siam un seul moulin à décortiquer le riz qui soit anglais. Les Syndicats indigènes et chinois accaparent, comme en Cochinchine, cette industrie. Il y a 30 usines aux environs de Bangkok, dont 15 appartiennent à des protégés français.

Quant au poivre siamois, son exportation est tombée de 889 tonnes à 850, tandis que l'Indo-Chine française en fournit 2.000 tonnes.

Le tabac indigène est consommé par les habitants, surtout en cigarettes roulées dans des morceaux de feuilles de bananier desséchées. Sa qualité ne peut lutter contre le tabac de Sumatra, de Bornéo, à cause du sol et de sa constante humidité.

Quant à l'opium, il vient du Yunnan, de Chine et surtout de l'Inde.

Les pêcheries ne rendent que 150,000 francs. Il est vrai que toute barque indigène sous la protection française est exempte de droit dans les grands lacs d'Angkor (le Tonlé-Sap, mer d'eau douce) où l'on fait, par suite de la baisse des eaux et du courant descendant, des pêches merveilleuses. 25,000 pêcheurs passent la saison sur les rives des lacs, prennent les poissons, sorte de bars, les salent, les dessèchent, et extraient l'huile de la tête. On exporte pour 3 à 4 millions de francs de ces poissons secs.

Le sel employé vient de Cochinchine. Le Siam se fournit aussi de sel et de saumure en Annam.

Les chemins de fer consistent en une ligne très courte, de Bangkok à Pak-Nam, et dans la ligne en construction de Bangkok à Korat. Elle est ouverte en passant par Ayuthia à 70 kilomètres, jusqu'à Geng-Koi, à 55 kilomètres plus loin. Elle devait être terminée en décembre 1896, mais elle ne le sera pas avant un an. La construction revient à 127.500 francs le mille anglais. L'adjudicataire et le matériel sont anglais, sauf quelques traverses achetées en Belgique, et du fer venant d'Allemagne. Presque tout le personnel est anglais. Et pourtant Korat est dans la zone réservée à notre influence, par l'accord franco-anglais !

Les études d'une ligne de Moulmein à Bangkok par Raheng sont faites par les soins de la Compagnie anglo-birmane. La ligne projetée de Saigon à Bangkok sera-t-elle française, ou siamoise, ou franco-siamoise ? Il paraît nécessaire qu'elle soit faite par l'industrie française, avec une garantie du gouvernement siamois, et exploitée par des employés français.

La capitale est desservie par des tramways construits par des Sociétés anglaises.

Le roi a confié à des allemands le service des postes.

Pour ce qui regarde les télégraphes, une ligne terrestre, construite par des Français, a été ouverte le 16 juillet 1883, passant par Battambang, Phnom-Penh et Saigon, en vertu d'une convention de novembre 1892. Les centres de l'intérieur ont des bureaux télégraphiques.

Le trafic maritime en 1897 s'est chiffré par 498 vapeurs et 37 voiliers entrés à Bangkok, dont 300 anglais jaugeant 352.000 tonnes. Bien qu'il ne soit entré que 29 vapeurs français, jaugeant 12.100 tonnes, nous avons néanmoins d'importants intérêts maritimes, car la Compagnie des Messageries fluviales de Cochinchine dessert deux fois par mois, et desservira bientôt hebdomadairement, Bangkok et Chantaboun. De Saigon à Bangkok le voyage coûte, en 1re classe, 45 piastres ; en 2e classe, 30 piastres. De Bangkok à Chantaboun, aller et retour, 1re classe, 10 piastres ; 2e classe, 4 piastres ; 3e classe, 2 piastres.

En outre, la plus importante ligne, l'Ocean Steamship Company Holt, a pour agents MM. Windsor and Cº, qui sont sous la protection française. Il en est de même des navires d'une Compagnie chinoise de Singapour. Les grandes Compagnies allemandes se sont syndiquées pour acheter les onze vapeurs de la Compagnie Holt, ce qui peut donner à l'influence allemande une grande extension. Deux autres maisons, sous protection française, introduisent des marchandises françaises.

Le Siam est desservi par la ligne régulière des Messageries fluviales de Cochinchine deux fois par mois. De nombreux vapeurs le mettent en communication avec Singapour, avec Rangoon et avec Hong-Kong. Les relations entre ces ports et Bangkok sont plus importantes qu'entre Bangkok et Saigon.

Les monnaies sont les suivantes :
4 peis = 1 fuang = 0 piastre 075.
2 fuang = 1 salung = 0.15 piastre.
4 salung = 1 bat ou tical = 0.60 piastre.
4 bats = 1 tamlung = 2.40 piastres.
20 tamlung = 1 chang = 48 piastres.
50 chang = 1 hap (picul) = 2.400 piastres.
100 haps = 1 taru = 240.000 piastres.
La piastre de 27 grammes pèse 7 tièn ou 7/10e de taël :
1 taël = 1 piastre 45.
1 taël = 10 tièn.
1 tièn = 10 fen = 0.15.
1 fen = 10 bis = 0.15.

Le Siam vient de faire frapper à Birmingham pour 1.250.000 ticaux de stang.
1 salung = 25 stang.
1 fuang = 12 stang 1/2.
Les pièces divisionnaires sont de 20, 10, 5 et 2 1/2 stang.

Il existe aussi des chapelets de coquillages (cauries) et des pièces rondes ou hexagonales en faïence vernissée. Elles sont très variables.

L'étalon de poids est la monnaie. Le tical est l'unité siamoise. La chang est la centième partie du picul chinois de 62 kilos.

Longueurs :	1 niv	=	1 pouce.
—	22 nivs	=	1 kup.
—	2 kup	=	1 sauk.
—	4 sauk	=	1 wah.
—	20 wahs	=	1 sèns.
—	400 sèns	=	1 yot.

Le bois s'achète au yot, qui vaut, en longueur, 64 sauk, et en largeur, 1 sauk. Le boisseau ou tang = 20 tan an = 25 litres. 1 sat = 25 tan an. 80 sat = 100 tang = 1 coyan. C'est le picul qui est le plus en usage.

Le Siam est un pays minier. Le produit brut subit une taxe de 10 0/0. L'or y est l'objet d'exploitation sur plusieurs points comme Watana, Kabin qui étaient naguère dirigés par des ingénieurs français. Le charbon existe dans la péninsule malaise, un syndicat a même été formé à Singapour. L'étain fournit près de 4,000 tonnes valant 13 millions 1/2. Les pierres précieuses consistent en saphirs et

Pagode d'Anghor-vat (cliché de M. Furiet)

rubis. On les exploite surtout à Battambang et à Chantaboun où nous sommes établis.

Les forêts de tek, extrêmement importantes, sont situées dans le Nord; les grandes exploitations ne peuvent fonctionner que grâce à la main-d'œuvre de nos protégés laotiens,. khar, etc. qui viennent de Luang-Prabang. C'est la grande industrie du Siam et elle dépend de la production française. En 1897, on a exporté 38,000 tonnes de tek et, en 1898, 32,000. Les éléphants sont les auxiliaires indispensables de nos Laotiens pour traîner et empiler le bois. Un éléphant bien dressé à ce service coûte de 4 à 6,000 francs.

Les communications se font rarement par terre, en raison de l'absence de routes, du mauvais état des sentiers et de l'inondation annuelle. De même que les centres se composent en partie de maisons flottantes, de même les relations ont surtout lieu par barques, par les Klongs, ou canaux, véritables rues aquatiques.

Le Siam est traversé par une multitude de fleuves et de canaux naturels. Ce sont les routes qui marchent; car sur terre il ne faut compter que sur la piste et le dos des éléphants, ou sur les lents et lourds chariots à bœufs. Sans bagages, on voyage rapidement, mais durement, pendant la saison sèche, dans les petits chars attelés de bœufs coureurs à bosse.

Le service des ports n'a d'embryon d'organisation qu'à Bangkok, Paknam et Koh-Si-Chang. Nous avons amélioré celui de Pak-Chantaboun.

Le trafic commercial et agricole se centralise à Bangkok. Les produits du Siam et du Laos y affluent par le Mé-Nam et le Mé-Ping d'une part, et par Nong-Kay, Bassac, Oubôn et Korat d'autre part. L'établissement récent du service français des Messageries fluviales de Saigon à Luang-Prabang, et celui plus ancien de Saigon à Battambang, ramènera à la Cochinchine la plus grande partie des transactions.

Le commerce du Siam a été, en 1897, d'après la valeur de nargements, à l'entrée, de près de 25 millions de piastres, dont 9 millions d'augmentation. A la sortie, la valeur des chargements est de 32 millions de piastres.

Le total des importations est de 19,400,000 francs, dont 80 0/0 venant des ports anglais voisins (Singapour, Hong-Kong, Bombay).

Les exportations ont pris, en moyenne partie, le chemin des marchés d'Extrême-Orient et celles à destination d'Europe ne représentent qu'un faible chiffre.

Le total des exportations est d'environ 25 millions de piastres.

Les droits de douane sont de 3 0/0 *ad valorem*. Les recettes de la douane sont de 7 à 8 millions de francs.

La capitale du Siam, BANGKOK, est située par 14° de latitude Nord et 98° de longitude Est du méridien de Paris. Elle est à 30 kilomètres de la mer. L'on n'y accède qu'après avoir franchi la barre à haute mer. Elle est traversée par le Mé-Nam et les rues transversales sont des canaux (klong) bordés de maisons flottantes, ce qui fait de

Colonnade de la pagode d'Angkor-vat (cliché de M. Furiet)

Bangkok une Venise orientale. Elle a, avec ses longs faubourgs, un développement de plusieurs kilomètres. Elle est éclairée à la lumière électrique et desservie par des tramways. La population, très mélangée, dans laquelle l'élément chinois domine, est de 600,000 habitants. Bonzeries, riches et curieuses pagodes. Le palais royal est de style italien et indigène. La France a à Bangkok un ministre résident et des consuls dans les chefs-lieux des grandes provinces.

En outre, une mission catholique française avec évêché y est établie. Elle dirige un séminaire, un collège, des écoles. Des religieuses françaises de Saint-Maur y ont aussi un orphelinat et des écoles. La France a employé une partie de l'indemnité de guerre de 1893 à l'édification d'un hôpital international sous le vocable de saint Louis.

Le roi actuel a apporté de grandes améliorations dans sa capitale. Les Français y sont en trop petit nombre. Ils y ont des intérêts indirects forts importants ; mais le commerce, les industries et la navigation sont aux mains des Anglais. Le roi fait élever ses enfants en Angleterre et tend à faire de Bangkok une ville anglaise.

CHANTABOUN est le port qui sert de débouché aux provinces cambodgiennes de Battambang et de Siem-Réap. Nous l'occupons depuis 1893 par une garnison. Les vapeurs des Messageries fluviales françaises y font escale deux fois par mois. Ce point a une telle importance stratégique, commerciale et politique, qu'il est indispensable de le faire mieux connaître à nos nationaux. C'est un gros bourg de 10,000 habitants, situé à 24 kilomètres de Pak-Nam. La population indigène de Chantaboun est composée de Siamois, Chinois, Annamites et Birmans.

Les Annamites, en grand nombre, habitent l'extrémité Sud de la ville et toute l'autre rive du fleuve. Ils sont groupés autour d'un prêtre catholique français, le P. Cuaz, possédant toutes les langues du pays, qu'il parle et écrit avec une facilité surprenante.

Ce prêtre est certainement dans la ville une autorité avec laquelle il faut compter, vu sa grande connaissance du siamois ; il est souvent pris comme arbitre, dans les démêlés que les indigènes ont entre eux. Presque tous les Annamites sont catholiques et, par suite, lui sont dévoués corps et âme, et, de plus, il a su gagner à sa cause un grand nombre de Chinois et de Siamois.

Tous les Annamites sont artisans; quelques-uns sont même de vrais artistes. Leurs principales occupations sont : la fabrication des nattes, la menuiserie, l'horlogerie, la joaillerie et la bijouterie. Avec des outils primitifs, ils font de vrais chefs-d'œuvre.

L'accès de Chantaboun par la rivière n'est possible qu'aux chaloupes et aux jonques. L'entrée de la baie offre quelques difficultés.

A marée haute, les navires de fort tonnage peuvent y entrer et mouiller dans le lit du fleuve. Le fleuve est navigable pour les canonnières jusqu'au village siamois, où accostent les courriers français et anglais faisant le service postal de Bangkok à Chantaboun.

Le fort, élevé par le détachement d'occupation, est situé au Nord de la ville, sur un petit plateau qui la domine.

BATTAMBANG, chef-lieu de la province, autrefois cambodgienne, qui avoisine Pursat. La rivière Sang-Ku en permet l'accès en tout temps aux jonques, et pendant la saison des pluies aux vapeurs des Messageries fluviales qui traversent le grand lac jusqu'à Bac-Ra, à 30 kilomètres en amont de l'embouchure de la rivière. Il reste dans cette région plus de 100,000 Cambodgiens et plus de 3,000 Chinois. C'est de là que viennent les riz pour le Cambodge. C'est le pays du cardamome.

Korat, où nous avons un consul, a 7 à 8.000 habitants. La province en a 60.000 et 40 lieues de longueur. Il y a des mines de cuivre, des fabriques de sucre. Le commerce consiste en peaux, cornes, cardamome, musc, plumes, cannelle, benjoin, cire, ivoire, bois d'essence et rotins. La ville est sur la Sè-Moun. Elle est entourée de murailles. C'est l'entrepôt commercial du Laos, entre Bangkok et Nong-Kay au Nord, et jusqu'à Stung-Treng dans le Sud. Les importations se composent de cotonnades anglaises, soies et papiers de Chine, pétrole, opium, toutes les marchandises chinoises et la quincaillerie européenne.

On voit que dans ce pays peuplé, industrieux, riche, fertile, bien des éléments d'activité sont offerts à nos nationaux, dans le commerce, l'agriculture, les industries, les mines. Mais, pour pouvoir tenter ces entreprises, il faut d'abord que notre département des affaires étrangères obtienne du gouvernement siamois les réformes indispensables à son propre fonctionnement normal. Son premier devoir est de rétablir la sécurité partout, de faire cesser le brigandage plutôt que de s'armer sur terre et sur l'eau contre des ennemis imaginaires, et d'ailleurs trop forts pour que le Siam puisse soutenir la lutte, si lutte il veut avoir.

La neutralité de la vallée du Ménam est garantie par deux puissances qui ont délimité leur sphère d'action, l'une à l'Est, et l'autre à l'Ouest de ce bassin, réservé comme état tampon. C'est la piraterie intérieure qui est un danger pour les voisins du Siam et pour nos protégés. Ceux-ci sont au nombre d'un million et demi : Laotiens, Cambodgiens, Malais, Annamites (20.000), Chinois, etc.

Le gouvernement de l'Indo-Chine doit surveiller de près nos frontières ouvertes, encourager le développement des colonies annamites établies au Siam, assurer leur sécurité.

Enfin nos commerçants doivent être traités au Siam avec la même faveur que les Anglais, et mieux que les autres étrangers. C'est à nos nationaux à fonder au Siam des comptoirs et des entreprises sérieuses. Si nous savons agir avec esprit de suite et prendre « les moyens convenables », dont a parlé le ministre des affaires étrangères à la tribune nous serons les artisans de notre propre fortune au Siam et en Indo-Chine.

II

Yunnan

Les provinces voisines du Tonkin sont le Yunnan, le Kouei-Tcheou, le Kouang-Si et le Kouang-Tong.

Au point de vue orographique, le Yunnan, le Kouei-Tcheou et le Kouang-Si, comme, d'ailleurs, plusieurs autres provinces de la Chine méridionale, présentent, avec le haut Tonkin, la continuité la plus complète, qui est, d'ailleurs, confirmée par la géologie. La seule différence d'aspect consiste dans le déboisement, qui est presque universel en Chine, et qui est, comme on sait, entretenu par l'incendie des herbes sèches à la fin de la saison d'hiver. Aussi l'aspect général est-il partout le même, sauf au passage de certaines zones de fractures, où d'importants escarpements rocheux viennent interrompre l'uniformité du pays. Dans l'intervalle de ces zones spéciales, la surface du sol présente un aspect extraordinairement accidenté dont les rochers de la baie d'Along et le parcours du chemin de fer de Phu-lang-Thuong à Lang-Son donnent l'idée la plus exacte.

En Europe, on ne pourrait comparer ces formes qu'à celles des Alpes dolomitiques du Tyrol et de la Vénétie ou à la région des Causses. Les plateaux supérieurs sont formés par de grands lambeaux de terrains rouges ravinés par les pluies d'été, mais cependant encore assez consistants et perméables. Autour de ces plateaux, la dénudation pluviale fait apparaître une multitude de pitons calcaires très aigus, tantôt isolés, tantôt réunis en massifs. Les flancs très escarpés de ces pitons sont eux-mêmes hérissés d'autres pointements analogues, qui retiennent dans leurs interstices les débris du terrain supérieur. Dans beaucoup de régions, comme à Kouei-Lin, autour de Mong-Tze, au Sud de Kouei-Tcheou, la vue embrasse d'un seul point jusqu'à 200 pitons. Ainsi les images des porcelaines et des paravents chinois sont parfaitement exactes, sauf quelques écarts de perspective.

Les formes bizarres de ces innombrables pointements calcaires sont certainement dues à la dissolution chimique souterraine.

Dans les régions où les terrains supérieurs subsistent encore en partie, l'effondrement local du calcaire sous-jacent crée d'innombrables entonnoirs dans lesquels les eaux pluviales et les rivières disparaissent. Leur fond perméable est souvent cultivé. La juxtaposition des pitons coniques et de ces entonnoirs creusés dans une terre rouge a donné à quelques voyageurs l'impression d'une contrée volcanique. En réalité, les contrées de ce genre sont beaucoup moins hérissées que le Yunnan et le Kouei-Tcheou. Les pentes rocheuses qui limitent les anciens bassins lacustres transformés en rivières prennent constamment des pentes d'au moins 40 degrés. Les bassins lacustres forment des plaines atteignant souvent plus de 100 kilomètres du Nord au Sud. Leur altitude s'accroît depuis le Kouang-Si, où elle ne dépasse guère 400 mètres, jusqu'à l'Ouest du Yunnan, où elle atteint 3,000 mètres. L'altitude de la zone moyenne du Kouei-Tcheou est comprise entre 1,000 et 1,500 mètres, celle du Yunnan est comprise entre 1,500 et 2,500 mètres. Les bords du fleuve Bleu atteignent 3,000 mètres.

Au point de vue de la population, toutes ces questions sont comme le Haut-Tonkin une très curieuse marqueterie des races les plus diverses. Cependant en Chine les divers groupes ethnographiques possèdent, quoique soumis à l'administration chinoise, une autonomie et une importance qui permettent de les étudier beaucoup plus facilement qu'au Tonkin. Ces régions ont été le point de convergence d'une succession d'invasions qui, par suite de l'absence des voies de communication, ont laissé des témoins qui se sont conservés sans mélange depuis 2000 ans au moins.

On attribue au Yun-nan 12 millions d'habitants; au Kouei-Tcheou, 8 millions; au Kouang-Si, 5 millions. Ces chiffres peuvent s'accroître pour le Yun-nan et le Kouei-Tcheou; le Kouang-Si, peu fertile se dépeuple lentement.

Dans beaucoup de régions les races s'enchevêtrent sans cependant se mélanger. Il est intéressant de constater qu'elles se trouvent ainsi reliées au pays qui paraît être leur lieu d'origine d'après leur langue et leurs coutumes. Tout d'abord se placent les races anciennes de la frontière du Tonkin et de la Birmanie (Xhas Pou-Lahs, Iou-Nis etc.). En second lieu vient la race Thai, d'origine siamoise et laotienne qui s'est étendue le long de la frontière méridionale du Yun-Nan, où on peut lui rapporter les Long-Jen. Elle est représentée au Kouei-Tcheou par les Tong-Kia, qui sont le fond de toute la population de cette province. Leur langue ressemble tellement au Siamois, que le premier évêque du Kouei-Tcheou, Mgr. Albrand, qui venait du Siam, a pu de suite entrer en conversation avec eux. Plus au Nord, sur la région intermédiaire entre le Kouei-Tcheou, le Hou-Nan et le Kuang-Si, se trouvent les populations marquées comme indépendantes sur les anciennes cartes et encore réfractaires à l'administration chinoise, quoique pacifiées. Ces populations paraissent purement malaises. D'après leur type, leur costume et leurs mœurs, je crois qu'on ne peut mieux les comparer qu'aux Cambodgiens. Elles sont encore prospères dans l'intérieur de leur territoire et exploitent surtout leurs forêts, dont elles descendent les produits au Kouang-Si. Leur fétichisme paraît spécial: elles adorent des pierres sacrées qui sont exposées dans de très petits oratoires. On plante tout autour comme ex-votos des perches portant un cadre en bois, le tout peint en rouge. Ces populations n'enterrent pas leurs morts : elles déposent les cercueils dans de tout petits édifices construits exprès dans la campagne. On trouve le même renseignement dans les récits de Marco-Polo. Ces tribus reçoivent des Chinois seulement le nom générique de Miao-Tze.

Une autre colonie de même origine, mais plus importante, forme au Kouei-Tcheou et au Kouang-Si, le groupe des Tchong-Kia-Tze. Toute la province du Kouang-Si est ainsi peuplée par la race chinoise du Sud qui a pénétré par cette voie jusqu'au Tonkin.

Grande pagode de Yun-nan-sen

Au Yunnan au contraire, la grande majorité de la population appartient à la race mongole. Les communautés qui ont conservé leur intégrité reçoivent vulgairement le nom impropre de Lolos. Les villages renferment souvent plusieurs castes qui ne se marient pas entre elles. D'après leur langue, elles sont identiques avec les populations Manns du Haut-Tonkin. La race Mongole forme en effet une traînée encore continue depuis la région du Kou-Kou-Noor jusqu'au Tonkin. Elle constitue des royaumes partiellement indépendants dans la partie occidentale du Se-Tchouan que les Chinois appellent assez improprement le Se-Tchouan thibétain.

En réalité cette région est complètement différente du Thibet, au moins au point de vue politique et commercial, car elle n'est pas au pouvoir des Lamas, et les chefs indigènes ne reconnaissent que les mandarins provinciaux du Se-Tchouan pour modérer leurs velléités d'indépendance. Il est facile de traverser ces régions sous la protection de l'autoritée chinoise, ce qui est matériellement impossible au Thibet proprement dit.

Au Sud du Se-Tchouan, les Mongols sont représentés par les Li-Ssous ou Man-Tze, peuplade très réfractaire à la pénétration chinoise. Ils paraissent établis depuis très longtemps dans la région, car ils ont échappé au bouddhisme comme leurs congénères du Yunnan. Leur religion consiste en un certain nombre de cérémonies fétichistes, qui s'accomplissent en secret dans des bois sacrés.

On sait que les indigènes mongols ont été les maîtres du Yunnan, tantôt tout à fait indépendants, tantôt sous l'autorité supérieure de l'empereur chinois. Le régime administratif actuel ne date que du XVIIe siècle.

Il faut rapprocher des Lolos toute la population musulmane qui forme encore de nombreux villages depuis Mong-Tze jusqu'à Ta-Li-Fou. Elle provient, comme M. Rocher l'a si bien décrit, d'anciens mercenaires turcs implantés dans le pays, après avoir été au service de la Chine. On sait qu'ils ont été envoyés jusqu'en Birmanie. Les musulmans forment encore plusieurs régiments de réguliers chinois. Ils sont en somme issus de mariages contractés avec les femmes indigènes, mais ils sont cependant très dédaigneux des autres races, sans se rappeler le moins du monde que leur première origine est en somme voisine de celle des Lolos. Ils sont en général laborieux et batailleurs, et peut-être moins hostiles aux Européens que les Chinois proprement dits.

Le voyage de ville en ville sur les routes mandarines ne donne pas une idée exacte de l'importance de la population lolo, qui s'écarte toujours du passage ordinaire des mandarins. Dès qu'on s'éloigne à quelques kilomètres de la route on rencontre partout des villages lolos. Il en existe ainsi jusqu'aux portes de Mong-Tze et de Yun Nan-Sen. Toujours très craintifs à l'égard des Chinois, ils sont en somme assez accueillants pour les Européens, et leur rendent service dans des circonstances délicates.

Les costumes nationaux sont très variés et changent d'une tribu à l'autre. Dans l'ensemble, ils présentent une analogie frappante avec les costumes anciens des autres races mongoles qui sous le nom de Slaves, Hongrois ou Finnois, ont pris en Europe leur place définitive. M. Rocher et M. Bourne ont décrit les premiers la surprise que le voyageur éprouve en rencontrant au fond de la Chine la jupe à plis et le col marin. Notons l'impression que peut produire une robe à volants traînante par derrière et relevée artistement de la main gauche par une paysanne qui sautille pieds nus au milieu des rochers du Se-Tchouan méridional. Cette robe appartient aux femmes Man-Tze du Lean-Chan, Dans cette région encore complètement fermée aux Chinois les barbares sont cependant chargés par les mandarins de garder eux-mêmes les routes commerciales moyennant un subside qui leur est versé chaque année. C'est précisément ainsi qu'il y a deux mille ans d'autres Mongols étaient chargés de garder la grande muraille.

Par-dessus toutes les races indigènes, la pénétration chinoise s'est étendue de temps immémorial tout le long des voies de communication et a occupé les villes qu'elle a entourées de murailles. Cette immigration a d'ailleurs donné naissance à une population mixte car presque toujours le chinois étranger s'est marié avec des femmes indigènes.

Une rue à Talifou (Yun-nan)

Les Chinois ont d'ailleurs souvent reçu dès leur arrivée des concessions territoriales enlevées plus ou moins violemment aux indigènes. C'est ainsi que s'est formée par exemple au Yunnan la classe importante des Pen-Ti-Jen.

Dans l'état actuel des esprits la grande masse de la population est encore persuadée que la pénétration européenne a pour but d'obtenir de l'empereur des concessions de ce genre.

Malgré la diversité des races, les provinces voisines du Tonkin sont réellement chinoises. Les périodes d'autonomie partielle qu'elles ont traversées depuis deux mille ans n'ont jamais rompu les liens qui les rattachent aux destinées de l'Empire. La race chinoise a toujours dominé toutes les autres par la supériorité de sa civilisation. Les coutumes locales et l'Administration chinoise ont fini par s'adapter ensemble, à tel point que la plupart des rébellions encore fréquentes se réduisent à conférer à des chefs locaux les pouvoirs des mandarins expulsés.

Le climat du Yunnan est tout à fait spécial. Le nom de la province signifie qu'elle se trouve au Sud du rideau de nuages qui couvre, pendant l'hiver, la partie centrale de Se-Tchouan. Le même temps couvert règne pendant cinq ou six mois d'hiver dans les régions basses du haut Tonkin. On traverse ce rideau de nuages dès qu'on s'élève à 1,000 mètres d'altitude, soit dans le haut Tonkin, soit pour monter au Yunnan. Mais pendant que le soleil disparaît pour les régions inférieures, il brille, au contraire, continuellement sur les plateaux élevés. On y voit à peine quelques nuages isolés qui disparaissent rapidement. Tous les jours s'élève, vers huit heures du matin, un vent tiède et sec du Sud-Ouest, son intensité augmente jusque vers deux heures de l'après-midi ; elle devient alors souvent tout à fait exceptionnelle et s'accompagne parfois d'un transport d'une poussière jaune extrêmement fine dont la teinte remplit toute l'atmosphère. Le vent diminue vers le soir et laisse le ciel s'éclaircir. En février, il dure souvent jusqu'au milieu de la nuit. Ainsi, au point de vue de la température, pendant huit mois de l'année, le climat du Yunnan ne peut se comparer qu'à celui des bords de la Méditerranée, mais avec un air à la fois tiède et complètement sec. A 2,000 mètres, on observe à peine le matin quelques rares traces de gelée blanche. A 2,200 mètres (Ta-Li et Tong-Tchouan), il se produit parfois quelques chutes de neige, qui persistent pendant quelques semaines sur l'escarpement du fleuve Bleu entre 2,800 et 3,000 mètres d'altitude.

L'hiver est incomparablement plus rigoureux dans la zone du Kouei-Tcheou. La mousson du Nord-Est y pénètre parfois en remplaçant le vent du Sud-Ouest. Elle abaisse, à Kouei-Yang, la température jusqu'à 9 degrés au-dessous de zéro et occasionne, en tous cas, de fréquentes chutes de pluie et de neige fondue, qui sont, d'ailleurs, assez favorables aux cultures d'hiver ou de printemps.

Au Kouang-Si, le passage de la mousson rend la température supportable pendant quelques mois, qui sont encadrés par les fortes chaleurs de l'automne et du printemps.

A partir du 25 mai commence la saison des pluies. Elles se propagent depuis les côtes jusqu'au Yunnan, où elles ne s'établissent franchement qu'un mois plus tard. Les orages torrentiels des régions tropicales ravinent alors les plateaux des terres rouges et les flancs des collines calcaires. Les eaux viennent s'emmagasiner dans les rizières étagées sur les pentes les plus adoucies et sur la surface des anciens bassins lacustres. Alors, commence la culture du riz. La période de cent jours qu'elle exige est plus ou moins retardée. A Ta-Li-Fou, par exemple, elle ne se termine souvent qu'au 15 novembre, et cependant les rizières y rapportent jusqu'à deux cent cinquante fois la semence. Dans les régions insuffisamment irriguées, la culture du riz est remplacée par celle du maïs, qui acquiert un développement exceptionnel et peut s'établir jusqu'à 2,500 mètres d'altitude.

Pendant la période sèche, les plateaux lacustres fournissent une seconde récolte qui se compose, suivant l'altitude, de sarrazin, d'avoine, d'orge, de blé ou d'opium. Cet ordre est aussi celui des rendements les plus avantageux, l'opium occupant le premier rang et préférant les ciels couverts du Kouei-Tcheou et de la frontière tonkinoise.

Presque toutes les plantes de nos jardins d'Europe poussent naturellement dans ces régions. Elles fleurissent en hiver et terminent, en général, leur végétation annuelle avant la saison des pluies, qui fait tout d'un coup éclore la faune tropicale.

La vigne existe un peu partout à l'état sauvage au-dessous de 1,800 mètres, mais surtout vers 1,200 mètres. On trouve des raisins en vente, vers la fin du mois de mai, sur les marchés de Yun-Nan-Sen. La vigne cultivée peut réellement s'implanter au Kouei-Tcheou. Les missionnaires sont, à force de patience, parvenus à produire du vin, malgré les difficultés résultant d'une maturation inégale, quoique abondante, et malgré les ravages d'insectes innombrables. Le pommier et le poirier poussent presque partout et servent souvent à fabriquer du cidre. Les pêchers sont très nombreux dans la campagne autour de Mong-Tze. Ils fournissent des fruits énormes qui auraient besoin d'être améliorés. Les orangers les plus divers prospèrent admirablement au Kouei-Tcheou et au Kouang-Si. Le tabac est cultivé un peu partout. La région de Li-Po fournit une espèce très estimée, qui pourrait parvenir à un prix très modéré jusqu'à la frontière du Tonkin.

Dans les parties profondes des vallées d'érosion, la température reste élevée pendant tout l'hiver et permet la culture de toutes les plantes tropicales. C'est ainsi que, dans la boucle du fleuve Bleu, on rencontre, à 800 mètres d'altitude, la même végétation qu'à Saigon.

L'agriculteur chinois est extrêmement soigneux et fournit, pendant la période de culture, une somme énorme de travail. Les herbes parasites sont épluchées minutieusement et les labours sont souvent insuffisants. L'emploi exclusif de l'engrais chinois supprime toute culture industrielle en proportionnant strictement la surface cultivée au nombre des habitants qu'elle alimente. Le Chinois, n'estimant que la viande de porc, ne pratique pas l'élevage proprement dit.

Tel est le régime agricole qu'on peut observer en traversant le pays par les voies de communication souvent sommaires qu'on désigne sous le nom de routes mandarines. La plupart des populations qu'on rencontre sont des familles chinoises d'importation récente ou des indigènes plus ou moins mélangés, soumis aux rites chinois. L'aspect change quand on peut pénétrer dans les communautés indigènes, qui vivent en s'isolant des routes sous l'administration de Tou-Sse, ou de chefs de villages, reconnus et institués par le gouvernement chinois. Ces indigènes élèvent d'assez beaux troupeaux de bêtes à cornes, qui se développeraient beaucoup si on leur offrait quelques débouchés. Les musulmans de la région de Mong-Tze pratiquent, entre autres, cette industrie. Le mouton ne prospère guère qu'au-dessus de 2,200 mètres. Il pourrait donc vivre dans les montagnes à l'Est de Mong-Tze. Il est surtout abondant sur les bords du fleuve Bleu, d'où il descend quelquefois, mais non sans perte, jusqu'au Tonkin. Au-dessus de Tong-Tchouan, un gros mouton vaut 1 fr. 75. Les indigènes apprécient surtout la toison, dont ils font des couvertures et des tapis.

Au point de vue économique, le caractère fondamental des provinces voisines du Tonkin est l'absence complète de débouchés même locaux, par suite de l'insuffisance des moyens de communication. Il est difficile de trouver en Europe un exemple qui puisse donner une idée des routes chinoises. Elles consistent sur la plus grande partie de leur parcours, en une simple piste, accessible aux chevaux de bât dans les régions supérieures du Yun-Nan et du Kouei-Tcheou, mais juste suffisante pour les porteurs de charges dans les régions plus accidentées. Aucune autorité publique n'intervient dans leur entretien, les agriculteurs ou les marchands prennent seuls parfois le parti de rétablir eux-mêmes le passage. On fait bien de transporter une pioche dans ses bagages. C'est cependant au point de vue des coutumes locales une œuvre pie que la construction ou l'entretien des routes. De loin en loin de véritables ouvrages d'art rappellent par une inscription l'effort de l'initiative privée, mais l'état général de la route restreint beaucoup l'efficacité de ces travaux. Les ponts sont parfois remarquables, mais ils se raccordent presque toujours avec la chaussée par des escaliers plus ou moins raides, semblables à ceux qu'on rencontre sur la route elle-même dans tous les passages rocheux.

Pour traverser, au voisinage des villes, les plaines que la saison des pluies transforme en lacs étagés pour la culture du riz, la route reçoit un dallage grossier dont les dislocations noyées sous la boue rendent souvent la marche très pénible. En pleine campagne, le tracé est l'œuvre des siècles et contribue beaucoup à donner du pays l'idée d'une région effroyablement accidentée. Il a été établi de manière à maintenir autant que possible les communications pendant les pluies torrentielles. A cet effet la route saute de crête en crête, choisissant toujours les arêtes les plus élevées pour dominer les ravins d'érosion.

D'autre part la crainte des réquisitions exercées par les mandarins de passage éloigne encore les populations rurales. On s'explique donc, qu'en fait, le voyage le long des routes principales donne à l'Européen l'impression qu'en dehors de la banlieue des villes, le pays ne peut être qu'un simple désert. Son aspect général ne se découvre, la plupart du temps, qu'en suivant d'étroits sentiers ordinairement inaccessibles pour la chaise à porteurs mandarinale. Chaque agglomération rurale vit à peu près exclusivement des produits de son propre territoire. Elle est dans l'aisance si le sol est fertile. S'il est d'un mauvais rendement, elle subit chaque année la disette, car les transports intérieurs n'interviennent pas pour égaliser la consommation. Ils sont en effet trop coûteux. On peut les évaluer en moyenne, dans les bonnes régions à 0 fr. 50 par tonne et par kilomètre. Or, le revenu moyen de l'ouvrier agricole ne dépasse guère 0 fr. 25 à 0 fr. 30 par jour dans les pays chinois, et s'abaisse encore chez les indigènes.

Épandage du bicarbonate de soude, près de Jung-pe-Ting

Le commerce n'existe donc que de ville en ville. Je ne puis sur ce sujet que renvoyer aux comptes-rendus de la mission lyonnaise tout en faisant remarquer que les tonnages transportés sont forcément restreints puisque la charge normale, d'un wagon de sept tonnes exige au moins cent chevaux et vingt conducteurs, ou bien, plus de deux cents hommes habitués au métier de porteurs de charges. L'étape journalière est d'environ 30 kilomètres. Par suite, pour effectuer un transport comparable à celui d'un unique train de 10 wagons qui accomplirait tous les jours dans chaque sens le trajet de Yun-Nan-Sen à Mong-Tze, il faudrait mobiliser soit au moins 20.000 chevaux accompagnés de 4.000 conducteurs, soit au moins 40.000 porteurs de

— 266 —

charges. Sur les routes mandarines les plus fréquentées, la circulation représente rarement plus du dixième de ce chiffre.

L'industrie est exactement dans le même état que le commerce. Le fabricant le plus important de la région est probablement un tisserand de Ta-Li, qui occupe une trentaine d'ouvriers à faire de la toile avec les filés de coton anglais. Tous les produits fabriqués s'obtiennent dans des familles qui comprennent dans leur patrimoine la transmission héréditaire de leurs recettes.

Ces procédés ne sont nullement rudimentaires, ils sont au con-

Lavage de l'or (Yunnan)

traire aussi perfectionnés que les nôtres, eu égard aux conditions économiques qui leur sont imposées.

La fonte de fer se fabrique dans de hauts fourneaux en bois très bien conduits. Elle est transformée en fer et en acier par un puddlage au bas foyer. Les procédés de moulage sont absolument identiques aux nôtres, ils obtiennent de très grandes marmites de quelques millimètres d'épaisseur, qui sont véritablement parfaites. Même les souffleries cylindriques en bois sont souvent mues par de véritables turbines, bien antérieures à nos inventions européennes. On fabrique actuellement à l'arsenal de Yun-Nan-Sen des fusils, des obus et des cartouches, mais par des procédés empruntés en partie à notre industrie européenne. Cependant la véritable industrie locale n'est pas d'importation récente. Elle existe au fond de toutes les populations anciennes, qui se fabriquent des fusils et de la poudre, et qui tissent les étoffes les plus variées de leurs costumes. Par exemple, elles savent exploiter les sources carbonatées ou salifères par un épandage à l'air, suivi d'un lessivage méthodique des terres effleuries. Elles ne soumettent ensuite à l'évaporation que la dissolution réellement saturée du sel le plus soluble. C'est précisément l'ancienne méthode lorraine.

En lavant les graviers du fleuve Bleu, les indigènes savent en

Mine de cuivre du Tu-nu-li (Yun-nan)

extraire un sable aurifère qu'ils soumettent ensuite à l'amalgamation et à la distillation.

L'exploitation des mines de cuivre et d'étain date au moins d'un millier d'années. S'il est vrai que malgré l'intervention du gouvernement, ces industries ne sont plus maintenant une source de bénéfices réels, elles n'en témoignent pas moins de l'aptitude des populations qui suivent dans les calcaires les moindres veinules d'imprégnations cuivreuses et qui peuvent exploiter des gisements fournissant parfois à peine une tonne de cuivre dans l'année.

Même au point de vue de l'art du constructeur, on trouve par place de véritables colonies d'ouvriers qu'une direction habile peut mettre rapidement en état d'exécuter tous les ouvrages d'art européen. On peut citer, par exemple, les tailleurs de pierre et les briquetiers des environs de Ta-Li qui savent appareiller en courbes concentriques les assises de leurs édifices. Les indigènes du Kouei-Tcheou construisent sous la direction des missionnaires des chapelles gothiques en pierres de taille. De temps immémorial ils possèdent des chemins bien pavés en petits matériaux. Les charpentiers et les menuisiers chinois sont eux-mêmes rompus aux assemblages les plus compliqués dont on trouve des exemples jusque dans la grande pagode élevée il y a 600 ans à Yun-Nan-Sen.

Ainsi les provinces voisines du Tonkin, après avoir vécu depuis des siècles dans un isolement imposé par l'absence de fleuves navigables, peuvent trouver sur leurs propres territoires toutes les ressources nécessaires à la vie industrielle et sont prêtes à entrer dans le courant des échanges européens, dès qu'elles auront été dotées d'une organisation générale capable de les mettre en valeur.

Il est facile de se convaincre que ces populations ne sont pas réfractaires aux interventions, aux civilisations européennes et aux progrès industriels. On a donc la certitude qu'elles contribueront à la création de chemins de fer et aux entreprises de développement économique que le gouvernement de l'Indo-Chine s'efforce de créer sur leur territoire. Ce sera un résultat précieux pour nous.

CINQUIÈME PARTIE

EXPOSITION SPÉCIALE DE LA MISSION PAVIE

L'Indo-Chine, dans son exposition de 1900, ne pouvait manquer d'offrir une place importante, à la mission Pavie, qui a si longtemps travaillé à son agrandissement territorial, et a tant contribué à la faire connaître.

Aussi, aux documents de toute sorte, que notre grande colonie a accumulés dans les constructions originales du Trocadéro s'ajoutent les importants matériaux et les intéressantes collections, fruits des travaux de l'explorateur et de ses compagnons.

Voici comment ont été réparties les collections dont sont si curieusement ornées les excavations, de conception bizarre, qui forment les entrées des salles souterraines du monument cambodgien :

1º Ouvrage de la Mission ;

2º Cartes géographiques ;

3º Histoire naturelle ;

4º Agrandissements photographiques ;

5º Ethnographie.

L'ouvrage de la mission Pavie, dont cinq volumes seulement ont terminés, est, sous sa forme de livre, le document de cettes exposition qui, quoique le plus important, parle le moins aux yeux des visiteurs, aussi, il a paru nécessaire de le présenter ici avec quelques détails. Non pas par une analyse uniquement destinée à en faire ressortir l'importance ou le mérite, mais par des extraits, propres à faire bien comprendre, les pays indo-chinois et leurs populations, principal but de l'auteur.

M. Pavie, dans une courte préface, présente ainsi son livre, et ses collaborateurs, dans le premier volume de la première série :

« En entreprenant cette publication je tente de faire connaître l'œuvre et les résultats scientifiques de la mission que j'ai dirigée en Indo-Chine.

« Je lui ai donné pour titre le nom sous lequel, à mon grand honneur, le groupe que mes compagnons ont formé avec moi a été appelé par eux, et a été officiellement désigné par le Gouvernement de la République pour résumer l'œuvre accomplie par chacun et par tous.

« Je l'ai divisée en deux séries dont chacun des volumes forme un ouvrage indépendant.

« Les *Études géographiques* montrent le travail exécuté sur le terrain depuis 1879, époque de ma première marche, jusqu'à ma rentrée définitive en France à la fin d'août 1895; elles comprendront, en plus du présent exposé, quatre ou cinq volumes contenant le récit de mes voyages et les relations de ceux de mes compagnons qui ont marché isolément ou comme chefs de groupe.

« Les *Études diverses* présentent mes recherches personnelles en cours de mission : un volume de Recherches sur la littérature du Cambodge, du Laos et du Siam, un volume de Recherches sur l'histoire de ces mêmes pays et un volume de Recherches sur l'histoire naturelle de l'Indo-Chine. De plus, un quatrième volume, « Ethnographie et linguistique », résultat des études de plusieurs membres de la mission doit terminer cette série.

« En relevant en Indo-Chine le cours supérieur du Mékhong, la mission Doudard de Lagrée y avait établi pour les explorateurs qui marcheraient sur ses traces, une magnifique base d'études géographiques qu'Henri Mouhot avait précédemment reliée au golfe de Siam et que M. Harmand n'avait pas tardé à joindre à la mer de Chine.

« C'était une chose hardie que d'envisager le travail restant à faire avec l'idée d'entreprendre de l'accomplir. Aussi après l'avoir rêvée, après avoir opéré sur la carte le fractionnement des terres à explorer, je m'étais mis en route avec le simple espoir d'avoir longtemps des forces.

Ayant à justifier tout d'abord la confiance que le Gouvernement avait dans le succès des missions qu'il me confiait, j'avais dû reconnaître, au bout de longues années de marche, qu'il ne me serait pas possible en serrant les mailles de mes itinéraires, comme je les avais serrées au Cambodge et au Siam, de faire aller de front les études géographiques avec les missions dont j'étais chargé et je résolus de parcourir de grandes lignes qui seraient autant de bases particulières pour moi plus tard ou pour mes continuateurs si je ne parvenais pas à terminer l'œuvre à laquelle je m'étais attaché.

« C'est ainsi que j'exécutai mon premier voyage du Siam au Mékhong puis au Tonkin.

« Mais dans ce même temps les événements modifièrent la situation dans les pays où j'opérais ; les solutions de questions territoriales rendirent plus urgent l'examen des régions discutées et des frontières, alors il arriva que je pus m'entourer de collaborateurs jeunes et ardents, jaloux de prendre part à une mission utile. Leur activité et leur courage facilitèrent singulièrement ma tâche et sept ans après, je leur devais de la voir achevée. Je leur dois aussi, ce dont je m'acquitte avec bonheur, de pouvoir, dans le repos, donner ici le témoignage reconnaissant que mérita leur vaillance.

« Cinq d'entre eux ont succombé au cours de la mission: MM. Combaluzier, Nicole, Massie, Rivière et Mailluchet; six sont morts après l'avoir quittée : MM. Biot, Launey, Lerède, Dugast, Nicolon et Garanger ; les autres sont tous en Indo-Chine ou dans nos possessions lointaines, travaillant au développement, à la prospérité et à la grandeur de l'empire colonial de la France.

Je me suis attaché à les présenter chacun à sa place et à mettre en relief les qualités qui me les ont fait apprécier, voulant à la fois saluer encore de toute mon amitié inconsolée ceux qui ont disparu et aider à mettre en lumière par la connaissance de leurs aptitudes et des services qu'ils ont rendus, ceux dont l'avenir est ouvert.

Les noms de tous, inscrits ici dans l'ordre chronologique, se retrouveront en tête de chacun des volumes de la publication.

MM.

Biot, surveillant des télégraphes, 1882-1883.

Launey, commis principal des télégraphes, 1884.

Combaluzier, commis principal des télégraphes, 1884.

Ngin, secrétaire cambodgien, 1885 à 1895.

Gauthier, 1887-1888 (1).

Cupet, capitaine au 3º zouaves, 1887 à 1892 (2).

Nicolon, capitaine à la légion étrangère, 1887 à 1889.

Massie, pharmacien-major, 1888 à 1892.

Messier de Saint-James, capitaine d'infanterie de marine, 1888 (3).

Vacle, 1888 à 1891 (4).

Garanger, 1888, 1889 et 1895 (5).

---

1. Consul de France.
2. Chef de bataillon au 56º de ligne.
3. Chef de bataillon d'infanterie de marine.
4. Commissaire principal du gouvernement au Laos.
5. Commissaire du gouvernement au Laos.

Lerède, capitaine d'armement des messageries fluviales du Tonkin 1888.

Nicole, publiciste. 1888.

Lefèvre-Pontalis, attaché d'ambassade, 1889 à 1891 ; secrétaire d'ambassade, commissaire adjoint au chef de la Mission, 1894-1895.

Lugan,, commis de résidence au Tonkin, 1889 à 1895 (1).

Dugast, lieutenant d'infanterie de marine, 1889 à 1891.

Macey, 1889 à 1891 et 1895 (2).

Couxillon, professeur, 1889 à 1892.

Molleur, commis de comptabilité, 1889 à 1890 (3).

Le Dantec, docteur ès-sciences, 1889 à 1890 (4).

De Malglaive, capitaine d'infanterie de marine, 1889 à 1892 (5).

Rivière, capitaine au 22e d'artillerie, 1889 à 1891, 1894 à 1895.

Cogniard, capitaine à la légion étrangère, 1889 à 1891 (6).

Pennequin, lieutenant-colonel d'infanterie de marine, adjoint au chef de la mission, 1889-1890 (7).

Friquegnon, capitaine d'infanterie de marine, 1890 à 1892 et 1895 (8).

Donnat, capitaine d'infanterie de marine, 1890.

De Coulgeans, commis principal des télégraphes 1890 à 1895 (9).

Guissez, lieutenant de vaisseau, 1890-1892.

Tostivint, garde principal de milice, 1890 à 1892.

Le Myre de Vilers, lieutenant de cuirassiers, 1893.

---

1. Vice-Consul de France.
2. Commissaire du gouvernement au Laos.
3. Administrateur au Sénégal.
4. Chargé du cours d'Embryologie générale à la Sorbonne.
5. Capitaine au 153e de ligne.
6. Chef de bataillon à la légion étrangère.
7. Général de brigade d'infanterie de marine. Gouverneur général par intérim de Madagascar.
8. Chef de bataillon d'infanterie de marine.
9. Vice-consul de France.

CAILLAT, chancelier de résidence, secrétaire particulier du chef de la mission, 1894-1895 (1).

OUM, lieutenant à la légion étrangère, 1894-1895.

TOURNIER, chef de bataillon à la légion étrangère, 1894-1895 (2).

SEAUVE, capitaine d'artillerie de marine, 1894-1895.

THOMASSIN, lieutenant à la légion étrangère, 1894-1895 (3).

MAILLUCHET, capitaine d'infanterie de marine, 1894-1895.

SAINSON, interprète. 1894-1895 (4).

SANDRÉ, capitaine d'artillerie de marine, 1894-1895 (5).

LEFÈVRE, médecin de 2ᵉ classe des colonies, 1894-1895.

JACOB, lieutenant d'infanterie de marine, 1895 (6).

Toute une cohorte de collaborateurs indigènes composée de Cambodgiens et de plusieurs Annamites, Laotiens et Chinois, a grossi la mission d'hommes qui comme Ngin, celui qui, par excellence l'a bien servie, y ont, pendant de longues années, donné à la France des preuves constantes d'abnégation, de dévouement et de courage. Six d'entre eux ont succombé : les Cambodgiens KOL, DOUITH, SENG, CHANN, KIENN et TAKIAT ; les autres sont dispersés loin de leurs familles au Laos et au Siam et je sais par leurs chefs actuels que gardant les traditions de la mission ils continuent à bien mériter de la France et à faire honneur à leurs pays et à leurs races. Leurs noms et leurs services seront dits dans cette publication et j'ai la confiance que nombre de leurs compatriotes auront à cœur de suivre leur exemple. »

M. Pavie a fait précéder cette préface d'une introduction dans laquelle il raconte comment, après un long séjour en Cochinchine, il s'est, dans une région du Cambodge où le hasard l'avait

---

1. Vice-résident.
2. Lieutenant-colonel au 146ᵉ de ligne, résident supérieur au Laos.
3. Capitaine à la Légion étrangère.
4. Vice-Consul de France.
5. Résident au Tonkin.
6. Capitaine au 32ᵉ d'infanterie.

placé, intéressé aux indigènes plus qu'il ne l'avait fait jusqu'alors ; comment séduit peu à peu, conquis en quelque sorte par eux, il prit goût à courir leur canton, à vivre de leur vie et en

Groupe d'indigènes du Siam

arriva à être obsédé du désir de visiter d'autres contrées, de connaître et de faire connaître les pays inexplorés de l'Indo-Chine orientale, de servir son pays en se rendant utile à leurs populations, comment enfin il devint voyageur.

Quelques pages de cette introduction, initieront à cette existence d'entraînement qui a déterminé sa résolution et l'a pour ainsi dire mis en marche.

« Un jour, il y avait près de trois ans que j'étais à Kampot, je vis entrer chez moi un Cambodgien tout de neuf habillé ; l'air souriant il me tendait la main. Je fus vraiment surpris, c'était le chef de la pagode. Il n'était plus religieux !

« Pendant que je le faisais asseoir, il disait :

« Depuis six mois déjà j'avais, suivant l'usage, prévenu notre chef au Cambodge de mon désir de laisser l'habit jaune revêtu à douze ans. Maintenant je ne suis plus le supérieur de la grande bonzerie ; je rentre dans mon village, j'y cultiverai le riz avec mes vieux parents. Ma résolution je l'avais tue à tous afin de garder jusqu'aux derniers jours une situation égale. »

« Descendu d'une position honorée à l'état de simple homme des champs, il avait une attitude discrète, presque humble en me regardant de son œil bon.

— « Ceux de votre village vont être très heureux de votre retour, vous vous marierez et serez bientôt leur chef écouté. Mais les gens d'ici, habitués à vous, vous regretteront pour les qualités de votre caractère, pour les bons conseils qu'ils venaient chercher en toute occasion et pour leurs enfants que vous éduquiez. Pour moi, mon regret est grand, je vais être séparé du premier ami que j'ai eu chez les Khmers. Mais nous nous reverrons ; pour vos provisions vous viendrez ici, dans mes promenades j'irai par chez vous. »

« Il dit doucement :

« Mon successeur a appris tout ce que je sais, vous le connaissez, c'était mon second, il viendra vous saluer après mon départ. Ceux-là qui auront besoin de conseils me trouveront toujours heureux d'être utile. »

« J'ajoutai alors :

« Maintenant je parle un peu la langue khmère, je connais

un coin du Cambodge et je sais beaucoup du cœur de son peuple. Quoique je commence à peine à le comprendre, j'aime votre pays, je suis obsédé d'un désir intense de parcourir ses autres régions, celles des montagnes et des grandes forêts, celle où court le fleuve et qu'inonde le lac et celle des grandes ruines.

« J'aime les Cambodgiens parce que je les ai trouvés tels que vous-même êtes, simples, bons avec le cœur droit; je les aime aussi pour le mystère de leur passé dont une instinctive souvenance de la gloire, jointe à la pensée des malheurs qui

Maisons flottantes à Bangkok

ont fait l'oubli, leur donne, en même temps, une nuance d'orgueil et les rend timides.

« C'est à vous que je dois d'avoir pris goût à l'étude des gens et du sol, êtes-vous content de ces sentiments qu'ils m'ont inspirés? »

« Il lisait dans mes yeux le gré infini que je lui savais. Le vieux citronnier était devant nous, c'était l'époque où ses fruits jaunis tombaient sur le sol tachant le gazon, il le regarda, souriant et ému, je tenais sa main, il me dit encore :

« Je souhaite maintenant que tous les Français nous jugent

comme vous et nous aiment autant. Nous sommes animés de reconnaissance extrême pour la France qui a arrêté l'anéantissement de notre pays. Les Khmers sont sensibles, et leur dévouement va aux grandes limites, ils le montreront si les circonstances le veulent jamais. »

« Je ne devais plus revoir cet homme excellent. Quelques semaines après sa visite, l'ordre m'arriva d'aller à Pnom-Penh continuer mon service.

« Ce changement me causa une satisfaction entière, il me parut venir à l'heure voulue.

« En effet, la résidence dans la capitale khmère était un acheminement vers la réalisation de mes désirs. J'étais préparé, entraîné, résolu; il ne me fallait plus qu'une occasion, un motif qu'il me serait plus facile de saisir ou de présenter au centre administratif du royaume où je serais aussi mieux à même de me rendre compte des conditions dans lesquelles je pourrais voyager. »

. . . .

« Pour gagner les bords du Mékhong, j'allais parcourir 130 kilomètres, en terre cambodgienne à dos d'éléphant.

« A l'idée de cette marche dans ce pays dont j'étais enthousiaste, je débordais de joie et quand la bête qui devait me porter arriva devant ma véranda conduite par son cornac, je n'avais plus qu'à monter sur la chaise garnie d'un rooff installée sur son dos; mon cuisinier, parti en charrette à bœufs avec le bagage, devait être bien près du lieu de halte du repas de midi.

. . . .

« Ces cinq jours de voyage furent, après ma petite course à Hatien, une véritable période d'instruction.

« Le cornac n'avait jamais eu à répondre à autant de questions. Quoique je ne fisse pas le levé de la route, il me fallait le nom de chaque hameau, ceux des monts dans le lointain ou proches, aussi ceux des ruisseaux, leur source, leur direction et des détails sans fin sur ce qui se rapportait au pays tout entier : géographie, histoire, légendes, etc. Heureusement, le terrain lui était familier, c'était sa vie à lui de courir

Petite troupe cambodgienne de théâtre

ainsi. Lorsqu'il n'était pas en marche, il habitait les bois, gardant les éléphants. Quand je n'avais plus rien à lui demander, j'essayais de le faire parler de son existence que je voyais misérable et abrutissante; je ne comprenais pas toujours ses réponses, car dans son langage il ne savait pas se mettre à ma portée. Il riait de l'intérêt qu'il me voyait donner à toutes choses, et me trouvait sûrement curieux à écouter, autant que moi je le trouvais curieux lui-même.

. . . .

« Près de la ville j'éprouvais comme un sentiment de regret en pensant à mon séjour heureux à Kampot et au court voyage déjà terminé. Cet avant-goût d'un genre de vie auquel j'aspirais me semblait maintenant comme la lecture achevée de l'introduction pleine de promesses d'un beau livre encore fermé.

« Je revoyais ces années vécues dans un cadre naturel remarquable, au milieu d'une population sympathique que j'aimais, et la course rapide sur l'éléphant du haut duquel j'avais admiré la campagne, épuisant le savoir du cornac, se déroulait encore devant mes yeux.

« Mais à mesure que grossissaient les toits des maisons et des temples, les flèches des pagodes et des mausolées et les cases en paillotes, formant le nouveau cadre d'une autre période de préparation à ma vie de voyageur, l'impression de regret s'apaisait. Elle faisait place à une ardente curiosité, devenue étonnement et admiration quand subitement je me trouvai au bord du fleuve du Lac éclairé par le crépuscule qui montrait, à six cents mètres sur la rive opposée, en un jour adouci d'une pureté idéale, des cases à perte de vue demi-cachées sous les bambous et les ouatiers, se reflétant dans l'eau presque endormie. Une sorte d'exaltation, née des impressions entraînantes constamment éprouvées, me donna alors la vision que ces sensations me reviendraient toute une vie, devant des décors naturels toujours changés, à la rencontre de populations sans nombre à qui j'aurais l'infini bonheur d'être utile, et je me trouvai très heureux. »

. . . .

A Pnom-Penh, M. Pavie retrouve un vieil ami, Raphael Garcerie, qui de fonctionnaire était devenu agriculteur et industriel :

« Chaque fois que ses affaires l'appelaient à Pnom-Penh, il passait avec moi son temps libre, partageant mon couvert.

« Je l'aimais pour sa simplicité, son caractère honnête et bon, son tempérament de poète enthousiaste et sa passion ardente pour l'Indo-Chine.

« Il avait vingt ans d'âge sur moi.

« Son goût pour la vie aventureuse, un genre d'existence analogue à celui que je rêvais, sa connaissance supérieure de toutes les questions se rattachant à l'Indo-Chine, en faisaient

Monument cambodgien pour les crémations royales

l'homme de qui je pouvais avoir un avis sage et des conseils utiles. Aussi fut-il le premier à qui ma timidité me permit d'exposer mon idée, de soumettre mes projets.

« Unissant dans notre pensée les œuvres de Mouhot, de la mission de Lagrée et d'Harmand, nous recherchâmes tout ce qui restait à faire pour celui qui voudrait marcher sur leurs traces. Nous étions effrayés de l'énormité de la tâche et cependant nous en parlions comme d'une étude possible, n'ayant crainte que d'une chose, c'est que, l'ayant rêvée, elle ne me fut ravie par d'autres plus qualifiés sans doute pour son exécution.

« Son imagination exubérante s'exaltait à la pensée que j'allais parcourir toutes ces régions de la grande *unité géographique* qui comprenait, en outre des terres annamites et cambodgiennes, celles du Laos et du Siam et dont il espérait voir un jour *l'unité politique* et je comprenais combien il serait de cœur avec moi dans mes marches.

« Ma volonté d'aller parmi les peuples vers lesquels je me sentais entraîné s'augmenta de toute la force des idées de suite aux grandes œuvres accomplies, de développement de notre grande colonie et de gloire de la France, sujets constants de nos conversations.

« La foi de mon ami dans le succès futur aida mon assurance et me rendit hardi pour faire connaître mes intentions à d'autres. »

Dans ce même temps l'Indo-Chine recevait un nouveau gouverneur, M. Le Myre de Vilers. C'est à lui qu'il appartiendra de mettre le futur explorateur en route.

« Plus que personne, je suivais anxieux le début de celui de qui sans doute allait dépendre la réalisation de mes espérances.

« Et voici que l'expression, connue chaque jour, de ses sentiments, répondait à l'idéal que je m'étais fait du chef d'un pays important comme celui qu'il venait conduire.

« Ses qualités d'activité et de travail sous ce climat torride, l'affabilité, l'égalité de son accueil d'un bout du jour à l'autre, ses encouragements à toutes les bonnes volontés, la bienveillance extrême qu'il témoignait aux indigènes, étaient déjà redites par tous; elle formaient à mes yeux, jointes à une générosité et à une bonté de cœur qui se montraient impétueusement dans certaines occasions, comme une auréole à un ensemble d'actes d'administration et de gouvernement dont quelques-uns entre autres me causaient une joie extrême.

. . . .

« Ma résolution de m'adresser à lui fut dès lors décidée.

. . . .

La route de Kampot

« Je ne saurais retrouver les termes dans lesquels je lui parlai lorsqu'il arriva, voulant le bien convaincre qu'il avait devant lui un homme au point qu'il faut pour marcher simplement, et non un amateur désireux d'accomplir une promenade peu commune.

« Mais, ce dont je me souviens, c'est l'expression bienveillante et en même temps satisfaite que gardait son visage tandis qu'il m'écoutait et son regard enflammé et profond m'observant curieusement. J'y devinais, malgré une nuance sceptique, toute une pensée contente de me trouver à son gré et aussi une vraie satisfaction de pouvoir réaliser mon désir.

. . . .

« Son nom reviendra dans mon livre à ce moment où je raconterai que près d'être close, l'œuvre à laquelle j'étais attaché amena sa présence aux bords du Ménam et nous réunit.

« Ce fut quelques jours après les événements de 1893 au Siam qu'il vint en qualité de Plénipotentiaire de la République à Bangkok, où je représentais la France.

« De longues années s'étaient écoulées au cours desquelles j'avais beaucoup marché, travaillé, appris et aussi souffert, mais j'avais eu le bonheur de voir le succès suivre mes efforts et j'entrevoyais une heureuse conclusion à mon long labeur. J'envoyai à l'embouchure du fleuve, au devant de lui, le seul membre de ma mission présent près de moi, ayant cette joie intime, que le jeune officier était son fils même!

« Et, quand le navire de guerre qui l'amenait mouilla sur la rade et qu'en lui remettant la conduite du poste dont j'étais le chef, je l'embrassai dans le bruit des salves, j'étais très ému! Je revoyais le maître vénéré dont j'étais resté l'ami respectueux et reconnaissant! Nous nous retrouvions collaborateurs, les mêmes l'un pour l'autre, dans cette Indo-Chine, où plein de confiance, treize ans auparavant, il m'avait mis en marche! »

A ce premier volume sont joints les tomes IIIᵉ et Vᵉ de la même série, qui contiennent les relations de deux des principaux collaborateurs de M. Pavie, MM. le capitaine Cupet et

Lefèvre-Pontalis, secrétaire d'ambassade. Les volumes II, IV et VI, récits des voyages de M. Pavie, sont en préparation.

Dans l'introduction du premier volume de la seconde série, recherches sur la littérature, M. Pavie, en des pages pleines de charme, dont voici quelques extraits, expose comment il recueillait, dans ses voyages, les contes et légendes dont il présente la sélection à ses lecteurs. . . . .

Jeune prince cambodgien revêtu du costume royal

« Dans ces temps, déjà loin, où campé en forêt, installé dans les plaines, abrité dans le temple ou la case commune d'un village cambodgien ou siamois, j'en étais aux premières de mes années de marche, les moments de repos pour l'esprit, après le travail de la carte mis au net, le repas du soir pris, étaient les heures de causerie avec les guides, ceux souvent nombreux qui marchaient avec moi, les prêtres de la pagode, enfin parfois le hameau tout entier.

« C'était toujours avec un véritable plaisir que les vieux et les jeunes se groupaient, pressés, les uns pour parler, les autres pour nous entendre sous les grands arbres des bois ou sur les nattes des temples, au clair des étoiles ou à la lueur des torches doublement parfumées d'écorce de Smach et de résine de Klong.

« On me faisait causer d'abord le plus que l'on pouvait (car ils aimaient m'écouter bien plus que dire eux-mêmes), j'obtenais ensuite qu'on fît des récits abrégés, des contes locaux aimés des romans populaires dont la mémoire des plus âgés est presque toujours pleine.

. . . .

« Chacun était tout de suite très à l'aise, car j'avais pour souci qu'auprès de moi on se sentit tranquille; des regards accueillants, en me reculant pour agrandir la place, suffisaient pour les mettre presque au ton qu'ont les grands enfants avec un bon grand-père.

. . . .

« Je leur disais alors combien depuis longtemps j'étais en pays Kmer, quelle aide sans réserve dans toutes ses régions y recevait ma tâche utile pour l'avenir; toute ma sympathie pour son peuple droit, généreux et bon, et combien je l'aimais. Quand j'avais remercié de l'accueil et des souhaits, je voyais tous les yeux s'éclairer de plaisir, toutes les bouches s'épanouir prêtes pour les questions.

. . . .

« Les femmes aussi parlaient, les hommes plaisantaient ce qu'ils appelaient leur audace, elles restaient demi-confuses sans être découragées. Tous s'enhardissaient; les questions étaient courtes, discrètes, doucement faites, je les entendais toutes et ne pouvais répondre qu'en les interrompant; je n'osais pas le faire avant qu'ils eussent fini. Dans cette confusion, les voir était un charme : chacun avait un tel désir d'avoir du voyageur rien qu'un tout petit mot, que les regards parlaient encore plus que les voix.

« Quand on s'était tu :

« Écoutez, mes amis, pour vous contenter tous, je vais parler à tous. » Et c'était comme un petit discours que je leur débitais dans cette langue que j'étais encore loin de connaître très bien. On s'amusait des fautes, le plus ancien expliquait comme il le comprenait, ce qui était mal dit; enfin ils sentaient que je mettais mon cœur à leur être agréable et que s'il dépendait de moi d'aider un jour à leur bonheur, je n'y manquerais pas.

« Je demandais alors que le meilleur conteur d'histoires du pays, mit tout son talent à résumer ce qu'il savait de mieux. »

. . . .

Jeune princesse cambodgienne revêtue du costume royal

De toutes les légendes entendues, M. Pavie ne rapporte dans son livre que les pièces types, si l'on peut s'exprimer ainsi.

Pour donner une idée de ce que sont ces récits, citons en premier lieu un conte, des plus gracieux, à la traduction duquel l'auteur a su garder toute la saveur et la fraîcheur de l'original.

Il faut d'abord qu'on sache que dans « L'Histoire des douze jeunes filles », qui le précède, un jeune prince, Rothisen, se trouve, par une fatalité extraordinaire, séparé, le jour même de son mariage, de sa jeune femme qui désespérée, se laisse mourir.

Voici comment ensuite le jeune prince, vivant (suivant le dogme bouddhique de la métempsycose) une nouvelle vie ainsi que la princesse, retrouve celle-ci et l'épouse à nouveau :

HISTOIRE DU PRINCE ROTHISEN

Le prince Rothisen, sous un nom différent, dans une nouvelle vie, instruit de toutes choses, marchait pour trouver le bonheur.

Heureux quand il pouvait se rendre utile, dédaigneux des séductions, des plaisirs passagers, il plaisait à tous ceux qui l'approchaient par la douceur de son regard, miroir de l'âme, par sa bonté naturelle, sa simplicité, enfin par ces milles dons du ciel qui font aux êtres prédestinés à rendre les peuples meilleurs, comme une invisible auréole d'aimant appelant tous les cœurs.

Il était arrêté au bord d'un ruisseau à l'onde transparente et cherchait à cueillir une feuille de lotus pour en faire une tasse et se désaltérer.

Fig. 1

Vint une jeune esclave, une cruche sur les bras.

« Charmante enfant, permettez-vous que je boive ? Où portez-vous cette eau ?

Elle puisa au ruisseau, lui tendit le vase.

« Je viens remplir ma cruche pour baigner ma maîtresse, la fille cadette du roi, princesse incomparable que tout le peuple chérit, qu'adorent ceux qui l'approchent.

Ayant bu, Rothisen remercia.

*
* *

La jeune enfant, versant l'eau sur la tête de sa maîtresse, disait :

« Quand j'ai puisé cette eau, un prince étranger, la perfection humaine, arrêté sur le bord, m'a demandé à boire. Il s'est abreuvé à ma cruche. Je n'avais jamais vu un regard aussi doux ! »

Et tandis qu'elle parlait, l'eau coulait sur le corps, et la jeune princesse sentant dans ses cheveux un tout petit objet, le prit, et voyant que c'était une bague, la cacha dans sa main, puis dit :

« Retourne remplir ta cruche. Vois si le prince est encore sur le bord. Dis-moi ce qu'il y fait. »

Et pendant que l'esclave allait vers Rothisen, la princesse pensait :

« Ce bijou sans pareil est sûrement la bague du jeune prince. Je saurai par ce que va me dire ma suivante, si c'est un audacieux qui l'a volontairement glissée dans la cruche, ou si, par le vœu du ciel, tandis qu'il soutenait de sa main le vase et buvait, elle est tombée de son doigt pour venir vers le mien m'annoncer le fiancé que Pra En me destine. »

« J'ai, dit la jeune fille à son retour, retrouvé le prince en larmes, cherchant dans l'herbe une bague précieuse entre toutes pour lui, don de sa mère exauçant tous les souhaits. Il m'a prié de revenir l'aider à la trouver. »

La princesse pensait en l'entendant :

« Si c'était un audacieux, il eût simplement attendu l'effet d'une ruse grossière. Je vois au contraire, la volonté du ciel dans ce qui, là, arrive, et crois devoir aider à son accomplissement. Je sens d'ailleurs mon être tout entier sous une impression non encore éprouvée. »

« Va vers le jeune prince et lui dit ces seuls mots :

« Ne cherchez plus, Seigneur, la bague que vous perdites. Vous l'aurez retrouvée quand le puissant roi, maître de ce pays, vous aura accordé la main de sa fille, la princesse Kéo-

Fa. Faites donc le nécessaire et taisez à tous, ma rencontre, mes paroles. »

Le roi, quoi qu'elle fût en âge de choisir un époux, ne pouvait se résoudre à accorder la main de sa jeune fille à aucun des prétendants sans nombre qui s'étaient présentés. Pour les décourager, il leur posait des questions impossibles à résoudre ou bien leur demandait l'accomplissement d'actions point ordinaires. Aussi bien, la princesse n'avait montré penchant pour nul d'entre eux.

Lorsque Rothisen parut devant la Cour, eut exprimé au roi

Fig. 2

le but de sa démarche, le regard animé d'une absolue confiance, séduisant par les charmes que le courage, la volonté, le cœur mettaient sur son mâle visage, en toute sa personne, chacun parmi les grands, parmi les princes se dit : « Voilà enfin celui que nous souhaitons. »

Et le Roi pensa : « Je n'ai pas encore vu un pareil jeune homme. Sûrement il plaira de suite à mon enfant. Ne le lui laissons donc pas voir dès à présent et soumettons-le à une épreuve qui éloigne encore la séparation que tout mon cœur redoute. »

Alors il demanda qu'on apportât un grand panier de riz et dit à Rothisen :

« Tous ces grains sont marqués d'un signe que tu peux voir. Ils sont comptés. En ta présence ils vont être jetés par les jardins, par les champs, par les bois d'alentour. Si, sans qu'il

Fig. 3

en manque un, tu les rapportes ici demain, je reconnaîtrai que ta demande vaut qu'elle soit examinée. »

Et ainsi il fut fait.

Fig. 4.

Rothisen emportant le panier vide, retourna au bord du ruisseau. Là, s'étant agenouillé :

« O vous, tous les oiseaux, les insectes de l'air, les fourmis de la terre, ne mangez pas les petits grains de riz qui viennent de pleuvoir sur le sol, secondez l'amour qui me gagne, ne mettez pas obstacle au plus cher de mes vœux !

« O vous, les génies protecteurs du pays, si vous croyez que mon union à la princesse pour qui je suis soumis à cette difficile épreuve doit être de quelque bien pour les peuples, faites que les êtres animés que j'invoque entendent ma prière !

« Et toi, puissant Pra-En, si la belle Keo-Fa est ma compagne des existences passées, si tu me la destines, inspire-moi pour que je réussisse et qu'il me soit donné de réparer en cette vie les torts que j'ai pu avoir envers elle autrefois... »

Tandis qu'il parlait, des gazouillements joyeux éclatèrent dans les branches. Il était entendu : des oiseaux de toutes sortes apportaient au panier les grains de riz dispersés sur le sol.

Rothisen les caressa doucement en leur disant merci.

Etonné devant le résultat, le Roi, le lendemain, fit porter le panier jusqu'au bord du grand fleuve. Les grains y furent jetés à la volée. Il dit ensuite à Rothisen :

« Je les voudrais demain. »

Comme les oiseaux, les poissons servirent le protégé du Ciel.

Mais quand le compte fut fait, le souverain dit :

« Il manque un grain de riz, retourne le chercher. »

Assis sur le rivage, Rothisen appela les poissons :

« Se peut-il, mes amis, qu'un grain soit égaré ? Veuillez l'aller trouver dans les sables ou les vases, partout ou il peut être, même au corps d'un des êtres peuplant ces eaux fougueuses, qui n'ayant pas entendu ma prière aurait pu, par hasard, s'en nourrir. Je ne saurais croire qu'un méchant l'ait voulu dérober et le garde. Le bonheur de ma vie tient à ce petit grain. Soyez compatissants, faites que je sois heureux. »

Tous les poissons se regardaient surpris, quand l'un d'eux, caché derrière les autres, s'approcha :

«Je demande le pardon, car je suis le coupable, voici le dernier grain, je l'avais dérobé croyant que le larcin passerait inaperçu. »

Rothisen lui donna, du bout du petit doigt, un coup sur le museau.

Fig. 5

Subitement, celui-ci se courba chez tous ceux de l'espèce (1).

Rothisen, portant le dernier grain de riz au grand souverain, s'excusa avec tant de grâce de l'avoir trop longtemps cherché, que le roi, charmé, lui parla ainsi :

« Je ne désire plus, prince aimé du ciel, que te voir trouver,

---

(1) A ce poisson, mauvais envers le prince, on donna le nom de « nez courbé ».

Combien de siècles se sont écoulés depuis ce jour où Rothisen frappa le poisson !

Son pardon, le « nez courbé » ne l'a pas, depuis, obtenu.

Cependant, chaque année, sa race tout entière, quand viennent les pluies, indice de la crue, se donne rendez-vous à Kiérouif-Kianva, près de Pnom-Penh, dans le Grand-Fleuve, pour aller en masse vers le temple d'Angkor, saluer la statue du puissant Bouddha et y demander oubli de l'offense.

Mais, au même endroit, viennent se réunir, pour l'empêcher d'atteindre le but, les hommes du pays, Kmers, Youns, Chinois, jusqu'aux Kiams qui, Musulmans, ne suivent pas les lois du très saint Pra-Put. Tous se liguent si bien pour barrer le fleuve avec leurs filets, que pas un poisson n'arrive à Angkor. Ils ont beau choisir un jour favorable, fondre brusquement en une seule colonne pour franchir l'obstacle, efforts inutiles ! Huit jours à l'avance ils sont attendus, tous sont capturés. La population rit de leur malheur ; ils servent à nourrir le Cambodge entier.

entre une foule d'autres, le petit doigt de la main de celle-là que tu me demandes.

« Pour cela, demain, avant le repas, toutes les jeunes filles des princes et des grands, toutes celles vivant au palais, passeront le doigt par de petits trous perçant la cloison de la grande salle, tu seras conduit devant toute la file des doigts allongés. Si, en le prenant, tu indiques celui de ma chère enfant, le repas sera celui des fiançailles. Elle sera à toi, mon royaume aussi ; car, afin d'avoir toujours près de moi ma fille adorée, je te garderai, t'offrant ma couronne et toutes mes richesses. »

Fig. 6

Rothisen, tremblant, la prière au cœur, sans paroles aux lèvres, passait devant les petits doigts jolis, effilés plus les uns que les autres, il y en avait des cent et des cent.

Bientôt il s'arrête devant l'un d'entre eux. Il aperçut entre ongle et chair un grain de millet. Vite il s'agenouille, le presse et l'embrasse. A ce même moment, la cloison s'entr'ouvre. Rothisen se voit devant sa fiancée, reconnaît à l'un de ses doigts sa bague perdue, et pendant qu'heureux, doucement il pleure, se sent relevé par le roi lui-même, au bruit harmonieux d'une musique céleste, aux acclamations de la Cour en fête.

Voici maintenant quelques pages du roman populaire :

Vorvong et Saurivong, histoire de deux jeunes princes qui, fils de la première femme du roi, sont traîtreusement accusés par la seconde, ambitieuse pour son fils, et que leur père, abusé, ordonne de mettre à mort.

. . . .

« Et comme la fureur du roi augmente, il oublie que ce sont ses enfants, il appelle les bourreaux; il ordonne qu'ils les prennent, les lient, les entraînent au loin, les décapitent et les enterrent aussitôt.

Fig. 7

Les bourreaux reçoivent l'ordre du roi et vont prendre les deux frères.

Combien les petits princes sont à plaindre pour l'affreux sort qu'on veut leur faire subir!

Ils appellent leur mère en pleurant :

« O mère chérie, ayez pitié de nous qui sommes si jeunes; nous n'avons pas commis de faute, pourquoi le roi nous condamne-t-il? Allez lui demander notre grâce, ô chère mère! »

Les bourreaux n'osent d'abord pas brusquer les petits princes; cependant, songeant qu'ils ont l'ordre du roi, ils les lient et les les entraînent vers un bois solitaire.

En entendant les appels de ses fils, la reine s'est évanouie; bientôt relevée, elle court à leur suite vers la forêt.

Elle les rejoint, tombe en pleurant sur le sol, va vers eux, les embrasse tout en larmes :

« O mes enfants, vous voici captifs, une peine mortelle est dans mon cœur! Depuis votre naissance, vous ne m'avez pas quittée, vous n'avez jamais subi les ardeurs du soleil! En vous couchant, tous les soirs, votre mère ne craignait rien pour vous, elle vous serrait dans ses bras!

« Maintenant, le malheur arrive, on veut vous tuer tous deux, vous enterrer après, ô mes petits!

« Sitôt qu'elle a vu qu'on vous accablait, votre mère est venue vous rejoindre, ô chers enfants, ma poitrine est en feu! Lorsque je vous voyais tous les jours, les chagrins me semblaient moins lourds; je crois maintenant que tout est brisé dans mon cœur!

« Si on vous tue, je veux mourir; pourquoi resterai-je sur la terre après la mort de mes enfants?

« Mes petits sont les fils d'un roi et on n'a pas d'égards pour leur naissance illustre! »

Son visage est tout mouillé de larmes :

« Pourquoi, quand vous étiez en moi, n'êtes-vous pas morts? Je ne saurais rester et vivre, c'est à présent que je veux mourir! »

Son corps est agité de mille mouvements, les larmes coulent sans cesse de ses yeux; elle se frappe la poitrine, elle la noircit de coups.

Sa gorge est desséchée, bientôt elle tombe à terre, épuisée, toute raidie.

Ses deux chéris se mettent à pleurer.

Saurivong parle ainsi :

« O mère qui nous aimez tant et venez nous chercher dans ce lieu, pourquoi, quand nous nous revoyons, mourez-vous?

Nous ne savons pas comment faire, ô mère qui nous avez nourris; si vous ne vous levez pas et ne nous répondez pas, nous allons mourir près de vous!

« Chère frère, prions, demandons que la vie soit rendue à notre mère.

« O génies, qui habitez dans les dix directions, et vous tous, les anges du ciel, nous deux, très fidèles à nos parents, nous vous prions de venir faire renaître notre mère. Exaucez-nous, nos bons seigneurs!

Le petit Vorvong, toujours pleurant, serrant sa mère de ses deux mains, dit aussi :

« O bien-aimée mère, vous êtes, par amour pour nous, venue nous suivre jusqu'ici. Votre figure est rouge comme le sang. Vous pensez tant à nous et souffrez tant de notre malheur, qu'après avoir pleuré toutes vos larmes, vous vous êtes évanouie et avez succombé. O notre mère chérie, vos bontés pour nous sont plus grandes que la terre et la mer ensemble. Vos soins nous étaient si doux! Maintenant, nous allons périr au milieu de cette forêt solitaire, nous faisons aux anges nos dernières prières.

« O anges qui habitez les ravins, les vallées et les montagnes d'alentour, je vous prie de secourir notre mère chérie; écoutez-moi, ô vous tous qui habitez les grandes régions du ciel, écoutez nos dernières prières!

« Nous deux, nous avons toujours été fidèles à notre mère chérie, ayez compassion de celle qui nous a donné la vie, secourez-la, faites qu'elle redevienne vivante comme autrefois! »

Par la grande bonté du ciel, la vie est aussitôt rendue à la reine, elle se réveille suivant les vœux de ses enfants.

Aussitôt, elle étreint dans ses bras les deux bien-aimés.

« Chers petits, avais-je donc succombé au sommeil? »

Tous deux lui répondent :

« Vous ne dormiez pas, vous aviez perdu la vie ; nous avons prié les anges du ciel de vous la rendre, et c'est par leur faveur que vous nous pressez ainsi. »

Les entendant, elle dit :

« Il vaut mieux mourir que souffrir la séparation, je ne puis être heureuse que si vous êtes vivants auprès de moi. »

Les bourreaux ont assisté à la mort de la reine, ils ont entendu la prière des petits princes, ils ont vu les anges l'exaucer : surpris, ils se regardent en hochant la tête, ils ne veulent plus prendre leur vie, ils se mettent à genoux, ils saluent, ils disent :

« O reine, nous reconnaissons la puissance de vos illustres enfants. Le roi nous a donné l'ordre de les décapiter, nous ne saurions le faire. Nous allons les laisser échapper, nous dirons ensuite au roi que tous deux ont été tués, que les cadavres sont brûlés.

« N'ayez pas crainte de nous, nous garderons le secret, mais, ô nos maîtres, fuyez tout de suite, allez vers les pays étrangers. »

Les entendant, la reine est transportée de joie, le poids de sa douleur est diminué, elle se sent un peu heureuse.

Elle s'adresse aux bourreaux :

« O vous les bourreaux ! mes enfants restent vivants, vous êtes maintenant leurs auteurs ! Cette bonne action est incomparable ! Vous êtes les rives de la mer pour le naufragé ! Tant que je vivrai, vous ne manquerez de rien, je vous comblerai de présents, vos désirs seront satisfaits. »

. . . .

Les bourreaux dirent au roi :

« Nous avons tué vos enfants, leurs corps sont déjà brûlés ! »

Entendant leurs paroles, il fut satisfait et répondit :

« Les brûler était inutil, il suffisait de les enterrer dans la forêt ; qui peut nous reprocher ce qui est arrivé par leur faute ? »

Apprenant que la reine ne cessait de pleurer, il se fâcha contre elle, il l'injuria, disant :

« O femme sans cœur et sans intelligence, dont les enfants m'ont si gravement offensé, pourquoi larmoyer ainsi ? Ne reste pas dans mon palais, sors, ou je te fais arrêter par les gardes ! »

Lorsqu'elle entend ce langage, la reine, effrayée, n'ose plus prononcer un mot. Elle va au dehors sans que personne l'assiste, gémissant sur son malheur.

Le roi, dans sa colère, l'abandonna complètement, il ne cherchera pas à savoir de ses nouvelles, de même qu'elle n'enverra jamais vers lui.

. . . .

Après de longues pérégrinations, Saurivong est, un jour, enlevé à son frère. Le petit Vorvong, en le cherchant, est arrêté comme voleur dans la pays d'un roi, père d'une fille unique, la princesse Kessey, et renfermé dans une cage où il subit de longues souffrances.

. . . .

Son origine illustre, les mérites acquis en supportant ses maux, surtout la reconnaissance que, dans ses pensées, il ne cesse de témoigner à sa mère, appellent enfin sur lui l'attention de Pra-En.

Le puissant souverain des cieux est soudainement obsédé par l'idée que l'action de sa bonté est urgente sur la terre.

Quittant sa divine demeure, la suprême intelligence aperçoit dans la cage l'enfant issu de la race du Bouddha. Il interroge le livre des existences, reconnaît que les peines qu'il subit ont leur terme très proche et que la compagne de ses vies passées doit rendre sa liberté plus douce.

« La charmante Kessey, » pense-t-il, « ne se doute pas que son fiancé se trouve aussi près d'elle. Allons la prévenir et finir les misères de notre cher enfant. »

Par la nuit très profonde, il traverse l'espace et vient sur le palais où la jeune fille dort.

Dans un songe, elle le voit, il lui parle, elle l'entend.

« Le compagnon futur de votre vie, prince issu du Bouddha, supporte tout près de vous une dure infortune, resterez-vous plus longtemps, ô généreuse Kessey, indifférente à son malheur ! »

Néang Kessey s'éveille, elle s'assied sur sa couche, elle repasse le rêve :

« Un saint brahme m'a parlé, puis il a disparu ! J'ai bien retenu ses paroles !

« Le jeune étranger qui, aux premiers jours, sera depuis six ans dans la cage captif, est le seul dont j'ai ouï raconter le malheur !

« La pensée que c'est lui, émeut déjà mon cœur. Ne dois-je pas aller de suite au pauvre prisonnier, apprendre qui il est et ce qu'il me faut faire ? »

Troublée, elle s'agenouille, envoie vers le ciel une ardente prière, demandant qu'il l'inspire et veuille l'éclairer. Puis se sent résolue.

Elle se remet aux mains du bienveillant Pra-En et lui confiant son être, revêt ses vêtements, descend de sa demeure, marche par la nuit obscure.

Dans les appartements, les suivantes sommeillent. Les gardes aux portes se sont tous endormis.

Le regard du prisonnier erre tristement dans l'obscurité, soudain il reste fixe.

La jeune fille approche.

Sa beauté surnaturelle, l'harmonie de son corps svelte, éveillent l'idée des anges célestes.

Comme une apparition divine elle marche vers la cage.

Cette créature incomparable, Vorvong ne l'a jamais vue passer, il se croit le jouet d'une illusion, d'un songe, craint de le voir s'évanouir.

Puis il se dit qu'il est sans doute un envoyé des cieux pouvant mettre fin à sa misère affreuse. Il tente de se le rendre favorable :

« Bon génie qui venez ainsi seul dans l'ombre de la nuit, pourquoi semblez-vous hésiter? Ecoutez ma prière, permettez que je vous parle, dites-moi qui vous êtes? »

Souriante et de sa voix d'une douceur sans pareille, elle répond :

« Je suis la fille du roi !

« Dans le sommeil, il n'y a qu'un instant, un envoyé du ciel, sous la forme d'un brahme, m'est apparu m'a dit :

« Le compagnon futur de votre vie, prince issu du Bouddha, supporte tout près de vous une dure infortune, resterez-vous plus longtemps, ô généreuse Kessey, indifférente à son malheur?

« J'ai par une prière remis ma destinée à la garde des anges, pensant que vous êtes bien le prince de mon rêve ; j'ai quitté, confiante, ma couche, le palais, et suis venue vers vous.

« Sur mon passage, j'ai vu les suivantes et les gardes pris d'un profond sommeil, indice que le ciel protège ma démarche.

« Dites-moi donc votre famille, votre pays, votre histoire, je serai bien heureuse si, par votre voix même, j'entends se confirmer l'espoir né dans mon cœur. »

Le prince ému par le bonheur, comprend que cette jeune fille, au cœur exquis, est la compagne des vies passées, qu'elle devient sa fiancée :

« O chère sœur, votre rêve réalisé nous ramène l'un vers l'autre, je sens ma délivrance proche; la nuit, par la bonté des anges, va prêter son silence au récit de mes peines. »

Elle s'assied, attentive, à légère distance, et le captif commence :

« Mon pays est le royaume de Créassane.

« Nous sommes deux frères, Saurivong et Vorvong. Saurivong est l'aîné. » . . . .

Vorvong, après avoir rendu d'immenses services au roi et sauvé le pays, est délivré et devient l'époux de Kessey. Mais le malheur n'a pas cessé de le poursuivre ; dans un voyage, une tempête les sépare l'un de l'autre. La princesse, dans de cruelles misères, donne le jour à un fils qu'elle est obligée de confier à une vieille charitable, pendant qu'elle erre à la recherche de son mari. Le Tout-Puissant veut que l'enfant soit recueilli par Saurivong, frère aîné de Vorvong, que le bonheur a fait roi du pays. Le malheureux Vorvong dans la plus grande misère, en vain, a fouillé les forêts pour retrouver sa jeune femme.

Un jour arrive à la capitale de Canthop Borey le cœur plein de tristesse.

Il entend dire aux gens qui le coudoient que le roi donne une grande fête et fait distribuer d'abondantes aumônes dans la cour du palais pour l'inauguration d'une maison, sur les murs de laquelle sont reproduites les scènes de son enfance. « Entrons », se dit-il, « j'aurai part aux aumônes du roi et verrai les tableaux. »

Selon les ordres reçus en le voyant, les officiers le font entrer, lui offrent toutes sortes de provisions, le couvrent de vêtements neufs, lui font prendre un repas, puis ils le conduisent devant les peintures.

Ils lui en détaillent les scènes.

C'est d'abord l'enfance heureuse et tranquille du roi et de son frère auprès de leur mère.

A mesure qu'ils parlent Vorvong s'aperçoit que ces sujets sont ceux de sa vie, l'émotion l'étreint, il tombe à genoux :

O sort incroyable ; me voici jouant avec mon frère près de notre mère, au temps du bonheur !

. . . .

« Cet autre tableau représente le roi rempli de colère, ordonnant de nous faire mourir!

« Voici notre marche affreuse vers la forêt avec les bourreaux!

« Notre mère affolée accourt nous rejoindre!

« Puis voici sa mort, sa résurrection!

« Là, c'est notre passage parmi les vendeuses du pays de Baskim!

» Notre halte enfin à la case du bois où mon frère chéri m'a été ravi!

« O gardes, qui de vous pourra me montrer mon frère bien-aimé. »

Les sanglots l'aveuglent et l'étouffent, les officiers le laissent à terre, s'esquivent, en sachant assez; ils se pressent, contents d'aller dire au roi tout ce qu'ils ont vu.

« Un pauvre étranger, jeune, beau, ressemblant ô roi, à votre personne, s'est présenté au petit palais. Nous lui avons donné tout le nécessaire et l'avons mené, son repas fini, devant les peintures.

« Nous allions alors les lui expliquer, il les a comprises, est tombé à terre brisé d'émotion et s'est évanoui. »

Saurivong accourt, reconnaît son frère, le presse dans ses bras.

« O mon frère chéri compagnon des peines, pris à mon amour! Depuis de longs mois que je t'ai perdu, ma vie a été remplie de tristesse! Pas un seul jour ton cher souvenir ne s'est éloigné! O mon cher trésor, attendu sans cesse, le ciel généreux vient nous réunir! »

Des larmes de bonheur coulent de ses yeux. »

. . . .

Le même jour Kessey retrouvait Vorvong et son enfant.

« Cependant le temps passe. La malheureuse abandonnée, la Reine Tiéya, a recommandé à ses fils de revenir sans faute au bout de dix ans; malgré son courage, elle est toujours sous l'impression de l'inquiétude et de la tristesse que lui a laissée leur départ.

Elle a pour compagnons de misère : le chagrin, la douleur, la souffrance et l'impatience de revoir ses enfants.

Cependant, une nuit, elle a un songe charmant :

Ses enfants reviennent tous deux, fleuris de jeunesse et de santé. Ils se jettent à ses pieds, étouffant de douleur en la voyant tombée dans une misère pareille. Elle les presse étroitement dans ses bras. Heureux de la revoir, heureuse de leur retour, tous trois ne cessent de pleurer de joie et de bonheur.

Suffoquée par l'émotion, elle s'éveille en sursaut, cherchant encore à étreindre ses enfants.

Les ténèbres profondes la rappellent à la réalité ; elle retombe dans la douleur et le désespoir, les larmes inondent son corps, elle se plaint amèrement.

« O chers adorés de mon cœur, que je suis malheureuse, tous les jours la douleur m'accable. Depuis votre départ, dix ans se sont écoulés, ma misère est affreuse, je ne dois l'existence qu'à la générosité des bourreaux. »

. . . .

« Ce jour-là, au lever de l'aurore, une armée innombrable inonde le royaume, marche sur la capitale.

Ce n'est plus dans le peuple que terreur et désordre.

Le roi est informé par des courriers, témoins oculaires de l'invasion.

« O grand roi, une armée sans nombre envahit le pays. Rien ne peut arrêter sa marche audacieuse ! »

« D'autres accourent disant :

« Une autre armée arrive par la mer. On ne voit que navires, que guerriers !

« Sauvez-nous du malheur, ô grand roi ! »

Cette armée et cette flotte sont conduites par les deux frères qui ont envahi le royaume de leur père ; il ne reste au roi, devenu vieux, que sa capitale. Vey-Vongsa, fils de la seconde femme, répond ainsi au vieillard à qui ses adversaires inconnus ont envoyé ordonner de se rendre :

« O cher père, n'ayez pas de crainte sur le sort du pays. Il est vrai que l'armée ennemie est innombrable, que le royaume est dans ses mains, que la valeur de ses armes est redoutable, que ses soldats sont audacieux ; mais il est permis de se mesurer avec elle comme avec toute autre. Je puis être battu, écrasé, mais vous ne pouvez pas me faire retirer sans lutte.

« Si le sort des armes nous est favorable, nous garderons notre royaume, dans le cas contraire, nous consentirons à le céder à notre adversaire.

« Si je succombe, j'aurai montré que je suis un homme, alors ne me regrettez pas, ô mon cher père, quand on est né il reste à mourir. Tant que je serai là, ne craignez rien, nous ne sommes pas encore aux mains des ennemis »

— « O mon cher enfant, tes idées de lutte me font craindre pour ta vie. Puisque tu veux le combat, réponds aux envoyés afin qu'ils aillent prévenir leurs rois. »

Vey-Vongsa prend la parole :

« Vous pouvez, ô seigneurs, allez dire à vos rois que nous n'avons pas idée du motif de leur demande, nous ne le comprenons pas.

« Dites leur que nous acceptons la lutte et que je laisse aux armes le soin de mon destin.

« Pour épargner le sang, les pleurs, je demande qu'il y ait un combat d'éléphants, chaque armée choisira le meilleur qu'elle aura, votre chef et moi les monterons nous-mêmes. »

Les envoyés ayant écouté, prennencnt respectueusement congé du jeune roi et rentrent au camp.

Les deux frères alliés sont heureux de la proposition de leur adversaire, Vorvong, de suite, s'incline devant son frère aîné :

« Je réclame, ô frère, l'honneur de la lutte? »

Saurivong répond :

« Que votre volonté soit faite. »

Vorvong salue son frère, puis dit :

« Je vous assure du succès, ô frère bien-aimé, je ne crains pas un combat d'éléphants, je veux vous prouver ma force et mon adresse.

« Soyez sans inquiétude aucune, je prendrai le royaume de notre père et je vous l'offrirai. »

. . . .

Palpitante à l'extrême, la fin de l'histoire dit la mort de Vey-Vongsa tué par Vorvong sur son éléphant et celle de sa mère, la rencontre du vieux roi avec ses fils et enfin celle de ceux-ci avec leur mère.

Ce roman est le premier qui, traduit entièrement en français, a été imprimé en cambodgien, comme l'auteur l'avait promis aux gens du village qui lui en avaient fourni le texte.

Sous la forme d'un récit aux Cambodgiens rameurs dans la barque sur laquelle il voyage, M. Pavie, dit dans l'introduction du deuxième volume de la seconde série sa pensée sur le passé de leur pays. L'auteur dispose à la lecture de cette étude par la page suivante qui montre à quel point il s'intéresse au sujet qu'il traite.

« Ce jour-là, les choses ne se passèrent pas de même que d'habitude ; tout le monde déclara que je connaissais sûrement le peu que l'on savait et que je devrais moi-même être le conteur.

Le plus vieux reprenant la parole avec une caressante douceur.

« Ce que nous serions heureux de vous entendre dire, c'est ce que vous pensez. après vos voyages, vos recherches, du passé inconnu de notre vieux Cambodge ; ce que vous en direz plus tard à ceux de votre pays.

« L'aimant comme nous savons, vous n'êtes pas sans avoir songé que ses grandeurs lointaines ne peuvent être un éclair, jailli, éteint sans cause ! Nos cœurs sont restés grands, nous le croyons, plus que ceux des peuples qui nous ont écrasés ; pourquoi donc n'avons-nous pu soutenir le poids de nos vieilles gloires ?

« Sur ces sujets, sans cesse nous rêvons ; parlez-nous en ? Nous prendrons votre idée, heureux de pouvoir nous-mêmes raconter ces vieux temps avec plus d'assurance ? »

Je savais combien passionnément les Kmers aiment redire les époques légendaires, à quel point les traces de l'art merveilleux disparu excitent leur imagination, combien l'incroyable suite de catastrophes qui a amené le plus brillant empire à un état d'abaissement grand vis-à-vis de voisins point moralement supérieurs, les Annamites et les Siamois, donne à tous une réserve timide, avec quelle injustice ces voisins s'empressent de les taxer d'orgueil s'ils laissent percer la pensée noble enfermée chez chacun d'un revirement possible de la fortune. Et je savais que si leurs sentiments intimes restent cachés pour ceux qu'ils craignent ne savoir les comprendre, c'est au contraire avec une confiance extrême qu'ils découvrent leur cœur à celui en qui ils voient de la sympathie pour eux.

Aussi, tandis que la voix du vieillard appelait sur mes lèvres une pensée mûrie, que tous, avec l'enchanteur sourire des humbles à celui qui leur plaît, avaient les yeux dirigés sur les miens, brillants d'un éclat doux et fixe forçant la volonté, je me laissai aller à dire en des phrases qui me semblaient dictées, avec ce que je savais, ce que j'avais rêvé de leur antique lointain en des marches solitaires parmi les ruines, dans les bois, au bord des eaux. »

. . . .

Après avoir parlé du passé, M. Pavie raconte comment il parvint à se procurer les chroniques et les inscriptions dont les traductions forment ce volume.

« Parvenu pour la première fois à Luang-Prabang en février 1887 continuant le voyage, je quittais le dernier jour de mars, la capitale laotienne pour tenter de reconnaître une première route du Mékong au Tonkin.

Un si court séjour m'avait juste permis d'entrer en relations avec le vieux roi Ounkam, avec sa famille, avec le peuple.

Une sympathie, vive pour tous, était née du premier contact. Elle devait bientôt se changer en une affection profonde, en une inaltérable amitié.

Pour gagner le bassin de la rivière Noire par lequel je devais arriver au Tonkin, je remontais le torrentueux Nam-Ngoua, sous-affluent du Mékong.

J'avais quelques compagnons cambodgiens, dont Ngin, celui qui m'a le mieux servi.

Les pirogues étaient conduites par des Laotiens, sous les ordres d'un petit fonctionnaire siamois (le royaume de Luang-Prabang était alors tributaire du Siam). Ils devaient me laisser à Muong-Theng, centre le plus important du plateau que les Annamites appellent Dien-bien-phu ; de là, je continuerais mon voyage par terre.

Près d'atteindre le but, le chef siamois arrêta le convoi, se déclarant forcé de me faire rétrograder.

Il venait, disait-il, d'acquérir la certitude de la marche menaçante d'une troupe inconnue ayant pour objectif Luang-Prabang et la rencontre de l'armée des Siamois.

J'appris ensuite que Kam-Seng, vieux chef d'un dictrict tout au Nord, sommé de reconnaître l'autorité du Siam et s'y étant refusé, s'était vu enlever les trois plus jeunes de ses fils. Kam-Sam, Kam-Houil Kam-La et leur parent Kam-Doï, emmenés prisonniers à Luang-Prabang, et qu'il faisait marcher pour les délivrer son fils aîné, Kam-Oum, un vigoureux soldat.

En route, Kam-Oum connut le départ de ses frères conduits par les troupes siamoises à Bangkok. L'exaspération grandit parmi ses hommes et malgré ses efforts Luang-Prabang fut détruit.

Bords du Ménam à Bangkok

A l'heure saisissante des paniques successives d'une population s'enfuyant éperdue, j'eus le bonheur de sauver le vieux roi resté à sa place le dernier, et de pouvoir l'emmener en sûreté avec sa famille à Paclay, à quatre journées au Sud.

Là, sur la grande plage du fleuve, nos barques se touchaient. La population entière était groupée autour de nous.

Très proche de notre groupe était la barque du chef des prêtres de Vat-Maï, un des principaux temples du Luang-Prabang. Il avait eu, lors de l'attaque, la cuisse traversée par une balle. Dix-sept autres laotiens blessés étaient installés à terre près du bord. Chaque jour je les pansais ainsi que le prêtre; je fus assez heureux pour les bien guérir tous.

Je n'ai pas besoin de dire quelle grande récompense, je trouvai de mes soins dans les sentiments d'une population chez qui la gratitude se transforme en un véritable culte.

Je sus alors exactement que le pays de Kam-Seng, situé sur la haute rivière Noire était partie intégrante du Tonkin dont il formait la frontière ouest du côté de la Chine.

Habité par des Thaïs, il avait pour chef-lieu Muong-Laï que les Annamites appelaient Laï-Chau ainsi que les Chinois.

Kam-Seng et Kam-Oum étaient des noms thaïs; pour les Annamites et les Chinois ces deux chefs s'appelaient : Deo-van-seng et Déo-van-tri.

Je ne connus, à ce moment que leurs noms et la réputation de guerrier du dernier qui, aux côtés de Luée Vinh Phuoc, le chef célèbre des Pavillons-Noirs, combattait contre les Français.

Je songeai que de ces hommes, redoutés de leurs adversaires, reconnus supérieurs chez eux, je pourrais me faire des amis véritables si je touchais leur cœur, et je m'occupai d'arriver à rendre à l'un ses fils et à l'autre ses frères.

On verra ailleurs comment ils devinrent des Français résolus, comment Déo-van-tri fut un collaborateur ardent de la mission et tout ce qu'il fit pour la faire réussir. Ayant cité leurs noms, je leur devais ces mots de souvenir.

Ce fut à Paklay que le frère reconnaissant du chef des prêtres blessé m'apporta les livres des chroniques, qu'avec l'agrément du roi, il avait été, après la retraite de Déo-van-tri, chercher à Luang-Prabang, dans les décombres.

L'établissement des cartes géographiques a été l'objet principal de la partie scientifique de la mission. De 1879 à 1888, M. Pavie y a travaillé seul, mais à partir de cette dernière date, de nombreux collaborateurs vinrent le rejoindre, la plupart d'entre eux s'occupèrent uniquement des levés topographiques. Les travaux exécutés prirent alors les proportions considérables qui ont permis la rédaction des cartes exposées aujourd'hui.

Les documents rapportés par les membres de la mission ne sont pas les seuls qui ont été utilisés pour l'établissement de ces cartes de l'Indo-Chine. En outre de la cartographie précédemment publiée, il a été tenu compte de tous les itinéraires des derniers explorateurs isolés.

Les levés ont, pour la plupart, leurs extrémités déterminées astronomiquement par des observations antérieures ou par celles de deux des membres de la mission, les capitaines Rivière et Friquegnon.

Dans l'ensemble du travail, de nombreux itinéraires ont été exécutés dans des conditions exceptionnelles; il en est un, celui de la Rivière Noire, à citer sous ce rapport. Malgré notre présence au Tonkin, depuis 1873, le levé de ce cours d'eau n'avait pas encore pu être fait à cause de l'insécurité du pays, et ce fut M. Pavie qui l'opéra en parcourant, en 1888, la rivière avec l'assistance des Pavillons noirs, dont il venait d'obtenir la soumission.

Les cartes actuellement terminées sont réparties dans cinq cadres :

1º Itinéraires de M. Pavie dans le Sud-Ouest de l'Indo-Chine orientale, 1884 ;

2º Indo-Chine orientale, 1899 ;

3º Levés de M. Pavie au Cambodge et au Siam, 1900 ;

4º Levés du capitaine Cupet au Laos, 1900 ;

5º Atlas de l'Indo-Chine, 1900.

— 312 —

6° Cartes des itinéraires de la mission.

Les recherches concernant l'histoire naturelle ont été, au cours des voyages de M. Pavie, une de ses plus attrayantes occupations ; aussi a-t-il pu envoyer à notre muséum, dont il était le correspondant, une quantité d'animaux vivants et de dépouilles, ainsi que de très importantes collections d'insectes de toute sorte, de coquilles, etc.

Comme on l'a vu plus haut, un volume de l'ouvrage de la mission, non encore terminé, est consacré à cette partie de la science. On se rendra compte de l'importance qu'il aura, en jetant les yeux sur le tableau exposé, des planches de gravures qui contiennent les nouveautés rapportées par M. Pavie et qui ont été déterminées et reproduites sous la direction de M. Bouvier, professeur au Muséum (1).

Outre ce tableau, qui comporte vingt planches, l'exposition comprend une partie des collections fournies à notre grand établissement national par M. Pavie (animaux empaillés, etc.), mises à sa disposition par le directeur M. Milne-Edwards.

On ne saurait énumérer ici la collection photographique, qui comprend environ deux cents agrandissements (2) ayant au minimum 0.70 sur 0.40, choisis dans la quantité considérable de vues et de groupes rapportés du Cambodge, du Laos du Siam, de l'Annam, du Tonkin et du Yunnan, par MM. Pavie, Lefèvre, de Coulgeans et Trumelet-Faber.

Quelques tableaux, cependant, méritent d'être recommandés à l'attention des visiteurs. Ce sont :

Une vue panoramique (de 2^m50) de Luang-Prabang, la grande ville laotienne des bords du Mékong, au moment du retour de M. Pavie, en 1888, avec de nouveaux compagnons.

Un portrait en pied de Déo-van-tri, le collaborateur ardent

---

(1) Les planches coquilles ont été reproduites sous la direction de M. Henri Fischer.
(2) Exécutés, partie par la maison Courret de Paris ; partie par la maison Roulade frères de Lyon.

et dévoué de M. Pavie, qui s'était acquis sa reconnaissance.

Un groupe formé par les membres de la Commission franco-anglaise du Haut-Mékong (1895), dans lequel on remarque auprès de M. Pavie, M. Scott, le premier commissaire anglais et sa vaillante femme, qui l'avait suivi et qui a succombé aux atteintes du climat l'année suivante, et le deuxième commissaire anglais, général Worthoope, également mort quelque temps après.

La partie ethnographique de l'exposition de la Mission attirera sans doute l'attention d'une manière toute particulière.

M. Pavie, ayant rapporté les costumes de la plupart des populations indo-chinoises, a fait exécuter, d'après des photographies, treize personnages de grandeur naturelle, en cire, (1) et représentant des types, hommes, femmes et enfants des populations les moins connues des pays qu'il a visités. Il les a revêtus de leurs vêtements originaux et les a réunis en un groupe très intéressant.

L'emplacement choisi pour cette installation dans la crypte, éclairée à l'électricité, donne à la scène qu'elle forme un caractère étrange et saisissant.

Les personnages représentés sont :

1º Un groupe d'habitants de Muong-Sing, petit pays au nord du Laos, où notre frontière confine à la Chine, au Siam et aux possessions anglaises de Birmanie, et dont il avait beaucoup été parlé lorsqu'il avait été question d'en faire une sorte d'État-Tampon;

2º Une jeune fille Méo. (Les Méos sont des montagnards nomades établis dans le Haut-Laos, le Yunnan, etc.);

3º Deux femmes Yaos. (Les Yaos sont également des montagnards des mêmes régions);

---

(1) Ces personnages ont été exécutés par la maison Stockman frères de Paris, qui a confié les travaux en cire à la maison Talrick, si connue pour ses reproductions anatomiques.

4º Une femme Pou-Thaïe, du pays à l'Est de Luang-Prabang;

5º Une femme de Luang-Prabang;

6º Une femme Kha-Kho (nord du Laos);

7º Une jeune fille Lue (nord du Laos ;

8º Une femme laotienne.

Des étoffes variées sont placées entre les mains des personnages, ce sont celles tissées par les femmes dans toutes les régions laotiennes et cambodgiennes.

Une panoplie, au-dessus du groupe, montre des armes en usage dans les mêmes pays.

Trois cadres contiennent des dessins en couleurs, exécutés par des artistes cambodgiens. Ils représentent les scènes des romans dont il a été donné des extraits plus haut.

Enfin, une vitrine contient des objets et des produits de toute sorte, orfèvrerie, thé, benjoin, etc.

FIN

TABLE DES MATIÈRES

	Pages
INTRODUCTION	13
ORGANISATION DU COMMISSARIAT DE L'INDO-CHINE A L'EXPOSITION UNIVERSELLE A PARIS ET DANS LA COLONIE	19-25
REPRÉSENTATION DE L'INDO-CHINE AU PARLEMENT ET AU CONSEIL SUPÉRIEUR DES COLONIES	29

NOTICE GÉNÉRALE DE LA COLONIE DE L'INDO-CHINE :

I. — Historique sommaire. — Pigneau de Behaine. — Traité de 1787. — Tu-Duc. — Francis Garnier. — Traité de 1874. — Le régime civil. — Jules Ferry. — M. Paul Doumer 15-26

II. — Géographie générale de l'Indo-Chine. — Limites. — Superficie. — Aspect physique. — Fleuves et rivières. — Le Mékong. — Le Fleuve Rouge. — Divisions. — Cochinchine. — Cambodge. — Annam. — Tonkin. — Laos. — Kouang-Tchéou-Ouan 27-34

III. — Climatologie. — Météorologie. — Hygiène. — Population. — Langues. — Cultes. — Productions. — Faune. — Flore. — Mines 37-54

IV. — Outillage économique de l'Indo-Chine. — Transports et voies de communication. — Ports. — Digues. — Routes. — Chemins de fer. — Câbles. — Lignes maritimes 55-74

V. — Colonisation. — Agriculture. — Surfaces à gagner. — Culture du riz. — Contrats de métayage. — Capitaux nécessaires. — Autres cultures. — Thé. — Café. — Coton. — Jute. — Tabac. — Caoutchouc   75-88

VI. — Commerce de l'Indo-Chine. — Mouvement général du commerce. — Importations. — Exportations. — Industrie   89-101

VII. — Finances. — Le budget général. — Les budgets locaux. — L'emprunt de 200 millions. — La personnalité civile de l'Indo-Chine. — Monnaies. — Poids et mesures   103-110

VIII. — Gouvernement général de l'Indo-Chine. — Conseil supérieur. — Conseil de défense. — Grands services. — Unification. — Direction des douanes et régies. — Contrôle financier. — Direction des affaires civiles. — Direction de l'agriculture et du commerce. — Armée. — Marine. — Justice. — Travaux publics. — Postes et télégraphes. — Instruction publique. — Assistance   111-136

MONOGRAPHIE DES CINQ PAYS DE L'UNION INDO-CHINOISE ET DU TERRITOIRE DE KOUANG-TCHÉOU-OUAN

I. — Cochinchine   137-154
II. — Cambodge   155-172
III. — Annam   173-191
IV. — Tonkin   192-212
V. — Laos   213-242
VI. — Territoire de Kouang-Tcheou-Ouan   243-246

ANNEXES :

I. — Siam   247-255
II. — Yunnan   257-268

EXPOSITION SPÉCIALE DE LA MISSION PAVIE   269-287

Histoire du prince Rothisen   287-318

TABLE DES ILLUSTRATIONS ET DES CARTES

	Pages
1. Emile Loubet, Président de la République française	5
2. Alfred Picard, commissaire général de l'Exposition universelle de 1900	7
3. Paul Doumer, ancien ministre des finances, gouverneur général de l'Indo-Chine	19
4. Jules-Charles Roux, ancien député, délégué des ministères des affaires étrangères et des colonies	21
5. Marcel Saint-Germain, sénateur, directeur de l'Exposition coloniale	27
6. Le Myre de Vilers, ambassadeur honoraire, député de la Cochinchine	29
7. De Lanessan, ancien gouverneur général de l'Indo-Chine, ministre de la marine, délégué du Tonkin et de l'Annam au Conseil supérieur des colonies	29
8. Jourdan, délégué du Cambodge au Conseil supérieur des colonies	29

9. Le Pnom et la Pagode des Bouddhas (planche en couleur)	5
10. Palais des Produits (planche en couleur)	81
11. Palais des Arts (planche en couleur)	173
12. Pavillon forestier (planche en couleur)	213
13. Théâtre indo-chinois (planche en couleur)	247

		Pages
14.	Annexe de l'Exposition de l'Indo-Chine. Logements des indigènes	5
15.	Groupement de l'Exposition de l'Indo-Chine	7
16.	Plan de l'Exposition coloniale	8
17.	Tirailleur annamite	19
18.	Tirailleurs tonkinois	21
19.	Miliciens indigènes	23
20.	Une halte de la Légion étrangère au Tonkin	25
21.	Le maréchal Sou	29
22.	Famille annamite	37
23.	Cortège de mandarin annamite	39
24.	Indigènes préparant l'Exposition, à Cao-bang	41
25.	Femmes Thos (Haut-Tonkin)	45
26.	Jeunes femmes Thaï (Haut-Tonkin)	47
27.	Carte des chemins de fer de l'Indo-Chine	56
28.	Chemin de fer de Phu-Lang-Thuong, à Lang-Son (travail de la voie)	57
29.	Port de Saigon	58
30.	Viaduc du chemin de fer de Lang-Son à la frontière de Chine	59
31.	Gare de Mytho	61
32.	Pont en construction (Tonkin)	62
33.	Etablissement de tranchées sur la ligne du chemin de fer de la frontière de Chine	63
34.	Gare de Dong-Dang, Chemin de fer de Lang-Son	64
35.	Chemin de fer de Hongay (Tonkin)	67
36.	Dérivation de rivière pour l'établissement du chemin de fer de la frontière de Chine	69
37.	Gare de Lang-Son	70
38.	Tranchée du chemin de fer de la frontière de Chine	72
39.	Pont du chemin de fer de la frontière de Chine	73
40.	Labourage de rizières (Cochinchine)	76
41.	Repiquage du riz (Cochinchine)	77
42.	Coupe du riz (Cochinchine)	78
43.	Moulin à huile (Cochinchine)	79
44.	Pressage du papier (Tonkin)	83
45.	Fabrication du papier au Tonkin	84
46.	Scieurs de long au Tonkin	85
47.	Chambre de commerce, à Saigon	91
48.	Douanes et régies, à Saigon	93
49.	La Douane, à Phnom-Penh	95
50.	Marché aux légumes, à Hanoi	97
51.	Marché de Hué	99
52.	Hôpital militaire, à Saigon	102
53.	Port de la Compagnie des Messageries maritimes, à Saigon	121

		Pages
54.	Palais de justice, à Saigon	123
55.	Hôtel des postes et des télégraphes, à Saigon	125
56.	Hôtel des postes et des télégraphes de Phnom-Penh	127
57.	Lettré annamite (cliché du D^r Le Lan)	129
58.	Main de lettré annamite	131
59.	Musicien annamite (cliché du D^r Le Lan)	133
60.	Palais du gouverneur général de l'Indo-Chine, à Saigon	139
61.	Monument Gambetta, à Saigon	141
62.	Palais du lieutenant-gouverneur de la Cochinchine, à Saigon	142
63.	Casernes de l'infanterie de marine, à Saigon	144
64.	Entrée de la rue Catinat, à Saigon	145
65.	Casernes de l'artillerie de marine, à Saigon	147
66.	Villa du gouverneur général au cap Saint-Jacques	149
67.	Cathédrale de Saigon	151
68.	S. M. Norodom 1er, roi du Cambodge	157
69.	Port de Pnom-Penh	159
70.	Résidence supérieure de Pnom-Penh	161
71.	Rue de Pnom-Penh	163
72.	Les casernes de Pnom-Penh	165
73.	Pont des Nagas, à Pnom-Penh	166
74.	Grand hôtel, à Pnom-Penh	167
75.	Palais du roi, à Pnom-Penh	169
76.	Evêché de Pnom-Penh	170
77.	Promenade des éléphants, à Pnom-Penh	171
78.	S. M. Thanh-Thaï, empereur d'Annam	175
79.	Mirador de Hué	177
80.	Palais-Royal, à Hué	179
81.	Résidence supérieure de Hué	181
82.	Port de Tourane	183
83.	Rivière de Tourane	185
84.	Cathédrale du Phu-Cam (Annam)	187
85.	Tour de Confucius (Annam)	189
86.	Pagode du grand Bouddha, à Hanoï	192
87.	Vue d'Hanoï	193
88.	Casernes d'Hanoï	195
89.	La citadelle d'Hanoï	197
90.	Cathédrale d'Hanoï	199
91.	Le petit lac à Hanoï	201
92.	Panorama d'Hanoï	203
93.	Le port d'Haiphong	205
94.	Convoi dans la haute région (Tonkin)	207
95.	Vue d'ensemble de Dong-Dang et du poste	209
96.	Dong-Dang	211
97.	Les rois de Luang-Prabang	215

		Pages
98.	Visite du gouverneur général à Kong	219
99.	Milices laotiennes	225
100.	Bibliothèque des bonzes de Don-Sang-phai (Laos).	231
101.	Le *La Garcerie* entre Pack-Moun et Khône, au Laos	233
102.	Procession religieuse	235
103.	La crémation au Laos	241
104.	Milice chinoise, avec cadre d'infanterie de marine, à Kouang-Tchéou-Ouan	245
105.	Pagode d'Angkor-vat (cliché de M. Furiet)	251
106.	Colonnade de la pagode d'Angkor-vat (cliché de M. Furiet)	253
107.	Grande pagode de Yun-nan-sen	259
108.	Une rue à Talifou (Yunnan)	261
109.	Epandage du bicarbonate de soude, près de Jung-pe-Ting	265
110.	Lavage de l'or (Yunnan)	266
111.	Mine de cuivre du Tu-nu-li (Yunnan)	267
112.	Groupe d'indigènes du Siam	275
113.	Maisons flottantes, à Bangkok	277
114.	Petite troupe cambodgienne de théâtre	279
115.	Monument cambodgien pour les crémations royales	281
116.	La route de Kampot	283
117.	Jeune prince cambodgien revêtu du costume royal.	285
118.	Jeune princesse cambodgienne revêtue du costume royal	287
119.	Bords du Ménam à Bangkok	309

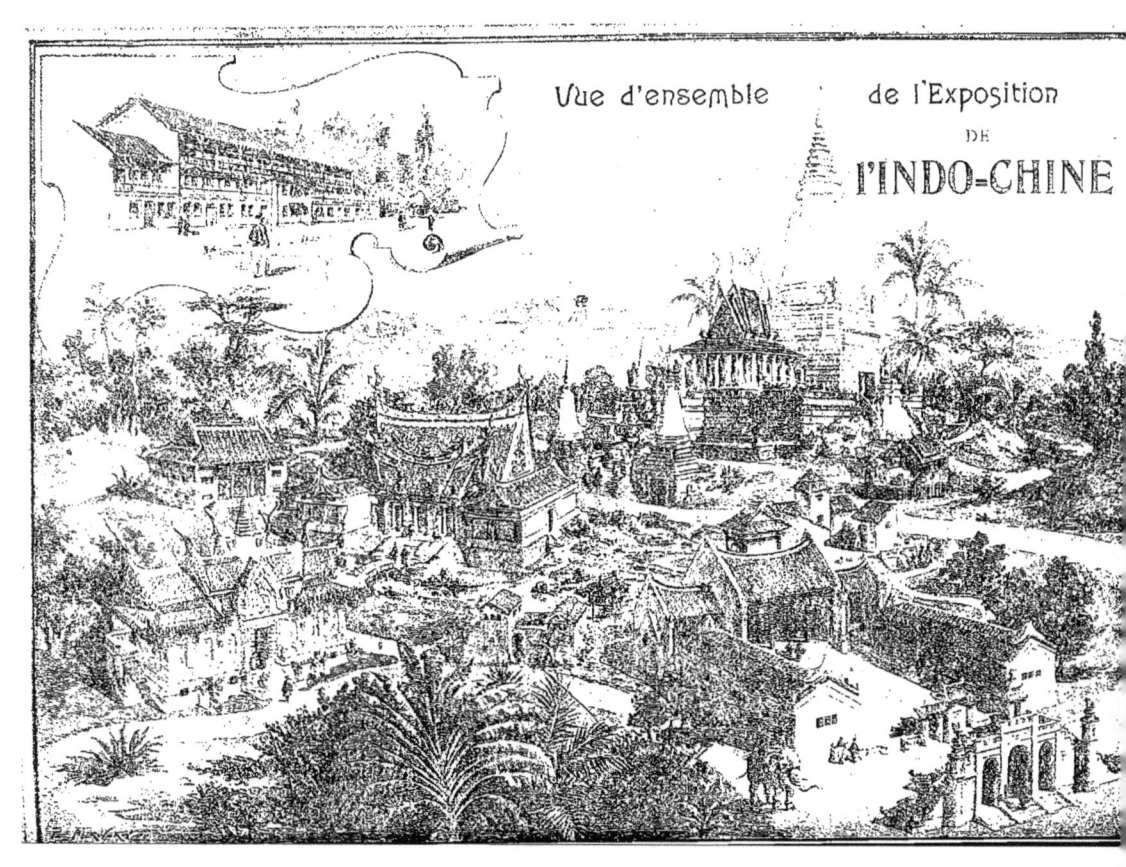

www.ingramcontent.com/pod-product-compliance
Lightning Source LLC
Chambersburg PA
CBHW050253170426
43202CB00011B/1666